AYURVEDA Y LA MENTE

La sanación de la conciencia

Dr. David Frawley

AVISO IMPORTANTE

Este libro no tiene como finalidad tratar, diagnosticar o prescribir. La información aquí contenida no debe considerarse de ninguna manera como substituto de su propia orientación interna o de una consulta con un profesional de la salud debidamente licenciado.

© 1996 DAVID FRAWLEY
TODOS LOS DERECHOS RESERVADOS

© 2011 LOTUS PRESS. Traducción al español de "Ayurveda and the Mind: The Healing of Consciousness"

Editor (versión en español): Santiago Suárez Rubio
Corrección de estilo: Carlos David Contreras
Imagen de portada: Nathalie Cerón Plata

Primera edición en inglés, 1997
Primera edición en español, 2011

Esta publicación no puede ser reproducida, ni en todo ni en parte, ni registrada en o trasmitida por un sistema de recuperación de información, en ninguna forma ni por ningún medio, sea mecánico, fotoquímico, electrónico, magnético, electroóptico, por fotocopia, o cualquier otro, sin el permiso previo por escrito de la editorial, excepto por un receptor que podrá citar pasajes breves en una reseña.

Impreso en EE.UU.

ISBN   978-958-44-8454-3

Traducido y publicado en español bajo licencia por:
Ayurmed
www.Ayurmed.org   libros@ayurmed.org

AGRADECIMIENTOS

Quisiera agradecer a varios profesores, y sus respectivos trabajos, por proporcionar la inspiración para este libro. Entre ellos están Swami Yogeshwaranda, Ganapati Muni, Rishi Daivarata, Sri Aurobindo, Sri Anirvan, y Ram Swarup y la milenaria tradición yóguica y Védica que ellos representan. También debo honrar a todos los grandes Yoguis y médicos ayurvédicos que han desarrollado, preservado y transmitido esta ciencia a través de los milenios.

Quiero agradecer especialmente a Lenny Blank por organizar la producción de este libro de manera tan eficiente y al Dr. David Simón, no solamente por su prefacio sino además por su continuo apoyo y especial interés en este aspecto de mi trabajo.

Ayurveda y la mente

TABLA DE CONTENIDO

Prefacio
Prólogo

Parte I	1
Psicología ayurvédica: Medicina yóguica para la mente-cuerpo	
1. Un nuevo viaje hacia la conciencia	3
2. Los tipos constitucionales en Ayurveda: Los humores biológicos de Vata, Pitta y Kapha	11
3. Los tres gunas: Cómo equilibrar su conciencia	29
4. La naturaleza de la mente	43
5. Los cinco elementos y la mente	59
Parte II	73
Las características energéticas de la conciencia	
6. La conciencia condicionada: El vasto campo mental	75
7. La inteligencia: El poder de la percepción	93
8. La mente externa: El campo de los sentidos	109
9. El ego y el Ser: La búsqueda de la identidad	125
Parte III	147
Terapias ayurvédicas para la mente	
10. Consejería ayurvédica y la modificación de la conducta	149
11. El ciclo de la nutrición para la mente: El papel que juegan las impresiones	169
12. Modalidades de tratamiento externo: Dieta, hierbas, masajes y Pancha Karma	187
13. Terapias sutiles: Colores, gemas y aromas	205

14. El poder curativo de los Mantras 223

Parte IV 241
Aplicaciones espirituales de la psicología ayurvédica: Los caminos del Yoga
15. Terapias espirituales 243
16. El método de ocho partes de Yoga I: 259
Prácticas externas
17. El método de ocho partes de Yoga II: 279
Prácticas internas

Apéndice 1: Cuadros 307
   A. Los tres cuerpos 307
   B. Las cinco envolturas y la mente 309
   C. Las siete capas del universo 311
   D. Los siete chakras 312
   E. Los cinco Pranas y la mente 314
   F. Cuadro de las funciones de la mente 317

Apéndice 2 319
 Notas al pie 319
 Glosario de sánscrito 326
 Glosario herbal 329
 Bibliografía 332
 Recursos 334
Índice 339

PREFACIO

Los seres humanos nos enfrentamos a desafíos sin precedentes al acercarnos al próximo milenio. Estamos buscando nuevas maneras de responder a las exigencias de la vida moderna a medida que su implacable flujo de información exige nuestra atención. Aunque, de muchas maneras, tenemos mayores oportunidades como nunca antes para tener una vida rica y plena, es claro que tenemos que desarrollar nuevas estrategias si hemos de sobrevivir y prosperar como individuos y como especie.

  Nuestra cultura occidental es dinámica, vibrante y recibe el cambio con entusiasmo. Nuestro entusiasmo por aquello que es nuevo nos permite cruzar fronteras que hace un siglo eran inimaginables. Sin embargo, esta fascinación por el cambio ha tenido un precio en nuestra sociedad. Muchas personas se sienten desarraigadas, desconectadas de las grandes tradiciones que han proporcionado orientación y nutrición a los seres humanos por miles de años.

  La antigua tradición Védica, conocida por los grandes profetas de la India, ofrece gustosamente una gran riqueza de conocimiento práctico sobre cómo vivir una vida sana y llena de sentido. La sabiduría Védica es intemporal y no tiene fronteras y, por lo tanto, es relevante en esta edad moderna. Afortunadamente, tenemos al Dr. Frawley para que traduzca e interprete esta vasta información, que pueda ser transformada en conocimiento vivo para todos quienes la ingieran.

  En su último libro, *Ayurveda y la Mente,* el Dr. Frawley permite nuevamente que su brillante luz intelectual ilumine las aplicaciones prácticas del Ayurveda y el Yoga según corresponde a la mente. A través de su clara exposición de los principios Védicos, se elucida un acercamiento simple pero profundo sobre la sanación psicológica y emocional. Este libro nos recuerda que la mente es un órgano sutil, cuya salud depende de su habilidad de nutrirse de su entorno. Si hemos acumulado toxicidad en forma de heridas emocionales, frustraciones, desilusiones o creencias erróneas, es esencial eliminar estas impurezas de nuestras capas mentales y emocionales si hemos de tener una verdadera libertad emocional y espiritual.

A diferencia de la ciencia psicológica moderna que hasta hace poco ha mantenido la dicotomía de mente y cuerpo, la psicología ayurvédica reconoce claramente que la mente y el cuerpo son uno. La mente es un campo de ideas y el cuerpo es un campo de moléculas, pero ambas son expresiones de la conciencia interactuando consigo misma.

Este libro es un recurso valioso para los estudiantes de Ayurveda, Yoga, Tantra y psicología. El Dr. Frawley nuevamente nos ha demostrado su talento único de digerir el antiguo conocimiento Védico y luego nos alimenta con este entendimiento, nutriendo nuestro cuerpo, mente y alma. El Dr. Frawley ha sido un querido y verdadero maestro para mí y siento una gran apreciación por la sabiduría amorosa que tan voluntariamente comparte conmigo y con el mundo.

David Simón, M.D.
Director Médico, The Chopra Center for Well-being
(Centro Chopra para el bienestar)
La Jolla, California

PRÓLOGO

Ayurveda es la medicina de la India de la mente y el cuerpo, y cuenta con una gran tradición espiritual yóguica. Es un recurso enorme para traer integridad a todos los niveles de nuestra existencia. Es uno de los sistemas de sanación más antiguos y más completos del mundo y contiene una gran sabiduría para toda la humanidad que todos deberíamos conocer.

El presente volumen examina el aspecto psicológico del Ayurveda, que es probablemente el más importante del sistema y, a la misma vez, el menos entendido. Este libro se adentra en la perspectiva ayurvédica de la mente y explora la relación profunda e intricada con el cuerpo y el espíritu. Este esboza un tratamiento Ayurvédico completo para la mente, tanto para promover la salud como para tratar las enfermedades utilizando diversos métodos desde la dieta hasta la meditación.

Estas enseñanzas provienen de textos clásicos Ayurvédicos, que comúnmente tienen secciones sobre la mente y su tratamiento. También están relacionadas a las enseñanzas yógicas de las cuales Ayurveda deriva su perspectiva sobre la conciencia y muchas de sus modalidades para el tratamiento de la mente. Sin embargo, no sólo he examinado las enseñanzas tradicionales de la psicología ayurvédica, sino que también he tratado de hacerlas relevantes al mundo moderno. Ayurveda, como ciencia de la vida, no es una ciencia estancada, sino una que crece con el movimiento de la vida misma de la cual es partícipe.

Plan del libro

Este libro no requiere que el lector posea conocimiento previo sobre el Ayurveda, aunque esto ayudaría. Presenta los componentes básicos del Ayurveda, como los humores biológicos (doshas), relacionándolos de manera particular con la psicología. Sin embargo, el libro no profundiza en estos temas introductorios. Tiene como meta proveer al lector con suficiente información sobre Ayurveda y sus técnicas, para que éste pueda mejorar su propia vida y conciencia en todos los niveles. Espero que sea relevante para psicólogos y terapeutas ya que no es una simple introducción.

No me voy a disculpar por producir un libro más técnico de lo que un lector principiante pueda entender. Ya existen varios libros introductorios sobre el Ayurveda para quienes los requieran. Existe la necesidad de libros más avanzados para desarrollar este importante tema. Algo más profundo sobre el Ayurveda necesita ser revelado para complementar las introducciones generales que ya están disponibles.

Este libro está dividido en cuatro secciones seguidas de un apéndice:

Parte I. La psicología ayurvédica : medicina yóguica de mente-cuerpo
Parte II. Las características energéticas de la conciencia
Parte III. Las terapias ayurvédica s de la mente
Parte IV. Las aplicaciones espirituales de la psicología ayurvédica : Los caminos del yoga
Apéndices

La primera sección explica la perspectiva ayurvédica sobre la mente y el cuerpo, y cómo funcionan. Empieza con el material básico de los tres gunas (Sattva, Rajas y Tamas), los tres humores biológicos (Vata, Pitta y Kapha), y los cinco elementos (tierra, agua, fuego, aire y éter), mostrando su relación con la mente. También explora la naturaleza y las funciones de la mente de manera general desde la perspectiva ayurvédica.

La segunda sección continúa con una profunda examinación de las distintas funciones de la conciencia a través de la atención, la inteligencia, la mente, el ego y el ser. Presenta un entendimiento más profundo y detallado de la mente que en la psicología moderna debido a que este examina todas las capas desde el subconsciente hasta el supraconsciente.

En la tercera parte de este libro se examinan varias terapias ayurvédica s para la mente. Estas comienzan con métodos Ayurvédicos de consejería y la perspectiva ayurvédica de cómo tratar la mente. Las terapias constan de dos partes: las externas y las internas. Las terapias externas están conectadas a modalidades físicas como dietas, hierbas y masajes. Las terapias internas funcionan a través de impresiones y estas consisten en su mayoría de terapias de color, aroma y mantra.

La cuarta sección del libro trata sobre las practicas yóguicas y espirituales desde una perspectiva ayurvédica y psicológica, y resume e integra todas las terapias discutidas en la sección anterior. Esto nos permite usar la sabiduría del Ayurveda, no sólo para la salud mental y física, pero también para el crecimiento espiritual. El apéndice contiene varios cuadros sobre las funciones de la mente y sus correspondencias. Las notas de pie, los glosarios, la bibliografía y el índice concluyen el libro.

El material presente en *Ayurveda y la Mente* refleja y construye sobre lo que he presentado en libros previos. Hay un capítulo sobre Ayurveda y la mente en mi libro: *La sanación ayurvédica: una guía comprensiva*. La naturaleza del conocimiento desde una perspectiva más espiritual y meditativa es examinada en *Más allá de la mente*. Este presente volumen expande sobre la temática presentada en estos dos libros. Tiene puntos en común con *Yoga Tántrico y las diosas de la sabiduría: secretos espirituales del Ayurveda*, el cual trata sobre los chakras y las características energéticas del cuerpo sutil. El lector puede investigar estos libros para más información sobre el gran sistema del cual este libro es tan sólo una parte.

Es mi deseo que este libro estimule más investigación sobre el lado psicológico del Ayurveda y su interface con la ciencia del Yoga. Esto añadirá una nueva e importante dimensión al entendimiento humano y de la salud para el siglo que comienza.

¡Que la mente de todos los seres encuentre la paz!
¡Que todos los mundos encuentren la paz!

Dr. David Frawley
(Vamadeva Shastri)
Octubre de 1996

Ayurveda y la mente

El origen de la conciencia en el corazón

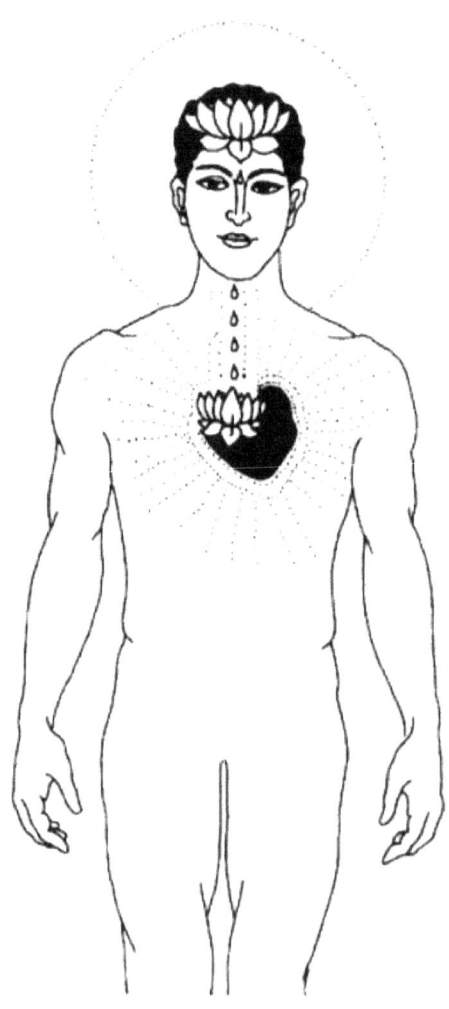

Parte I

PSICOLOGÍA AYURVÉDICA: MEDICINA YÓGUICA PARA LA MENTE-CUERPO

En esta primera parte hablaremos de los conceptos fundamentales de la psicología ayurvédica, con el fin de facilitar la comprensión de los elementos que se verán y desarrollarán posteriormente en el libro. Iniciaremos con el concepto de los humores biológicos: Vata (aire), Pitta (fuego) y Kapha (agua). Estos elementos constituyen la base que nos permite determinar las constituciones físicas y psicológicas. A continuación, examinaremos las tres cualidades primordiales (Gunas) de Sattva, Rajas y Tamas, las cuales determinan la naturaleza mental y espiritual. Esta parte contiene dos pruebas prácticas que le permitirán auto-evaluarse: un cuestionario para determinar su constitución ayurvédica al final del segundo capítulo y otro enfocado en la naturaleza mental al final del capítulo sobre los Gunas. Les recomendamos a nuestros lectores realizar estas pruebas con el fin de poder aplicar de manera personal los conocimientos provistos en este libro.

Luego, pasaremos a las funciones y a la naturaleza de la mente, ambas determinadas por la distribución de los cinco elementos: tierra, agua, fuego, aire y éter. Este análisis energético de la mente presenta un enfoque paralelo al modelo de Vata, Pitta y Kapha para el cuerpo. Los capítulos de esta primera parte contienen varios ejercicios prácticos que permitirán al lector examinar el funcionamiento de su propia mente. Comencemos por una visión introductoria y un repaso de este vasto tema.

1. Un nuevo viaje hacia la conciencia

En este libro emprenderemos una gran aventura interior. Viajaremos a través de las distintas dimensiones de nuestra conciencia: individual y cósmica, conocida y desconocida. No obstante, en este viaje nuestra perspectiva será imaginativa o especulativa y no perderemos la conciencia de donde estamos parados. Examinaremos una visión integral de la propia mente incluyendo por un lado, el cuerpo y por el otro, a nuestro Ser inmortal. Indagaremos todos los aspectos de nuestra naturaleza y examinaremos cómo pueden afectar nuestra forma de pensar, sentir, y percibir, al igual que nuestra manera de ser conscientes.

Durante este camino, emplearemos la sabiduría de los grandes yoguis y rishis de los Himalayas, cuyos conocimientos yóguicos van más allá de los saberes técnicos, las profundidades filosóficas o las revelaciones religiosas. Estos representan la sabiduría misma de la vida que va más allá de cualquier opinión o dogma. El lector deberá participar e involucrase personalmente, convirtiéndose tanto en el observador como en el observado. La verdadera exploración de nuestra mente consiste en viajar hacia nuestro propio Ser interior. No solamente consiste en indagar el ego superficial y limitado por el tiempo, sino también nuestro Ser profundo, del cual todo lo que vemos internamente y externamente es tan sólo un reflejo. Descubriremos cómo todas las fuerzas de la Naturaleza actúan dentro de nosotros y que somos una réplica del cosmos, nuestra conciencia interior es una sola con Dios.

Ayurveda

Ayurveda significa "ciencia de la vida". Es una disciplina Védica con más de 5 000 años de antigüedad y el sistema de sanación natural y tradicional de la India. Ayurveda conforma el aspecto médico de los sistemas yóguicos provenientes del subcontinente Indio, entre los cuales se encuentran Yoga, Vedanta, Tantra y Budismo. Hoy en día, se encuentra a la vanguardia de la medicina mente-cuerpo, y se ha propagado más allá de su país de origen cautivando cada vez más el interés del mundo entero. Así, con su percepción milenaria y clara de la vida y la conciencia, no resulta arcaica ni obsoleta, sino representa una verdadera clave para la medicina del futuro. Esto se debe al enfoque único y espiritual con el que entiende nuestro lugar en el universo.

En Ayurveda, el cuerpo físico es una cristalización de tendencias mentales profundas heredadas de vidas anteriores. Se considera a la mente como un reflejo del cuerpo y como la bodega de impresiones infundidas por los sentidos. Más allá del conjunto cuerpo-mente, reconoce nuestro Ser profundo y la inmortalidad de nuestra naturaleza, y nos permite trascender todas las dificultades físicas y mentales. Ayurveda comprende el cuerpo, la mente y el espíritu con una visión única y ha desarrollado métodos específicos para trabajar en cada uno de estos aspectos.

Ayurveda no concibe el ser humano como un conjunto limitado de procesos bioquímicos. No considera la mente como una simple función cerebral. Tampoco percibe al individuo como un producto de circunstancias sociales, aun reconociendo la importancia que estos factores pueden llegar a tener. En esta disciplina, se concibe el alma humana como conciencia pura que se vincula, pero no se limita al conjunto cuerpo-mente, siendo éste sólo un instrumento de su manifestación.

El propio cuerpo es un organismo mental, un vehículo de la percepción diseñado para apoyar las funciones sensoriales y facilitar las experiencias mentales. Cualquier trastorno de la función fisiológica tiene su raíz en el proceso perceptivo y es causado por el mal uso de los sentidos. El uso limitado, excesivo o incorrecto de los sentidos nos lleva a acciones equivocadas que pueden, a su vez, generar un posible dolor. Para entender cómo funciona nuestro cuerpo debemos observar cómo utilizamos nuestras mentes.

Yoga, Ayurveda y Tantra

Ayurveda es la rama encargada de la sanación en la ciencia yóguica. Yoga es su aspecto espiritual, mientras que Ayurveda es la rama terapéutica del Yoga. En cuanto al Yoga, éste va más allá que las Asanas o posturas físicas ampliamente visibles en Occidente hoy en día. Yoga es una herramienta de desarrollo espiritual destinada a la auto-realización, al descubrimiento de nuestra verdadera naturaleza más allá del tiempo y el espacio. Este proceso favorece una mente y un cuerpo libre de enfermedad.

Es tradicional que Yoga, como terapia médica[1], forme parte de Ayurveda y se enfoque en el tratamiento de enfermedades físicas y mentales. Para tratar las enfermedades físicas, Ayurveda utiliza métodos yóguicos como posturas y ejercicios de respiración.[2] Los tratamientos ayurvédicos enfocados a enfermedades mentales incluyen prácticas yóguicas destinadas a fortalecer y estimular el crecimiento espiritual, como por ejemplo, mantras y meditación. El concepto ayurvédico de la mente se origina en la filosofía yóguica y su interpretación de los distintos niveles de conciencia.[3] El Ayurveda y la psicología yóguica eran una misma cosa y sólo fue hasta hace poco que comenzaron a divergir. Esta separación se debe al hecho que en el mundo occidental las personas y los instructores de Yoga no siempre comprenden la conexión entre Yoga y Ayurveda.

Actualmente, existen varias corrientes de psicología yóguica. Algunas combinan posturas de Yoga con métodos de psicoanálisis. También, algunos de estos métodos juntan la meditación yóguica con enfoques médicos o psiquiátricos occidentales. Para tratar la mente, algunos aplican directamente métodos yóguicos, pero sin recurrir al Ayurveda. Estos enfoques pueden resultar eficaces pero funcionarían muchísimo mejor si son combinados con Ayurveda, porque su enfoque de sanación original proporciona el lenguaje médico adecuado para utilizar Yoga como una ciencia absoluta de sanación.

Tanto Ayurveda como Yoga están vinculados con el Tantra, el cual ofrece varias técnicas para modificar la naturaleza de la conciencia. Sin embargo, la idea popular de que el Tantra encarna un sistema de prácticas sexuales refleja solamente un aspecto general e inferior del Tantra. En realidad, se trata de un sistema completo para el desarrollo humano que nos puede ayudar a mejorar todos los aspectos de nuestras vidas.

Las herramientas tántricas incluyen terapias sensoriales de cromoterapia, gemas, sonidos y mantras, junto con la devoción hacia ciertas deidades. Las deidades, como el Señor Shiva o la Madre Divina, son arquetipos que pueden generar cambios profundos en la conciencia, cambios que la mente individual no puede entender. Las terapias sensoriales pueden contribuir a reprogramar la mente, eliminando condicionamientos negativos sin necesidad de pasar por un análisis. Los métodos ayurvédicos para la sanación mental incluyen el Tantra. La concepción tántrica de las fuerzas sutiles, mentales y corporales está estrechamente vinculada con Ayurveda. Los aspectos más avanzados y profundos del Yoga recurren también a métodos tántricos elevados.

Medicina mente-cuerpo

Los doctores ayurvédicos no necesitan denominarse psicólogos. La psicología forma parte de sus prácticas diarias, cuyo enfoque incluye las enfermedades físicas y mentales. Según Ayurveda, las enfermedades físicas aparecen principalmente debido a factores externos como la mala alimentación o la exposición a patógenos. Las enfermedades mentales se deben, ante todo, a factores internos como el mal uso de los sentidos y la acumulación de emociones negativas.

Las emociones negativas provienen a menudo de nuestro karma y son el resultado de acciones pasadas en vidas anteriores. Sin embargo, las enfermedades físicas y psicológicas están generalmente relacionadas y rara vez se produce una sin la otra.

Algunas enfermedades, como las infecciones agudas, tienen casi siempre causas físicas y pueden ser tratadas exclusivamente a nivel físico. Pero la mayoría de las enfermedades tienen causas psicológicas; además, todas las enfermedades prolongadas o crónicas conllevan serios efectos psicológicos. La enfermedad física altera las emociones y debilita los sentidos, lo que puede dar lugar a disturbios mentales. Los desequilibrios psicológicos tienen también consecuencias físicas. Se traducen en desequilibrios alimenticios que fatigan el corazón, los nervios y debilitan el cuerpo.

En el mundo actual, nuestros problemas son, ante todo, de índole psicológica. Tenemos alimentos variados y adecuados, ropa y vivienda, lo cual previene la mayoría de las enfermedades del cuerpo. Sin embargo, aunque la mayoría de nosotros no tengamos problemas físicos importantes, sufrimos a menudo de problemas psicológicos. Estos disturbios pueden manifestarse como sentimientos de soledad, carencia de amor, falta de valoración, ira, estrés o ansiedad. Los cuales pueden debilitar nuestra energía física y hasta impedirnos hacer lo que realmente deseamos.

Nuestra forma de vida genera infelicidad. Vivimos en una cultura activa y turbulenta que ofrece poco espacio para la paz y el regocijo. Hemos trastornado las raíces orgánicas de la vida, constituidas por buen alimento, agua, aire puro y una vida familiar feliz. Vivimos en un mundo artificial dominado por los paisajes urbanos y los medios de comunicación en el cual hay una escasez de alimento para el alma. Siempre deseamos cosas nuevas y rara vez estamos contentos con lo que tenemos. Corremos detrás de un estímulo, luego detrás de otro, rara vez observando que el proceso de nuestra vida no tiene un rumbo establecido. Nuestras vidas siguen patrones de acumulación, sin que nunca nos detengamos o descansemos. La medicina occidental es más una solución rápida para seguir en el camino equivocado de nuestro estilo de vida, y rara vez, se enfoca en la raíz del problema. Tomamos una pastilla rápidamente con la esperanza de que nuestros problemas desaparezcan, sin tener en cuenta que es sólo un síntoma, un aviso de un desequilibrio en el organismo, una luz de advertencia que, en vez de ignorar, valdría más la pena atender.

Ayurveda, en cambio, enseña que las claves para el bienestar son la armonía con la naturaleza, la sencillez y la alegría. Nos enseña cómo vivir en un estado de equilibrio, en donde la satisfacción proviene simplemente de existir y no de buscar el cambio. Nos conecta con las fuentes de creatividad y felicidad que emanan de nuestra conciencia, con el fin de que podamos superar permanentemente nuestros problemas psicológicos. Ayurveda nos ofrece una verdadera solución a nuestros problemas de salud: el regreso a la unidad con el universo y nuestro Ser Divino interior. Esto implica un cambio en nuestra forma de vivir, pensar y percibir.

Los niveles de sanación ayurvédica

Ayurveda reconoce cuatro niveles primordiales de curación:
1. Tratamiento de enfermedades.
2. Prevención de enfermedades.
3. Mejoría de la calidad de vida.
4. Desarrollo de la conciencia.

Para la mayoría de nosotros, el tratamiento médico comienza a partir de la enfermedad. Se enfoca en el tratamiento de esta afección como respuesta a una condición que ya ocurrió. Su objetivo es reparar algo ya roto. Sin embargo, cuando la medicina comienza con el tratamiento suele ser un fracaso desde el inicio, porque la enfermedad ya nos ha dañado. En esta última etapa, pueden resultar necesarios métodos radicales e invasivos, como medicamentos o cirugía, que ocasionan muchos efectos secundarios.

El nivel más alto de sanación consiste en eliminar la enfermedad antes que se haya manifestado. En este tipo de medicina, los métodos invasivos como los medicamentos o la cirugía rara vez son necesarios. Para llegar a este nivel, debemos tener en cuenta los efectos de nuestro estilo de vida, del medio ambiente, del trabajo y del estado psicológico. Para no ser vulnerables a enfermedades debemos eliminar los factores negativos de nuestra vida cotidiana.

Se podría decir que siempre estamos enfermos, ya que la vida misma es transitoria e inestable. Siempre hay alguna enfermedad atacándonos, sobre todo debido a los cambios de clima o al proceso de envejecimiento. Cada criatura que nace deberá morir en algún momento. La salud es una cuestión de ajustes continuos como los de un barco antes de salir a navegar. Por eso, no puede ser alcanzada de manera permanente y luego olvidada, debe ser una preocupación constante.

El tercer nivel de tratamiento es la terapia para mejorar la calidad de vida, cuyo objetivo es mejorar nuestra vitalidad y permitirnos vivir más tiempo. No se limita a prevenir enfermedades, nos indica cómo incrementar nuestra vitalidad de una manera positiva. Sin embargo, Ayurveda tiene en cuenta una meta mayor que la obtención de la salud, la prevención de enfermedades y la longevidad.

El cuarto nivel del Ayurveda es el desarrollo de la conciencia. Este requiere un enfoque espiritual de la vida, incluyendo la práctica de la meditación. Ser saludable es ciertamente importante pero estar sano no es un fin en sí mismo. No basta con gozar de una vida larga y tener mejor energía para realizar las cosas que queremos. Debemos averiguar en qué estamos gastando nuestra energía y por qué. La condición cualitativa de nuestra conciencia es el verdadero fruto de todo lo que hacemos. Es nuestra expresión final, la esencia de nuestro Ser profundo. Nuestra conciencia es la única cosa que podemos llevarnos al morir. Puede seguir creciendo aún cuando el cuerpo y la mente inician el proceso de deterioro y es nuestra mayor ayuda en el proceso de envejecimiento.

El propósito de la encarnación física es el desarrollo de una conciencia superior. Esto no sólo nos eleva a nivel individual, sino también al mundo y al resto de la humanidad. Todos los problemas humanos surgen por la carencia de una verdadera conciencia que no es simplemente falta de información, sino una falta de comprensión del lugar real que ocupamos en el universo. En realidad, no tenemos lugar en el universo. El universo reside en nuestro interior.

Todo el universo (incluyendo todos los seres humanos) es parte de nuestro propio Ser. Toda la creación no es más que una forma diferente de lo que somos. Son como las diferentes ramas y hojas del mismo árbol de la conciencia. La verdadera conciencia consiste en reconocer la unidad a través de la cual podemos trascender nuestras limitaciones personales y entender el Ser como el Todo. Esta es la última meta de Ayurveda, su objetivo es liberarnos de todo dolor y sufrimiento. La verdadera conciencia es la cura definitiva de todos los trastornos psicológicos. Pero para entenderlo, primero debemos llevar a cabo una introspección de la mente y sus funciones. Tenemos que empezar desde donde estamos. En esta dirección comienza nuestro viaje.

2. Los tipos constitucionales en Ayurveda: Los humores biológicos de Vata, Pitta y Kapha

Si nos fijamos en las diferentes personas del mundo que nos rodea, podemos ver que todos somos diferentes. La persona considerada "normal" y promedio es sólo una abstracción estadística que en realidad no existe. En muchos sentidos, cada uno es diferente, tanto física como mentalmente. Cada persona posee una constitución única, distinta a la de cualquier otra persona. Las formas, tamaños, temperamentos y personalidades de los individuos tienen enormes variaciones que pueden afectar nuestra salud y nuestra felicidad.

Debemos entender nuestra propia naturaleza para alcanzar la felicidad y el bienestar en la vida. Del mismo modo, para lograr una interacción social armoniosa debemos entender la naturaleza de los demás, aunque sea diferente a la nuestra. El alimento que es bueno para una persona puede no serlo para otra. Por ejemplo, una persona puede ser exitosa con especias, mientras que otra parecida puede tener intolerancia a estas. Del mismo modo, en el contexto psicológico, las condiciones favorables para una persona pueden no convenir a otra. La competencia puede estimular a una persona alcanzar mayores logros, mientras que puede intimidar a otra, inhibirla y hacerla fracasar.

Sin un entendimiento profundo y real de nuestra constitución particular nos sentenciamos a la mala salud y a la enfermedad. Ninguna medicina estandarizada y fundamentada en normas puede tratar adecuadamente todas nuestras diferencias individuales. Sólo un sistema que diferencie nuestros distintos tipos de constituciones puede lograrlo. Como esencia fundamental, Ayurveda contiene una ciencia bien desarrollada para determinar los tipos constitucionales. Una de las maravillas de Ayurveda es que nos permite descifrar todas nuestras particularidades y variaciones individuales, habilidades especiales e incluso idiosincrasias.

Sin embargo, las diferentes constituciones humanas tienen patrones generales y no ocurren al azar. Si bien hay variaciones, suelen aparecer en grupos bien definidos, como espejos de las grandes fuerzas de la Naturaleza. De acuerdo con los tres humores biológicos que constituyen la raíz de nuestra fuerza física, existen tres tipos de constituciones. En sánscrito, se conocen como Vata, Pitta y Kapha y corresponden a los tres grandes elementos: aire, fuego y agua (según actúan en el conjunto cuerpo-mente). Los libros de Ayurveda hacen énfasis en los aspectos físicos de estos tres tipos. Aquí, prestaremos más atención a sus características psicológicas. Conozcamos primero a Vata, Pitta y Kapha y familiaricémonos con sus funciones.

Vata — Aire

El humor biológico que corresponde al aire se conoce como Vata, que significa literalmente "lo que sopla", en analogía al viento. Contiene como aspecto secundario el éter, el ámbito en el cual se mueve. Los espacios de la cabeza, las articulaciones y los huesos son el lugar principal de Vata.

Vata gobierna el movimiento y es responsable de la descarga de todos los impulsos, tanto voluntarios como involuntarios. Actúa principalmente a través del cerebro y del sistema nervioso. En el sistema digestivo, corresponde a la parte inferior del abdomen, particularmente el intestino grueso donde el gas (aire) suele acumularse. Incluye también los sentidos de la audición y el tacto que corresponden a los elementos éter y aire. Vata es la fuerza que dirige y orienta a los demás humores, ya que la vida misma se deriva del aire. Vata trae agilidad, adaptabilidad y facilidad para actuar. Su poder nos anima y nos hace sentir con vitalidad y entusiastas.

Vata regula la sensibilidad básica y la movilidad mental. Energiza todas las funciones mentales, desde los sentidos hasta el subconsciente. Nos permite elaborar una respuesta mental ante los impulsos internos y externos. El miedo y la ansiedad son los trastornos emocionales típicos de esta constitución, los cuales se producen cuando nos sentimos en peligro o cuando nuestra fuerza vital es amenazada.

Pitta — Fuego

El humor biológico que corresponde al fuego se llama Pitta, que significa "lo que cocina". El fuego no puede existir directamente en el cuerpo, pero se manifiesta bajo la forma de líquidos calientes como la sangre y los fluidos digestivos. Por esta razón, Pitta tiene un aspecto secundario de agua.

Pitta determina los procesos de transformación del cuerpo y de la mente como la digestión y la asimilación en todos sus aspectos, desde la comida hasta las ideas. Predomina en el sistema digestivo, especialmente en las aéreas en donde opera el fuego digestivo, como en el intestino delgado y el hígado. Se encuentra también en la sangre y en el sentido de la vista debido a su correspondencia con el elemento fuego. Pitta es responsable de todo calor y luz en el organismo, desde la percepción sensorial hasta el metabolismo celular.

Mentalmente, Pitta está encargado de la razón, la inteligencia y la comprensión: la capacidad que ilumina la mente. Permite que la mente perciba, juzgue y logre discernir. La ira es su principal sintomatología emocional: es como una llamarada que nos calienta y nos ayuda a defendernos de ataques externos.

Kapha — Agua

El humor biológico que corresponde al agua se denomina Kapha, que literalmente significa "lo que se pega". Contiene un aspecto secundario del elemento tierra, como los límites que lo contienen: la piel y las mucosas.

Kapha determina la forma y la substancia responsable del peso, la cohesión y la estabilidad. Representa el océano interno, la misma solución líquida en donde se mueven los otros dos humores y constituye la sustancia esencial del cuerpo. Proporciona la lubricación y la descarga adecuada de secreciones, protegiendo los nervios, los sentidos y la mente. Kapha predomina en los tejidos corporales, en la parte superior del cuerpo y en lugares donde se acumula moco como el estómago, los pulmones y la cabeza. Está vinculado con los sentidos del gusto y del olfato, los cuales corresponden a los elemento agua y tierra.

Kapha gobierna los sentimientos, las emociones y la capacidad de la mente para mantenerse en forma. Brinda paz mental y estabilidad pero puede impedir el crecimiento y la expansión. Sus principales desequilibrios emocionales son el deseo y el apego: no dejar ir el contenido de la mente, lo cual conduce a la sobrecarga de la psique.

Sintiendo Vata, Pitta y Kapha

El siguiente ejercicio demuestra como Vata, Pitta y Kapha actúan en condiciones naturales. Observe estas características, intente reconocerlas en las condiciones y climas cambiantes que lo rodeen.

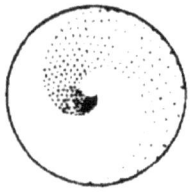

VATA: Siéntese al aire libre en un lugar tranquilo y fresco, en un día seco, ventoso y claro como es común en otoño cuando las hojas están cayendo y se producen las primeras heladas. De ser posible, elija una zona de colinas o montañas, desde donde tenga una vista bonita y amplia.

Observe sus reacciones ante el medio ambiente y sus cualidades. Al principio se sentirá ligero, claro, seco y expansivo. Si usted permanece afuera expuesto al viento durante algún tiempo, es muy probable que se sienta agitado, desconectado de la realidad, vulnerable y expuesto.

PITTA: Siéntese afuera en un día de verano caluroso, húmedo y un poco nublado. Una vez más, observe su reacción al medio ambiente. Usted se sentirá caliente, húmedo y cubierto, una sensación que puede ser agradable al principio. En poco tiempo, usted comenzará a sentirse caliente, demasiado arropado y tendrá deseo de moverse o de hacer algo para enfriarse. Poco a poco se volverá irritable o enojado.

KAPHA: Siéntese al aire libre, en un lugar protegido de ser necesario, en un día lluvioso y frío con poco viento, preferiblemente en primavera cuando la vegetación nueva está brotando. Observe su reacción al medio ambiente. Al principio, se sentirá fresco, húmedo, tranquilo y contento, y quizás sienta ganas de descansar o incluso dormir. Después de un tiempo comenzará a sentirse estancado, pesado, rígido e incapaz de moverse. Sus sentidos podrían nublarse o volverse pesados.

Tipos constitucionales

A continuación veremos los perfiles físicos y psicológicos típicos de los tres tipos. No deben ser tomados de manera estricta ya que el predominio de las características es lo que verdaderamente importa.

VATA (Tipo aire)

Características físicas

La persona en la cual domina Vata, el humor biológico de aire, suele ser más alta o más baja que el promedio, y tiene una constitución delgada y dificultades para mantener su peso. Es de estructura ósea prominente, generalmente sus músculos no son bien desarrollados y sus venas sobresalen. La piel tiende a ser seca y se vuelve fácilmente áspera, agrietada o arrugada. Su tez es morena u oscura, con posible descoloramiento café o negro. Sus ojos son pequeños, secos y pueden padecer de tics o temblores. Su cabello y cuero cabelludo son secos y tienden fácilmente a tener caspa o las puntas quebradas.

Las personas de tipo aire presentan funciones digestivas variables y fluctuantes. Su apetito puede ser fuerte, bajo o nulo. Los trastornos emocionales, el estrés o las hostilidades les causan de inmediato indigestiones nerviosas. Tienen el sueño ligero y sufren de insomnio, condición que puede volverse crónica. Una vez despiertos, no se vuelven a dormir con facilidad. Tienen el sueño agitado y suelen tener pesadillas.

En relación con los residuos orgánicos, su orina es escasa y normalmente transpiran poco. Sus heces tienden a ser secas y no muy abundantes. Con frecuencia padecen de estreñimiento, distensión abdominal y gases. Generalmente, sus trastornos van desde dolores de cabeza comunes hasta enfermedades crónicas como la artritis. Los principales factores ambientales que los incomodan o molestan son el frío, el viento y la sequedad. Realmente, todos los extremos les molestan, incluso el calor o la luz solar excesiva. No les gusta nada riguroso. Por lo general se desenvuelven mejor en un ambiente cálido y húmedo, llevando una dieta rica y nutritiva. Para estar en paz requieren de un ambiente de cuidados, cariños y apoyo emocional.

Los tipos Vata son físicamente activos y enérgicos. Gozan de la velocidad, el movimiento y las actividades aeróbicas. Sin embargo, se cansan fácilmente y les hace falta energía y resistencia. A menudo, son atléticos en la juventud, pero carecen de fuerza física para practicar ejercicios fuertes o deportes de contacto. Fácilmente tienen espasmos o contracturas musculares. No están completamente presentes en su cuerpo y por ende pueden ser torpes. Son propensos a lesiones y a fracturas de huesos.

Características psicológicas

Las personas tipo Vata tienen mentes rápidas y ágiles, cambian frecuentemente de inclinaciones e intereses. Son verbales, informados e intelectuales y pueden entender diferentes puntos de vista. No obstante, pueden ser superficiales en sus ideas y hablar sin sentido. Sus mentes titubean fácilmente y pueden divagar sin control. Poseen muchos conocimientos sobre cosas muy diversas, pero pueden carecer de profundidad sobre un tema particular. Su voluntad es, por lo general, vacilante y suelen ser indecisos. Les falta determinación, coherencia y confianza en sí mismos y frecuentemente tienen una imagen negativa de sí mismos.

Los tipos Vata son los más afectados por el miedo ya que reaccionan con temor ante algo nuevo o raro. Tienden a preocuparse, padecen fácilmente de ansiedad y generalmente son bastante inestables. Están a menudo "en las nubes" y se distraen con facilidad. Tienen una memoria errática o a corto plazo. Sufren rápidamente por exceso de trabajo o abuso de actividad física y tienden a sobre cargarse con cualquier cosa que hagan.

Aquellas personas tipo aire son buenos maestros, excelentes programadores informáticos, y sobresalen en la comunicación y en los medios de comunicación. Son buenos pensadores, excelentes para escribir y organizar información. Son buenos músicos pero pueden ser muy sensibles al ruido. En general, la gente creativa y los artistas pertenecen a este tipo.

Pueden ser muy sociables y les gusta relacionarse con gente de todo tipo. Sin embargo, cuando el elemento aire es demasiado dominante, son solitarios y se rehúsan al contacto humano. Esto es debido a que tienen demasiadas cosas que decir y no saben cómo hacerlo, y no porque realmente tengan un carácter solitario. Son comúnmente rebeldes y no les gusta ser líderes ni seguidores. Cuando una persona Vata ha tomado una decisión es el más flexible de los tres tipos: el más adaptable y el mejor capacitado para el cambio.

PITTA (Tipo fuego)

Características físicas

Las personas de tipo Pitta son generalmente de altura y complexión media y tienen músculos bien desarrollados. Su piel es grasosa y tiene buen color, pero es propensa al acné, a las erupciones cutáneas y a otras afecciones inflamatorias. Del mismo modo, sus ojos se enrojecen o se inflaman con facilidad. Son sensibles a la luz solar y a menudo tienen que usar lentes. Su cabello es fino y comúnmente tienen canas o calvicie prematura.

Las personas tipo fuego por lo general poseen un apetito bueno, fuerte o excesivo. Hasta cumplir los cuarenta años, pueden comer casi cualquier cosa sin ganar peso. Sin embargo, son propensos a la acidez y los ardores estomacales y pueden desarrollar úlceras o hipertensión. Su sueño es tranquilo y de duración moderada pero puede verse perturbado por conflictos emocionales. Tienden a soñar mucho y sus sueños son coloridos, dramáticos o incluso violentos.

Sus secreciones corporales (heces, orina o moco) tienden a ser amarillas y abundantes ya que el exceso de bilis (Pitta) causa este color. Son propensos a las heces blandas o a tener diarrea. Sudan con facilidad y su sudor junto a otras secreciones pueden ser malolientes. Su sangre es caliente, y son propensos a los moretones y a sangrar con facilidad. Los tipos de fuego comúnmente sufren de fiebres, infecciones, condiciones tóxicas de la sangre e inflamaciones. Son intolerantes al calor, a la luz solar, al fuego y a los productos químicos. Por lo que prefieren estar frescos, con agua y sombra.

Los tipos Pitta son competitivos, les gusta practicar el ejercicio y el deporte. Les encanta ganar y odian perder, disfrutan los juegos de todo tipo. Su resistencia es moderada y, bajo la luz del sol o el calor, se cansan fácilmente. Sus articulaciones tienden a ser muy flexibles. Su energía y resistencia son moderadas, pero su firme determinación y su auto-exigencia los pueden llevar al agotamiento.

Características psicológicas

Los tipos Pitta son inteligentes, perceptivos, sagaces y exigentes. Tienen una mente aguda y ven el mundo de una manera clara y sistemática. Sin embargo, por sus ideas agudas, pueden llegar a ser testarudos, prejuiciados o moralistas. Son propensos a la ira, la cual es su principal reacción ante acontecimientos nuevos o inesperados, y tienden a ser agresivos o dominantes. Tienen una voluntad fuerte y pueden ser impulsivos u obstinados. Son buenos líderes pero pueden llegar a ser fanáticos o insensibles. Les gusta usar la energía y la fuerza, pues son propensos a la violencia y a la argumentación.

Los tipos Pitta son buenos científicos y suelen tener una buena comprensión de la mecánica y las matemáticas. Les gusta trabajar con herramientas, armas o con la química. Tienen mentes indagadoras, son buenos en el campo de la investigación y la invención. Pueden ser buenos psicólogos y desarrollan una percepción muy fina. La mayoría de los militares y de los oficiales de policía son de tipo fuego. Les gusta el orden, la ley y valoran el merito del castigo. La mayoría de los abogados y de los políticos, con sus mentes perspicaces y habilidades de debate, pertenecen a esta categoría de fuego.

Las personas tipo Pitta son excelentes oradores o predicadores y son bastante convincentes en la presentación de sus casos. Sin embargo, pueden carecer de compasión y tienen dificultades para aceptar o contemplar otros puntos de vista. Prefieren la jerarquía y la autoridad al consenso y la democracia. Un ejemplo típico de Pitta es el alto ejecutivo que sufre repentinamente un ataque al corazón. De todos modos, su determinación puede ser muy provechosa si se enfoca hacia la meta correcta.

KAPHA (Tipo agua)

Características físicas

Los tipos Kapha generalmente tienen estatura más baja de lo común, complexión robusta y el pecho bien desarrollado. A veces llegan a ser altos, pero persiste su complexión robusta. Tienden al sobrepeso o a la obesidad y suelen acumular un exceso de peso y de agua, a menos de que trabajen fuertemente para prevenirlo. Las personas de este tipo tienen la piel gruesa, húmeda y aceitosa. Tienen ojos grandes, claros y atractivos, con pestañas largas. Su cabello es abundante, grasoso y grueso. Sus dientes son grandes, blancos y atractivos.

Las personas tipo Kapha tienen poco apetito pero constantemente tienen hambre y su metabolismo es lento. Son constantes pero no son grandes comedores, disfrutan más tener comida a su alrededor que comer mucho. Generalmente les cuesta mucho trabajo perder peso, incluso si no comen mucho. Les encanta lo dulce y son propensos a desarrollar diabetes en el futuro. Se duermen fácilmente, a veces durante demasiado tiempo, y tienen dificultades para mantenerse despiertos hasta tarde en la noche.

Sus secreciones de orina, sudor y heces son normales. Pueden sudar mucho si se calientan, pero esto sucede de manera muy paulatina. Acumulan y secretan grandes cantidades de mucosidad, especialmente en la mañana. Los tipos Kapha, como el agua, son propensos a la retención de agua o al exceso de peso. Estos trastornos Kapha incluyen la obesidad, los desordenes congestivos, inflamaciones glandulares, asma, edema y tumores (generalmente benignos). Tienen mucha sensibilidad al frío, a la humedad y al aire estancado, pero también a la falta de circulación de aire. Prefieren el calor, la luz, la sequedad y el viento.

Al tipo Kapha le gusta la vida sedentaria, tiene mucha resistencia y, una vez activo, puede continuar trabajando por mucho tiempo. Alcanza más por la regularidad y la perseverancia que por la velocidad, la habilidad o la astucia. Suelen sufrir físicamente por la inacción y la falta de disciplina.

Características psicológicas

El tipo Kapha posee un temperamento emocional marcado: su aspecto positivo consiste en ser verdaderamente amoroso, devoto y leal. Su aspecto negativo lo hacen proclive a los deseos, al apego y a ser posesivos o codiciosos. Son románticos, sentimentales y lloran con facilidad.

Mentalmente, son más lentos en el aprendizaje que los otros dos tipos, pero retienen muy bien lo aprendido. Necesitan muchas repeticiones para poder captar las cosas. No son creativos o inventivos, pero llevan las cosas a cabo y saben hacerlas de manera práctica y útil. Son mejores para terminar las cosas que para iniciarlas. Les gusta dar forma a las cosas y crear instituciones y establecimientos.

Los tipo agua son tradicionales o convencionales en su comportamiento y en sus creencias. Les gusta pertenecer o ser parte de un grupo y, rara vez son rebeldes. Son buenos seguidores y prefieren trabajar en asociación. Están generalmente contentos y aceptan las cosas como son. Son estables pero a veces se pueden estancar. No les gusta cambiar y se adaptan con dificultad a los cambios, incluso cuando los quieren. Son amistosos, especialmente con la gente que conocen y suelen mantenerse cerca de su familia. Sin embargo, tienen dificultades para relacionarse con extraños o con extranjeros. No les gusta lastimar a los demás, sin embargo pueden ser insensibles ante las necesidades de los que se encuentran fuera de su esfera. A veces arrojan todo su "peso" sobre las cosas y sofocan o destruyen otras.

El hombre Kapha suele ser buen padre y excelente proveedor. En las mujeres, Kapha hace buenas madres y buenas esposas, mujeres que disfrutan cocinar, hornear pasteles y el trabajo doméstico. Los hombres pueden ser chefs o trabajar en la restauración. Son buenos cantantes ya que poseen un pecho grande, buenos pulmones y buena voz. Les gusta acumular riquezas y se apegan fácilmente a lo que tienen. Sobresalen en bienes raíces y son excelentes banqueros. Una vez motivados, pueden ser constantes, muy trabajadores y se aferran a todo lo que consiguen.

Examen constitucional

Cómo determinar su naturaleza psico-física individual

Cada uno de nosotros posee los tres humores biológicos. Sin embargo, su proporción varía en cada individuo. Un humor suele ser predominante y da sus características a nuestro cuerpo y mente.

Algunas personas pertenecen claramente a un solo tipo. Estas personas son conocidas como Vata puro (aire puro), Pitta puro (fuego puro) y Kapha puro (agua pura). No obstante, existen tipos mezclados, cuando dos o más humores están en proporciones iguales. Existen tres diferentes tipos duales: Vata-Pitta (aire-fuego), Vata-Kapha (aire-agua) y Pitta-Kapha (fuego-agua). Existe también un tipo VPK, en el cual los tres humores están en equilibrio, lo que hace en total, siete tipos constitucionales básicos.

Observe cual es el humor más presente en el cuestionario. Por lo general, esto le indicará su constitución (aunque para estar seguro es muy útil consultar con un profesional de Ayurveda). Asimismo, cabe recordar que incluso cuando uno encuadra claramente en una categoría, seguirá teniendo sus características propias. Estos tipos constituyen una base para un tratamiento específico, pero no deben convertirse en estereotipos.

CUADRO DE LAS CONSTITUCIONES

	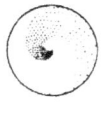 VATA (AIRE)	 PITTA (FUEGO)	 KAPHA (AGUA)
ESTATURA:	Alta o muy baja	Mediana	Usualmente baja. Puede ser alta y grande
ESTRUCTURA:	Delgada, huesuda	Moderada, buenos músculos	Grande, bien desarrollada
PESO:	Bajo, difícil de mantener	Moderado	Pesado, difícil de perder
PIEL - BRILLO:	Polvorienta, grisácea	Rojiza, lustrosa	Blanca o pálida
PIEL - TEXTURA:	Seca, áspera, delgada	Caliente, aceitosa	Fría, húmeda, gruesa
OJOS:	Pequeños, nerviosos	Penetrantes, se inflaman fácil	Grandes, blancos
PELO:	Seco, delgado	Delgado, aceitoso	Grueso, aceitoso, ondulado, lustroso
DIENTES:	Torcidos, mal formados	Moderados, encías que sangran	Grandes, bien formados
UÑAS:	Delgadas, frágiles	Medianas, fuertes	Gruesas, fuertes
ARTICULACIONES:	Rígidas, suenan fácilmente	Sueltas	Firmes, grandes
CIRCULACIÓN:	Pobre, variable	Buena	Moderada
APETITO:	Variable, nervioso	Alto, excesivo	Moderado
SED:	Baja, escasa	Alta	Moderada
SUDOR:	Escaso	Profuso pero no duradero	Bajo al comenzar, pero profuso

HECES:	Duras o secas	Suaves, sueltas	Normal
ORINA:	Mínima	Profusa, amarilla	Moderada, clara
SENSIBILIDAD:	Frío, viento, resequedad	Calor, luz solar, fuego	Frío, humedad
FUNCIÓN INMUNE:	Baja, variable	Moderada, sensibilidad al calor	Alta
TENDENCIA A ENFERMEDADES:	Dolor	Fiebre, inflamación	Congestión, edema
TIPO DE ENFERMEDADES:	Nerviosas	Sangre, hígado	Mucosa, pulmones
ACTIVIDAD:	Alta, sin descanso	Moderada	Baja, se mueve lentamente
VIGOR:	Bajo, fatiga fácil	Moderado, pero enfocado	Alto
PATRÓN DE SUEÑO:	Pobre, con interrupciones	Variable	Excesiva
SUEÑOS:	Frecuentes, interrumpidos	Moderados, coloridos	Infrecuentes, románticos
MEMORIA:	Rápida pero un poco ausente	Aguda, clara	Lenta pero constante
HABLA:	Rápida, frecuente	Puntiaguda, cortante	Lenta, melodiosa
TEMPERAMENTO:	Nervioso, variable	Motivado	Contento, conservador
EMOCIONES POSITIVAS:	Adaptabilidad	Valentía	Amor
EMOCIONES NEGATIVAS:	Miedo	Ira	Apego
FE:	Variable, errática	Fuerte, determinada	Constante, lenta para cambiar
TOTAL:	Vata ____	Pitta ____	Kapha ____

Prana, Tejas y Ojas
Las formas originales de Vata, Pitta y Kapha

Vata, Pitta y Kapha tienen contrapartes sutiles en el nivel de la energía vital. Se trata de Prana, Tejas y Ojas, que llamaremos las "tres esencias vitales". Prana, Tejas y Ojas son las formas originales de Vata, Pitta y Kapha. Controlan las funciones ordinarias del cuerpomente y nos mantienen sanos y libres de enfermedad. Si se reorientan correctamente, permiten desarrollar también un mayor potencial evolutivo. Son las esencias positivas de los tres humores biológicos que sustentan la buena salud. Mientras que el aumento de los humores biológicos promueve la enfermedad, el aumento de las esencias vitales promueve la salud (a menos que una de ellas se incremente sin que las otras se hayan desarrollado adecuadamente). Estas tres fuerzas son claves para la vitalidad, la claridad y la resistencia, y son necesarias para sentirnos realmente sanos, sin temor y con confianza.

PRANA: fuerza fundamental de vida – Se trata de la energía sutil del aire como fuerza principal detrás de todas las funciones de la mente y el cuerpo. Es responsable de coordinar la respiración, los sentidos y la mente. A nivel interno, regula el desarrollo de estados superiores de conciencia.

TEJAS: resplandor interno – Se trata de la energía sutil del fuego a través de la cual se asimilan impresiones y pensamientos. A nivel interno, regula el desarrollo de mayores capacidades perceptivas.

OJAS: vigor elemental – Se trata de la energía sutil del agua como reserva de energía vital, la esencia de los alimentos digeridos, de las impresiones y de los pensamientos. En el plano interno, brinda calma, estimula y alimenta todos los estados superiores de conciencia.

Las funciones psicológicas de las tres esencias vitales

Prana permite a la mente moverse y responder a los desafíos de la vida. Tejas le brinda a la mente la capacidad de percepción y juicio apropiado. Ojas en la mente brinda paciencia, resistencia y estabilidad psicológica. En nuestra conciencia más profunda, Prana nos brinda energía a través del largo proceso de reencarnación, dando vida a todos los aspectos de nuestra naturaleza. En la conciencia, Tejas mantiene las percepciones acumuladas de nuestra voluntad y de nuestra aspiración espiritual. Ojas en la conciencia es el poder material que permite al alma crear diferentes cuerpos.

Cada uno de estos tres factores tiene su propio efecto emocional. Prana mantiene la armonía emocional, el equilibrio y la creatividad. Tejas nos brinda el valor, la osadía y el vigor, lo cual nos permite llevar a cabo acciones extraordinarias. Ojas proporciona paz, calma y satisfacción. Sin el apoyo de estas fuerzas emocionales, la mente no podría lograr nada significativo.

¿Cómo se constituyen Prana, Tejas y Ojas?

Prana, Tejas y Ojas se constituyen de dos maneras. En un primer nivel, podemos considerar que se derivan de la esencia de los nutrientes que proporcionamos al cuerpo como alimentos, calor y aire. En un nivel más sutil, se alimentan de las impresiones que reciben los sentidos. La clave para el funcionamiento de Prana, Tejas y Ojas es el fluido reproductivo, que constituye su manifestación en el cuerpo físico. El producto final de la comida que consumimos es lo que contiene nuestras energías más poderosas.

Prana es la capacidad inherente en el fluido reproductivo de crear vida. Este fluido concibe a los niños a través del acto sexual, pero puede ser dirigido hacia el interior para rejuvenecer el cuerpo y la mente. Tejas es la capacidad del fluido reproductivo de dar valor y audacia. Por ejemplo, permite a los machos luchar con gran fuerza con el fin de aparearse. Internamente, nos da vigor y decisión para cualquier acción importante. Ojas es el potencial del fluido reproductivo para promover la resistencia, la cual nos proporciona la capacidad para sustentarnos sexualmente pero también durante todas las formas de esfuerzo sostenido, tanto físico como mental. Sin una reserva adecuada de fluidos reproductivos, podemos tener una deficiencia de Prana, Tejas y Ojas, lo que puede afectar negativamente la salud física y psicológica. Ayurveda hace hincapié en que debemos preservar suficiente líquido reproductivo para mantener estas tres esencias vitales. También nos muestra cómo estimular estas tres fuerzas cuando son insuficientes.

A nivel sutil, Ojas es alimentado a través de las impresiones sensoriales del gusto y del olfato. Tejas es la esencia del calor que absorbemos, no sólo a través de alimentos sino también a través de la piel que absorbe la luz solar. Tejas es alimentado por las impresiones visuales. Prana es la energía vital que se ingiere no sólo a través de alimentos, sino a través de líquidos y, por supuesto, a través de la respiración. Prana es transportado por los líquidos de nuestro cuerpo, la sangre y el plasma, los cuales actúan como su vehículo. El Prana que absorbemos llena nuestros fluidos corporales de energía. El Prana se absorbe también a través de los sentidos del oído y del tacto.[4]

Prana, Tejas y Ojas y los desequilibrios de la salud

La mayoría de los desequilibrios psicológicos están estrechamente relacionados con la condición de Prana, Tejas y Ojas. Prana es responsable del entusiasmo y la expresión de la psique, sin los cuales sufriríamos de depresión y estancamiento mental. Tejas regula la digestión mental y la absorción, sin las cuales careceríamos de claridad y determinación. Ojas proporciona estabilidad psicológica y resistencia, sin las cuales experimentaríamos ansiedad y fatiga mental. La mente no puede funcionar correctamente sin una energía vital adecuada. Tampoco podemos sanar la mente sin regenerar y armonizar sus energías.[5]

En todo el libro, nos referiremos a Prana, Tejas y Ojas como conceptos esenciales. Y aunque no tengan la importancia de Vata, Pitta o Kapha no deben pasar desapercibidos. Para su mejor comprensión, recomendamos que se establezcan vínculos y asociaciones entre los conceptos de Prana, Tejas y Ojas y los conceptos de Vata, Pitta y Kapha en sus aspectos positivos o de acuerdo a los elementos aire, fuego y agua.

3. Los tres Gunas: Cómo equilibrar la conciencia

Vivimos en un universo mágico, repleto de grandes fuerzas de vida y muerte, de creación y destrucción. En todas partes existen poderes divinos cuyo propósito es llevarnos a una mayor paz y comprensión. Pero también existen fuerzas omnipresentes, que no son divinas y que trabajan para llevarnos hacia abajo y mantenernos en la confusión. La verdad y la falsedad, la ignorancia y la iluminación espiritual forman la luz y la oscuridad, la iluminación y las sombras del mundo. En esta dualidad básica de la creación luchamos no sólo para sobrevivir sino también para encontrar un sentido a nuestras vidas. Tenemos que aprender a navegar a través de estas corrientes contrarias para poder aprovechar la fuerza espiritual ascendente y evitar la inercia descendente que nos aleja de lo espiritual.

La naturaleza es una manifestación de la Madre Divina y el universo es su obra de conciencia. La Madre Divina proporciona no sólo el crecimiento y la expansión material las cuales tienen un movimiento hacia afuera, pero también favorece nuestro crecimiento y desarrollo espiritual, las cuales tienen un movimiento hacia adentro. La naturaleza posee una energía cualitativa a través de la cual nosotros podemos expandir la sabiduría o contraerla hasta llegar a la ignorancia. Las funciones de la naturaleza que se manifiestan a través de fuerzas conscientes o espíritus, pueden ser iluminadoras u oscuras, curativas o dañinas. La mayoría de estos poderes son desconocidos para nosotros y no sabemos cómo usarlos. Formados como estamos, en una manera racional y científica, enfocados a mirar hacia el exterior, carecemos de la capacidad de percibir las fuerzas sutiles ocultas en el mundo que nos rodea. Sin embargo, para cualquier posibilidad de sanación mental auténtica, debemos entender estas fuerzas y aprender a trabajar con ellas, tal como existen, no sólo en el mundo, sino también en nuestra propia psique.

Ayurveda proporciona un lenguaje especial para la comprensión de las fuerzas de la Naturaleza y nos muestra cómo trabajar con ellas en todos los niveles. De acuerdo al Yoga y al Ayurveda, la Naturaleza se compone de tres cualidades primordiales, las principales potencias de la Inteligencia Cósmica que determinan nuestro crecimiento espiritual. En sánscrito se denominan Gunas, que significa "lo que une" ya que al no comprenderlas, estas nos mantienen atados al mundo exterior.

1) Sattva - inteligencia, confiere equilibrio.
2) Rajas - energía, provoca desequilibrio.
3) Tamas - sustancia, crea inercia.

Los tres gunas son las cualidades más sutiles de la naturaleza que subyacen en la materia, la vida y la mente. Son energías a través de las cuales se manifiesta no sólo la mente superficial sino también las funciones más profundas de la conciencia. Son los poderes del alma que determinan los karmas y crean los deseos que nos impulsan desde el nacimiento hasta la muerte. Los Gunas se adhieren en la naturaleza misma como su potencial básico para la diversificación.

Las combinaciones distintas de los tres Gunas abarcan todos los objetos del universo. La evolución cósmica consiste justamente en la mutua interacción y transformación de estas tres cualidades. En este libro, estudiaremos a los tres Gunas ya que representan un tema esencial del pensamiento ayurvédico. Estos conforman un nivel más profundo que los tres humores biológicos y nos ayudan a conocer las funciones de nuestra naturaleza mental y espiritual.

SATTVA es la cualidad de la inteligencia, de la virtud y de la bondad, crea armonía, equilibrio y estabilidad. En la naturaleza, representa lo ligero (no denso) y lo luminoso. Posee un movimiento hacia adentro y hacia arriba y nos lleva al despertar del alma. Sattva proporciona felicidad y satisfacción duradera. Es el principio de la claridad, de la amplitud y de la paz, es la fuerza del amor que une todas las cosas.

RAJAS es la cualidad del cambio, de la actividad y de la turbulencia. Introduce un desequilibrio que altera el balance existente. Rajas se motiva en la acción, siempre buscando una meta o un fin que le otorgue poder. Su movimiento actúa de adentro hacia afuera y produce acciones egoístas que llevan a la fragmentación y a la desintegración. A corto plazo, Rajas es estimulante y proporciona placer, pero su naturaleza hacia el desequilibrio, se distorsiona rápidamente en dolor y sufrimiento. Es la fuerza de la pasión que provoca angustia y conflicto.

TAMAS es la calidad de la apatía, de la oscuridad y la inercia, es pesado y su acción obstaculiza creando un velo frente a nosotros. Funciona como la fuerza de gravedad que retrasa las cosas y las mantiene en determinadas formas limitadas. Posee un movimiento descendente que origina la descomposición y la desintegración. Tamas trae consigo la ignorancia, las ilusiones falsas de la mente y promueve la insensibilidad, el sueño y la pérdida de conciencia. Es el principio de materialidad o de inconsciencia que mantiene la conciencia bajo un velo.

CORRESPONDENCIAS ENTRE LOS TRES GUNAS

	SATTVA	RAJAS	TAMAS
Color	Blanco Pureza, armonía	Rojo Acción, pasión	Negro Oscuridad e ilusión
Tiempo	Día, claridad	Salida y puesta del sol, crepúsculo, transición	Noche, oscuridad
Energía	Neutral o balanceada	Positiva, provoca el movimiento	Negativo, retarda el movimiento
Mundos	Cielo o el espacio, la región de paz	Atmósfera, la región de las tormentas	Tierra, mundo de la gravedad y la inercia
Nivel del cosmos	Causal o ideal	Sutil o astral, forma pura	Burdo o físico
Reinos de la naturaleza	Seres espirituales: dioses, diosas y sabios	Mundo humano	Reino animal, mineral y vegetal
Estados de conciencia	Despierto	Sueños	Sueño profundo

Sattva y la mente

Por lo general, la mente y la conciencia son naturalmente el dominio de Sattva. En sánscrito, la conciencia misma es llamada Sattva. No podemos percibir nada correctamente a menos que la mente este tranquila y lucida. Sattva engendra lucidez, a través de la cual percibimos la verdad de las cosas, y nos brinda luz, concentración y devoción. Rajas y Tamas son factores donde falta la armonía mental, causan agitación y falsas ilusiones. Se manifiestan en la imaginación nefasta y la percepción errónea.

Rajas crea la idea falsa de que el mundo exterior es real y nos orienta a buscar la felicidad fuera de nosotros mismos. De este modo nos induce a perder la pista de nuestra paz interior. Rajas crea deseo, distorsión, turbulencia y disgustos emocionales. Predomina en el aspecto sensorial de la mente porque los sentidos están siempre en movimiento, buscando distintas cosas. Mientras estemos inmersos en la búsqueda de placeres sensoriales seguiremos experimentando la inestabilidad de Rajas.

De Tamas emana la ignorancia que vela nuestra verdadera naturaleza y debilita nuestra capacidad perceptiva. Es a través de ella que emana la idea del ego o del "yo" individual, que nos mantiene en un sentimiento de soledad y de aislamiento. Tamas predomina en la conciencia que se identifica con el cuerpo físico, el cual es torpe y limitado. Mientras nuestra identidad y nuestro bienestar sean principalmente físicos, no saldremos del reino oscuro de Tamas.

Sattva es el balance de Rajas y Tamas, combinando la energía de Rajas con la estabilidad de Tamas. Al aumentar Sattva, se gana paz y armonía, y vuelve a la Naturaleza Primordial y al Espíritu Puro en la cual se encuentra la liberación. Sin embargo, la inclinación de Sattva puede aferrarse a la virtud y limitar la mente. Por esta razón debemos esforzarnos por desarrollar Sattva puro, que es su forma de desapego, la cual no se aferra a sus propias cualidades. El Sattva puro no condena a Rajas ni a Tamas, sino que comprende su existencia y sus funciones en la armonía cósmica, ya que son factores externos de vidas y cuerpos alejados de nuestra verdadera naturaleza.

Cuando Sattva puro prevalece en nuestra conciencia, podemos trascender el tiempo, el espacio y descubrir nuestro Yo eterno. El alma recobra su pureza original y su unidad con Dios. El desequilibrio de los tres Gunas nos lleva al proceso de la evolución cósmica, a través del cual el alma evoluciona en los distintos reinos de la naturaleza y experimenta el nacimiento y la muerte, la felicidad y el dolor en distintos cuerpos. El movimiento de los tres Gunas coincide con el de la creación.

Sattva, el estado de equilibrio, propicia la salud verdadera y sanación. La salud es sustentada por una vida Sáttvica en armonía con la Naturaleza y con nuestro Ser interno, cultivando la pureza, la lucidez y la paz. Rajas y Tamas son factores que causan enfermedades. Rajas causa dolor, agitación y la disipación de la energía. Tamas trae consigo el estancamiento, el deterioro y la muerte. Rajas y Tamas suelen trabajar juntos. Rajas produce la expresión excesiva de energía, lo que eventualmente conduce al agotamiento en donde predomina Tamas.

Por ejemplo, demasiada comida picante, el abuso de alcohol y los excesos sexuales son cualidades estimulantes o rajásicas. Con el tiempo conducen a condiciones tamásicas como la fatiga y el colapso de la energía. A nivel psicológico, demasiado Rajas o emoción turbulenta conduce a Tamas, que es torpeza mental y depresión.

Tipos mentales de acuerdo a los Gunas

El que Sattva predomine en nuestra naturaleza es la clave para la salud, la creatividad y la espiritualidad. Las personas sáttvicas poseen una naturaleza armónica y adaptable que las protege de las enfermedades, tanto físicas como mentales. Tienden al equilibrio y poseen una paz mental que aniquila la raíz psicológica de la enfermedad. Son apreciados por los demás y saben cuidarse a sí mismos. Ven la vida como un aprendizaje y resaltan siempre lo positivo en todas las cosas, incluso durante la enfermedad, se esfuerzan por comprender y no suprimir.

Las personas rajásicas tienen buena energía, pero se queman a través de la actividad excesiva. Sus mentes son generalmente agitadas y rara vez están en paz. Tienen opiniones fuertes y buscan obtener el poder sobre los demás, a menudo sin importar los medios. Son impacientes e incoherentes ante sus problemas y no toman el tiempo o la responsabilidad para mejorar. Le echan la culpa a otros por sus problemas, incluso a sus terapeutas.

Las personas rajásicas suelen lograr sus objetivos, y por lo general, controlan sus vidas. Sin embargo, no son conscientes del propósito espiritual de la vida y están dominados por el ego en su búsqueda de la felicidad. Cuando pierden el control, la vida suele traerles perturbaciones, que producen gran sufrimiento. Incluso cuando cumplen sus metas, se encuentran con que aún no están satisfechos.

Los individuos tamásicos tienen bloqueos psicológicos arraigados profundamente. Su energía y sus emociones tienden a estancarse y a ser reprimidas. En realidad, no saben bien cuáles son sus problemas. No buscan un tratamiento adecuado, y por lo tanto, tienen una mala higiene o malos hábitos de cuidado personal. Aceptan sus condiciones como fatalidades y no sacan partido de los métodos que pudieran aliviar sus problemas. Se dejan dominar por otras personas y por influencias negativas y no les gusta responsabilizarse de sus vidas. Prefieren no enfrentar sus problemas y no permiten que otros se enteren de estos, lo cual sólo hace que sus problemas se agraven.

La constitución mental de acuerdo a las tres Gunas

Los Gunas indican nuestro estado mental y espiritual, así como nuestra propensión a los problemas psicológicos. El cuestionario a continuación es un buen índice de estas cualidades y de sus funciones, en nuestra vida y en nuestro carácter.

Las respuestas de la izquierda evalúan Sattva, las del medio Rajas y las de la derecha, Tamas. Por favor, responda el cuestionario con cuidado y honestidad. Después de haber contestado el cuestionario, pida a alguien que lo conozca bien (esposo(a) o un amigo cercano) que lo llene por usted. Observe la diferencia entre cómo usted se ve y cómo lo ven los demás.

Por lo general, para la mayoría de nosotros, las respuestas se sitúan en la zona media o rajásica, la cual refleja el estado espiritual de nuestra realidad presente y nuestra cultura actual. Tenemos problemas psicológicos, pero por lo general podemos lidiar con ellos. Una naturaleza sáttvica muestra una disposición espiritual con pocos problemas psicológicos. Un carácter plenamente sáttvico es poco común y revela un santo o un sabio. Una persona tamásica corre peligro de padecer graves problemas psicológicos, y es poco probable que llene un cuestionario semejante o incluso que lea un libro como este. Al traer un área de Tamas a Rajas y luego de Rajas a Sattva, estamos promoviendo la paz mental y el crecimiento espiritual. Debemos hacer todo lo posible para realizar estos cambios.

CUESTIONARIO DE LA CONSTITUCIÓN MENTAL

DIETA:	Vegetariana	Algunas carnes	Consumo pesado de carnes
DROGAS, ALCOHOL Y ESTIMULANTES:	Nunca	Ocasional	Frecuente
IMPRESIONES SENSORIALES:	Calmadas y puras	Mezcladas	Perturbadas
NECESIDAD DE SUEÑO:	Poco	Moderado	Excesivo
ACTIVIDAD SEXUAL	Bajo	Moderado	Excesivo
CONTROL DE LOS SENTIDOS:	Bueno	Moderado	Pobre
HABLA:	Calmada y pacífica	Agitada	Torpe
LIMPIEZA:	Alta	Moderada	Baja
TRABAJO:	Desinteresado	Con motivos personales	Perezoso
IRA:	Rara vez	Ocasional	Frecuente
MIEDO:	Rara vez	Ocasional	Frecuente
DESEO:	Poco	Alguno	Demasiado
ORGULLO:	Modesto	Un poco de ego	Presumido
DEPRESIÓN:	Nunca	Ocasional	Frecuente
AMOR:	Universal	Personal	Falta de amor
COMPORTAMIENTO VIOLENTO:	Nunca	Ocasional	Frecuente
APEGO AL DINERO:	Poco	Alguno	Demasiado
CONTENTO:	Usual	Parcial	Nunca
PERDONAR:	Perdona fácil	Con esfuerzo	Guarda rencor a largo plazo
CONCENTRACIÓN:	Buena	Moderada	Pobre
MEMORIA:	Buena	Moderada	Pobre

FUERZA DE VOLUNTAD:	Fuerte	Variable	Pobre
VERACIDAD:	Siempre	La mayoría de veces	Rara vez
HONESTIDAD:	Siempre	La mayoría de veces	Rara vez
PAZ MENTAL:	General	Parcial	Rara vez
CREATIVIDAD:	Alta	Moderada	Baja
ESTUDIO ESPIRITUAL:	Diario	Ocasional	Nunca
MANTRA, ORACIÓN:	Diario	Ocasional	Nunca
MEDITACIÓN:	Diario	Ocasional	Nunca
SERVICIO:	Bastante	Alguno	Ninguno
TOTAL:	Sattva ____	Rajas ____	Tamas ____

Los tres Gunas y su tratamiento

Hay muchos tipos de terapias médicas enfocadas en la curación de la mente. Para beneficiarnos adecuadamente y evitar posibles efectos secundarios con estas, debemos entender su enfoque y poder determinar cuando son útiles. Aquí, Ayurveda nos ayuda revelándonos las correspondencias de estas terapias curativas con los tres Gunas. Esto nos brinda una comprensión profunda del proceso curativo y de sus probables resultados. Las terapias Sáttvicas actúan a través de las cualidades Sáttvicas de amor, paz y la no violencia. Las terapias Rajásicas trabajan por medio de cualidades de estimulación, activación y agitación. Las terapias Tamásicas funcionan por medio de cualidades de sedación, sueño y de conexión a tierra. Las terapias ayurvédicas son esencialmente Sáttvicas y utilizan modalidades rajásicas y tamásicas sólo bajo circunstancias especiales.

La curación Sáttvica utiliza la Naturaleza, la fuerza vital y el poder de la mente cósmica a través de métodos de tratamiento tales como hierbas, dieta vegetariana, mantras y meditación. Algunas veces, Rajas puede ser útil en el proceso de sanación porque ayuda a romper Tamas, mientras que Sattva es una condición de armonía y no siempre tiene la capacidad de hacerlo. Muchas veces, es necesario pasar de Tamas a Rajas con el fin de volver a Sattva, de la misma manera que es necesario estimular o infligir un choque a una persona para despertar un dolor reprimido. Por eso, Tamas rara vez interviene en el proceso de sanación, a menos que se deba aplacar un Rajas demasiado alto; por ejemplo, una persona histérica que demuestra un exceso de Rajas y que podrá requerir un fuerte sedante herbal, drogas o una terapia Tamásica. En tal caso, Sattva sería demasiado suave para lograr calmar a Rajas.[7]

La psicología ayurvédica pretende que la mente pase de Tamas a Rajas y eventualmente a Sattva. Esto significa pasar de ser ignorante y apegado a la vida física (Tamas) a un ser lleno de vitalidad y de autoexpresión (Rajas), para finalmente tener paz e iluminación (Sattva).[8]

Las tres etapas de la sanación de la mente

1) Rompiendo Tamas y desarrollando Rajas: pasar de la inercia mental a una acción auto-motivada.

2) Calmando Rajas y desarrollando Sattva: pasar de la motivación propia de la acción al servicio desinteresado.

3) Perfeccionamiento de Sattva: pasar del servicio desinteresado a la meditación.

Naturalmente, es importante saber cuál es la fase apropiada para una persona. Así, una persona en una condición Tamásica requiere una actividad externa para romper su inercia, no se le puede pedir que se siente en silencio a meditar. En este caso, se necesita un método Rajásico (activo), ya que un método Sáttvico (pasivo) podría no ser suficiente. La persona requiere comunicación y necesita trabajar con otras personas. Sin embargo, una persona en condición rajásica requiere una reducción de actividad y debe centrarse en la interiorización de la conciencia (desarrollo de Sattva). No obstante, esto debe darse gradualmente, debido a que Rajas no baja de golpe. La persona debe ser iniciada en la meditación, a través de terapias prácticas de yoga, mantras o visualizaciones. Una persona en condición Sáttvica requiere prácticas espirituales y no un tratamiento psicológico clásico, ya que puede evolucionar fácilmente en la meditación sin mucho apoyo externo.

Sin embargo, estas tres fases no son niveles simples. Todos tenemos en nuestra mente factores Tamásicos, Rajásicos y Sáttvicos. Todos necesitamos en cierta medida cada uno de estos tres procesos. En ciertos momentos nuestra mente es Tamásica, por ejemplo, justo después de despertarse por la mañana o al soñar despierto en la tarde. Cada vez que estamos mentalmente aburridos o emocionalmente deprimidos, Tamas esta predominando. Rajas prevalece cuando estamos agitados, perturbados, activos o extrovertidos, como cuando estamos muy ocupados trabajando con varias personas o en varios proyectos. Sattva prevalece cuando estamos tranquilos, pacíficos, contentos o cuando entramos naturalmente en un estado meditativo.

Del mismo modo, podemos juzgar a los demás por sus apariencias cuando están dominados por una única cualidad. Incluso una persona espiritualmente avanzada tiene momentos tamásicos o períodos en que puede hacer algo lamentable. De la misma manera, las personas poco espirituales tienen momentos Sáttvicos, en los cuales pueden hacer algo inspirado, noble o gentil. Cuando practicamos la introspección, debemos tratar de discernir estos tres factores en nuestra naturaleza y en nuestro comportamiento, debemos tratar de desarrollar nuestro lado Sáttvico.

Etapa 1 - Sanación personal

Rompiendo Tamas / Moviéndonos de Tamas a Rajas

Para esta transición, el fuego es necesario. Debemos despertar, actuar y comenzar a cambiar. Tenemos que liberarnos de estos patrones profundamente arraigados de apego, estancamiento y depresión. Debemos reconocer nuestro sufrimiento y aprender de ello, enfrentar nuestro dolor, incluyendo lo que hemos reprimido, ocultado o ignorado por años. Necesitamos descubrir un nuevo sentido de quiénes somos y de que tenemos que hacer. La acción (Rajas) es indicada, no sólo a nivel mental sino también para involucrar aspectos externos de nuestras vidas. Debemos romper con el pasado, traer nuevas energías a la vida, tal vez cambiar de trabajo, modificar nuestras relaciones, o mudarnos a un nuevo lugar.[9]

Etapa 2 - La Sanación de la humanidad

Calmando Rajas / Moviéndonos de Rajas a Sattva

Para esta transición, el espacio resulta necesario. Debemos entregar nuestro dolor y renunciar a nuestra búsqueda personal, soltar heridas y pesares. Tenemos que renunciar a los instintos y motivaciones egoístas para el bien superior. Hay que despersonalizar nuestros problemas para concentrarnos en la totalidad de la condición humana y el dolor de los demás. Dejando de lado nuestros problemas personales, debemos asumir los problemas de la humanidad, abrirnos a los sufrimientos de los demás y hacerlos nuestros. Para ayudarnos a crecer espiritualmente debemos aprender que la vida crea el sufrimiento. Esta es una etapa de servicio y caridad.[10]

Etapa 3 - Paz uUniversal

Desarrollando Sattva puro

Para llevar a cabo esta transición, debemos desarrollar las fuerzas universales de amor y de conciencia. Tenemos que aprender a trascender las limitaciones de la condición humana para lograr nuestra naturaleza espiritual más elevada. La paz interior debe convertirse en nuestra mayor fuerza. Ya no se trata de superar nuestro dolor, sino de desarrollar alegría. Ya no debemos centrarnos en problemas personales o colectivos, sino fomentar la comunión con el Universo y los poderes Divinos que actúan dentro de él. En esta etapa, pasamos de la dimensión humana a una dimensión universal, abriéndonos a toda la vida. Esta es la etapa de la práctica espiritual. Va más allá de toda sanación ya que sana nuestra relación con Dios o con nuestro Ser interior.

A medida que avanzamos en la lectura de este libro, debemos tener presente los tres Gunas. Descubriremos como trabajan en relación a las diferentes capas y funciones de la mente. Para comprender este aspecto de la sabiduría ayurvédica, deberá establecer un contacto con la esencia Sáttvica en su Ser.

4. La naturaleza de la mente

Es sorprendente constatar la profusión de ideas diferentes que existen sobre la naturaleza de la mente y sus funciones. Las diferentes corrientes psicológicas, filosóficas y religiosas definen la mente en formas que pueden ser radicalmente diferentes e incluso contradictorias. Todos estamos de acuerdo sobre los hechos básicos del cuerpo físico: su forma, estructura y función. Nadie argumenta que el cuerpo tiene tres patas, que el estómago piensa o que el cerebro digiere comida. La razón de esto es la facilidad con la cual se puede observar el cuerpo. Aunque podamos fácilmente realizar la lista de los principales sistemas del cuerpo físico, nos resulta mucho más difícil hacerlo para la mente. Contrariamente al cuerpo, el cual es un instrumento preciso, la mente aparece como una entidad amorfa y sin estructura.

Aunque todos tenemos mente y la utilizamos constantemente, en realidad no sabemos a ciencia cierta que es nuestra mente. Estamos tan atrapados en las actividades de ésta, que no nos tomamos el tiempo para descubrir lo que verdaderamente es. En el ámbito de la psicología, todavía estamos buscando a tientas en la oscuridad, tratando de sanar una entidad cuyo carácter ignoramos. Sin conocer la naturaleza de la mente y sus funciones, ¿cómo podemos pretender realmente acercarnos a ella? Después de todo, la manera en la cual percibimos la mente es la base de todo diagnóstico y tratamiento psicológico. El problema es que para conocer la mente primero debemos conocernos a nosotros mismos. Debemos entender lo que somos realmente. El pensamiento, como normalmente lo concebimos, es en realidad una función del ego o del ser individual. El sesgo de la visión subjetiva personal, hace que resulte casi imposible una valoración objetiva de la mente y de sus capacidades.

Por lo tanto, el primer paso en cualquier psicología profunda es entender la mente y sus funciones. ¿Cuál es la naturaleza de este maravilloso instrumento llamado mente? ¿Cuál es su relación con lo que somos? ¿Cuál es su relación con el cuerpo? ¿Cuál es la función correcta de la mente? ¿Podemos aprender a ver la mente objetivamente, así como vemos nuestras manos y nuestros pies? En este sentido, Ayurveda y Yoga nos brindan herramientas valiosas.

Conociendo la mente

¡Imagínese sentado en el asiento del conductor de un automóvil, con el motor encendido, sin saber manejar, sin saber utilizar los frenos, el volante o el embrague! Lo más probable es que tengamos algún tipo de accidente y, en caso de sobrevivir, tendríamos arraigado el miedo de conducir para siempre.

Estamos en una situación parecida con nuestras mentes. Cuando nacemos, nuestra conciencia se aloja allí, pero no se nos enseña cómo utilizar esta mente, su sensibilidad y sus emociones. No se nos enseña el significado de sus diferentes estados de vigilia, de sueño y de sueño profundo. Tampoco se nos muestran las funciones comparativas de la razón, de los sentimientos, de la voluntad o de la percepción sensorial. Entonces nos quedamos en la oscuridad porque ni nuestros padres, ni la sociedad entienden cómo funciona la mente. La mente es el principal vehículo que usamos para todo lo que hacemos, sin embargo pocos, si es que alguno de nosotros, sabe cómo usarla y cuidarla adecuadamente.

Todos sufrimos al ignorar la naturaleza de la mente. Finalmente, todos los problemas que encontramos en la vida se sustentan en nuestra falta de conocimiento de la mente y sus funciones. A partir de esta primera problemática surgen varios problemas subsecuentes: ¿de qué manera podemos cumplir nuestros deseos? o ¿cómo evitar lo que nos asusta? Aunque parezcan problemas importantes, no son más que la consecuencia natural de nuestra ignorancia básica acerca de la mente. Es un hecho que si no sabemos cómo conducir un auto adecuadamente, es irrelevante la pregunta a dónde ir. Sin embargo, tomamos estos problemas como prioritarios o culpamos a otros por ellos, convirtiéndolos en cuestiones sociales, morales o políticas, sin darnos cuenta que sólo son un derivado de la misma carencia del conocimiento de la mente y sus funciones. Desde una percepción equivocada de la mente, desarrollamos ideas erróneas sobre el mundo y enfrentamos problemas en nuestras interacciones sociales.

Para usar otra analogía, si no entendemos cómo actúa el fuego podemos quemarnos. Esto no quiere decir que seamos una mala persona o que el fuego sea malo, sólo que no lo entendemos, tampoco sus propiedades. Siendo así, la mente posee sus propias cualidades, como el fuego, las cuales pueden ser utilizadas apropiadamente o no. La historia ha demostrado, una y otra vez, como la mente puede proporcionar gran felicidad o causar estragos enormes en el mundo. Todos los problemas psicológicos no son más que un mal uso de la mente que surge de la ignorancia de su mismo funcionamiento. La solución a todos nuestros problemas mentales es aprender a usar la mente de una manera correcta. Esto aplica para todo tipo de problemas psicológicos.

Es mucho más importante dedicarse a conocer el funcionamiento y naturaleza de la mente, que al análisis de nuestros problemas personales o sociales. Todos los problemas que parecen ser tan inmediatos e importantes (¿Seremos amados? ¿Nuestros amigos o nuestra familia serán felices?) no son el problema real y no se pueden resolver directamente. Ya que el problema real es aprender a utilizar el instrumento central, más importante de nuestras vidas: la mente misma.

Aprender su uso correcto no sólo resuelve nuestros problemas psicológicos sino que también nos enfoca hacia nuestro mayor potencial de auto-realización. Nos conduce y nos abre la vida espiritual, que representa nuestra verdadera meta y misión como seres conscientes. Este aprendizaje nos lleva a trascender la mente, intrínsecamente limitada, hacia una Conciencia Pura sin límites de tiempo, espacio o causalidad. Para cualquier cosa de nuestra vida, debemos empezar por comprender la mente.

La mente como objeto

Aunque todos tengamos mente, pocos nos hemos tomado el tiempo de observarla. Examinemos nuestras mentes. Para ello tendremos que dar un viaje "hacia dentro", llevar a cabo una introspección permanente y asumir un papel de observador. Tenemos que empezar a observar la mente y sus funciones.[11] Imagine que sus pensamientos son un arroyo y que usted está sentado viéndolos fluir en la orilla. Haga el ejercicio de ver el contenido de la mente fluyendo, sin juzgar ni interferir, como si mirara algunos desechos flotar sobre un río.

Al tomar una actitud de testigo podemos llegar a conocer con facilidad la mente y sus actividades. También, podemos percibir las diversas fluctuaciones de los pensamientos, sentimientos e impresiones, y discernir los estados de vigilia, de sueño y de sueño profundo. Debemos esforzarnos para focalizar nuestra conciencia en esta actitud de observador de la mente. Esta es la clave para acceder a la naturaleza real de la mente. Mientras estemos atrapados, siendo protagonistas de las actividades mentales, nos es imposible verla por lo que es; al igual que no podemos observar lo que sucede en una sala de cine si nuestra atención está en la película.

Todo lo que podemos observar, por ejemplo, una taza sobre la mesa, son objetos que existen fuera de nuestra conciencia, aunque esta sea la que los percibe. Sin embargo, no sólo podemos observar los objetos externos, sino también los objetos internos. Podemos observar como nuestros órganos sensoriales se agudizan o al contrario si tienen problemas, si nuestra visión comienza a fallar. Si miramos profundamente podemos observar que nuestras emociones, nuestros pensamientos, e incluso nuestro propio ego, son todos fenómenos fluctuantes. Podemos observar las funciones de la mente al igual que los movimientos de nuestro cuerpo.

De la misma manera que el ojo no se daña cuando una taza cae al suelo y se rompe, la conciencia no se daña cuando el contenido de la mente se ve alterado o dañado. La conciencia del testigo debe quedar "fuera" de los objetos y las condiciones que observa. Por lo tanto, lo primero que contemplamos sobre la mente es que, como algo observable, la mente es un objeto. La mente es algo material que forma parte del mundo externo. Nos pertenece, aunque no sea lo que realmente somos, al igual que nuestra casa nos pertenece, sin ser nosotros. Esta consideración puede resultar desconcertante, pero en el fondo, es algo que sabemos intuitivamente. Cuando hablamos de "nuestra mente", definimos la mente como un objeto que nos pertenece, sin que ella sea parte de nosotros.

La mente tiene una estructura material, un conjunto de condiciones y energías perceptibles. Esto no quiere decir que la mente sea un objeto comparable a una piedra bruta o que sea un órgano del cuerpo físico como el cerebro o que su naturaleza sea exclusivamente química. La mente no es materia física sino que es materia sutil, etérea y luminosa. Como entidad orgánica, la mente posee una estructura, un ciclo de nutrición, un origen y un fin. La mente se halla investida de una cuantía determinada de energía que produce varios efectos tangibles.

Así como podemos ver y usar nuestras manos, la conciencia puede percibir y utilizar la mente. Pero esto requiere de un estado elevado de atención. Es necesario el desapego de la mente, lo que significa el desentendimiento de las actividades y de los intereses la mente.

La mente como instrumento

El segundo hecho importante acerca de la mente deriva de su naturaleza material, que hace de ella un instrumento o una herramienta. Los mismos órganos sensoriales son instrumentos: el ojo es un instrumento de la visión; el oído, un instrumento de la audición, y así sucesivamente. Del mismo modo, la mente que se dedica a procesar la información sensorial es en sí un instrumento. La mente es un medio para conseguir información del mundo exterior. La mente es el principal instrumento que usamos para funcionar en la vida. La mente es un instrumento de conocimiento, elaborado por la Inteligencia Cósmica, para permitir el desarrollo de la conciencia. La mente es la máquina absoluta, la mejor computadora, la organización más fina de la materia, la cual permite el conocimiento del mundo material.

Tenga en cuenta que estamos hablando de la mente, no del cerebro. El cerebro es el órgano físico a través del cual funciona la mente. No somos conscientes del cerebro por sí mismo ni de su estructura. Sólo estamos conscientes del proceso de nuestros pensamientos. La mente no es el cerebro, es aún más sutil. El cerebro es el vehículo de la mente y refleja su funcionamiento, pero la mente no está limitada a la parte física del cerebro, del mismo modo que una persona no se limita a su sombra.

Fíjense como hablamos de "mi" mente, lo que indica que vemos la mente como un instrumento. Podemos dirigir nuestra atención. Podemos emplear nuestra facultad de razonamiento. Podemos desarrollar nuestra voluntad. Podemos cultivar nuestros sentimientos. Si la mente es un instrumento, entonces no somos la mente, al igual que en la vida, no somos ningún instrumento que utilizamos. Como cualquier instrumento que utilizamos, debemos aprender a dominarlo sin dejar que este nos indique qué hacer.

Sin embargo, hemos olvidado que la mente es nuestro instrumento y a pesar de que hablemos de la mente como nuestra, no nos referimos a nosotros como la mente. Permitimos que la mente nos diga quiénes somos y qué debemos hacer. Habiéndonos convertido en esclavos de la mente, hemos perdido el control de nuestro destino y hemos seguimos los deseos de la mente, que ni siquiera son nuestros sino que provienen del mundo exterior.

Conciencia y mente

Detrás de las fluctuaciones mentales podemos encontrar una conciencia permanente, un sentido inagotable de uno mismo, del Ser profundo, una persistente capacidad para observar, testimoniar y percibir.[12] Aunque el contenido de la mente este en constante movimiento, como las nubes en el cielo, nuestra conciencia presenta una continuidad permanente, comparable a la pureza del espacio, que nos permite observar con desprendimiento este contenido. Por lo tanto la mente no es la conciencia. La conciencia actúa a través de este instrumento, así como una persona trabaja en su computador.

A diferencia de la mente, la conciencia no tiene forma, función o movimiento. No está localizada ni en el tiempo, ni en el espacio y se mantiene apartada como testigo. No se ve afectada por las acciones y permanece ajena a los buenos o malos resultados. Para llegar a esta conciencia, tenemos que aprender a transcender la mente, lo que implica desapegarnos de ella. Como seres humanos, esta es nuestra verdadera misión y constituye la esencia del camino espiritual, independientemente de la forma que elegimos seguir. Mientras nos mantenemos en la esfera de la mente, estamos dominados por lo exterior, lo cual nos impide conocer nuestra realidad interna.

Más allá del campo mental, el verdadero conocimiento es la Conciencia Pura. Nuestra conciencia ordinaria está condicionada por el campo mental. La mente parece conciencia sólo porque la luz de la conciencia pura se refleja en el campo mental. Por lo tanto, la mente *per se*, no es consciente, inteligente ni auto-luminosa. Funciona bajo el reflejo de una luz mayor, una conciencia superior donde solo existe la comprensión y la libertad. Debemos aprender a buscar la luz pura, más allá de la mente.

Unidad mente y cuerpo

La mente está orgánicamente relacionada con el cuerpo. Se puede observar esto examinando cómo las funciones de nuestra mente se modifican con las fluctuaciones físicas, como nuestro comportamiento cambia según la dieta que llevamos, el tipo de ejercicio que practicamos o el tipo de impresiones sensoriales que recibimos. La mente es también un tipo de cuerpo u organismo. Tiene su metabolismo, sus alimentos apropiados, sus productos de desecho, y sus alteraciones que derivan de su mal funcionamiento. Exploraremos estas alteraciones en detalle en capítulos posteriores.

El cuerpo físico es ante todo un órgano de percepción y de expresión. Su estructura esencial está formada por nuestros órganos sensoriales ya que estos conceden la percepción, como los ojos y los oídos, los órganos motores, la voz y las manos, a través de los cuales nos expresamos. Se podría decir que el cuerpo es la forma tosca de la mente. El cuerpo existe para permitir que la mente perciba y actúe. Aunque el conjunto cuerpo-mente representa una unidad orgánica, la mente y el cuerpo no son lo mismo. La mente puede funcionar al margen de la conciencia del cuerpo como durante el sueño, el trance y los estados posteriores a la muerte.

Para la mente, el cuerpo es un objeto de percepción, como cuando observamos nuestras manos o nuestro proceso respiratorio. La mayor parte del tiempo, no estamos muy conscientes de nuestro propio cuerpo, sino de las acciones que desempeñamos. Somos conscientes del cuerpo sobre todo cuando sentimos dolor o tenemos una sensación corporal fuerte, como el placer sexual. Cuando estamos hablando, leyendo o trabajando, estamos ligeramente conscientes de nuestro funcionamiento físico. Rara vez, excepto cuando estamos enfermos, tenemos conciencia de nuestros órganos internos, como el hígado o el corazón. Percibimos básicamente la superficie del cuerpo por medio de la piel y de los sentidos. Por lo tanto, estamos en el cuerpo, pero no somos el cuerpo.

Nuestra verdadera Conciencia o Conciencia Pura está más allá de la mente y del cuerpo. Por ende, está libre de los problemas y limitaciones del cuerpo y de la mente. Pero para llegar a ella, debemos apartarnos de las funciones del cuerpo-mente.

Ubicación de la mente

La mente no se encuentra en un lugar específico del cuerpo físico. Está donde quiera que dirijamos nuestra atención. Usted puede darse cuenta de esto por sí mismo. En lo que mira, ya sea internamente o externamente, la mente está con usted. La mente no está en el cerebro. No está en los ojos, ni en las manos. Se mueve con nuestra conciencia. Ni siquiera se limita al cuerpo, ya que puede observar el cuerpo como un objeto y usarlo como un instrumento.

En general, pensamos que la mente se sitúa en la cabeza o en el corazón. La cabeza es el sitio de la mente externa, que actúa a través de los sentidos. El corazón es el centro de la mente interna o la naturaleza profunda que trasciende los sentidos. El cerebro es solo una pantalla, en la cual las energías de la conciencia del corazón se reflejan. Ayurveda reconoce el corazón como el centro de la conciencia.[13] No se trata, por supuesto, del corazón físico sino del núcleo mismo del conocimiento que existe en lo más profundo de nosotros mismos. No debemos asociar este centro con una ubicación física. Este centro impregna toda nuestra actividad mental.

La naturaleza atómica de la mente

Después de ver la naturaleza básica de la mente, podemos ahora examinar más a fondo su estructura. Observe cómo su atención funciona y se mueve. Lo más importante que podemos ver acerca de la estructura de la mente es que tiene una naturaleza atómica o concentrada en un punto. La mente se compone de varios pensamientos, sentimientos y sensaciones que ocurren rápidamente uno tras otro. Esto lo puede observar usted mismo. Siéntese tranquilamente, en silencio, y vea cómo trabajan sus sentidos, de la misma manera que si estuviera observando un árbol. Observe los estados cambiantes de su mente y vea cómo siempre tratan de estructurar la realidad de los objetos desde sus puntos de atención fluctuante.

La mente no tiene forma o tamaño particular: asume estas del objeto que examina. Aun así, siempre radica en una serie de puntos de atención. La mente no es un átomo existente en el espacio, sino una partícula de conciencia que precede y trasciende todo componente e interacción material.

Aunque la mente tenga una naturaleza atómica, puede impregnar la totalidad del cuerpo, así como una gota de aceite de sándalo puede perfumar con su fragancia todo el cuerpo. De esta manera, la mente puede enfocarse en distintas partes del cuerpo y simultáneamente, motivar todo. Del mismo modo, puede impregnar la integridad de nuestra percepción. Aunque este proceso solo dure un instante, esos instantes son sucesivos y nos dan una sensación de un campo de conciencia completa.

La naturaleza atómica de la mente conlleva varias limitaciones. Sólo puede centrarse en un objeto particular a la vez. Nuestra conciencia tiene el carácter de un punto cambiante. Nos permite focalizar nuestra atención en direcciones específicas. Al mismo tiempo, hace que la mente tienda a restringirse, a dar únicamente valor a los puntos de vista que ya ha visto previamente. Nosotros no vemos la totalidad de la mente, pero intentamos construirla, uniendo distintos puntos de vista. Este proceso nos limita a una perspectiva. No obstante, por muchas perspectivas que tengamos, siempre omitimos algo.

La mente actúa como un pintor puntillista. Construye realidades a partir de un ensamblaje de puntos. Sin embargo, se elude siempre la realidad ya que nunca se puede llegar a ella a través de fragmentos. El conocimiento es inherentemente limitado por la naturaleza de la mente a ver solo puntos fragmentados. La mente toma una serie de fotos instantáneas que nos permiten construir una visión de la realidad. Sin embargo, esta es distorsionada ya que solo presenta un solo lado de la realidad.

Cada mente es un solo punto de conciencia, cada mente es única, tiene su propia perspectiva y potencialmente su sesgo inherente. Cada uno de nosotros es fiel a la perspectiva de nuestra propia mente. A menudo, no nos damos cuenta que esta perspectiva no es universal, ni siquiera común a todos, sino solamente una expresión de lo limitado.

La naturaleza móvil de la mente

Nuestro panorama cambiante de pensamientos, emociones y sensaciones revela la naturaleza fluctuante de la mente. La cual es extremadamente volátil y es imposible inmovilizarla o detenerla. La mente no es sólo un punto cambiante en el espacio sino también es un punto cambiante en el tiempo. La mente no sólo está en movimiento, sino que es movimiento. Porque sin él la mente no puede funcionar.

Nuestra corriente de conciencia reside en una serie rápida de puntos destellantes de actividad mental. De hecho, la mente es el punto primordial de construcción de las ideas del tiempo y del espacio. Se puede comparar a la punta de la pluma del artista que dibuja líneas para crear un sentido de perspectiva.

La mente se compone de una serie de acciones mentales que nunca son las mismas y nunca se repiten ni por un instante. Si miramos profundamente, vemos que la movilidad de la mente no presenta un flujo continuo, como el de una corriente de agua o de aceite que se vierte. Es como una serie de relámpagos o parpadeos discontinuos producidos por una sucesión rápida que nos permite armar una imagen continua. Por consiguiente, es imposible aquietar la mente, a pesar de que sí existe una gran calma más allá de la mente.

La naturaleza sutil y sensible de la mente

¿Alguna vez ha tratado de controlar su mente? Habrá observado rápidamente que la mente tiene una naturaleza sutil, impredecible como el viento. Tiene fuerza, energía y movimiento pero no tiene una forma particular. Al igual que el viento, resulta más fácil observar la mente a través de lo que mueve y de lo que afecta, y no viéndola directamente. La mente, como el viento, sopla sobre las nubes de nuestros pensamientos y de nuestros sentimientos. Sin embargo, la mente no es sólo como el viento, sino también como el espacio. Abarca e impregna todo su contenido como una pantalla que contiene todas las fotos que se proyectan en ella. La mente es la forma más sutil de la materia. Examinaremos con más detalle este punto en el próximo capítulo sobre la mente y los elementos.

La mente es muy sensible. Es el órgano mismo de la sensibilidad, que subyace en todos los sentidos. Todo afecta o colorea la mente. Todo lo que vemos o sentimos deja una huella o un residuo en nuestra mente. Por lo tanto, la mente debe ser tratada con mucho cuidado, sobre todo en los niños. La mente puede ser fácilmente herida y en caso de ser lastimada, coloca "barreras" de protección alrededor de sí misma y opaca su sensibilidad. La mente es fácilmente afectada, alterada, estimulada, deprimida o distraída.

La mente toma la forma de los objetos que percibe. Por lo tanto resulta muy difícil ver la mente. Cuando nuestra conciencia se retira de los sentidos, nuestra mente permanece llena de pensamientos y de sentimientos. Cuando la mente se vacía de pensamientos, podemos verla y reconocer su base insustancial, como una pantalla que no tiene un significado más allá de las imágenes que se proyecten en ella.

La naturaleza dual de la mente

La mente, al igual que toda la materia, tiene naturaleza dual. Se trata de fuerzas opuestas que actúan en distintos grados de interacción. Es propensa a la dualidad de las reacciones:

gusto/disgusto, amor/odio y así sucesivamente. Cualquier cosa que pensamos crea también su opuesto. Para afirmar una cosa, debemos también sugerir su contrario.

Por eso es importante no entrenar la mente a ser negativa, a sentir pecado o culpa. Por ejemplo, si pedimos a una persona que no piense en un mono, naturalmente pensará en un mono. Si le pedimos a una persona que no haga algo, realmente le pedimos primero que piense en hacerlo. Si afirmamos que somos felices, sugerimos la idea que estamos tristes. El pensamiento siempre refuerza a su opuesto.

La mente se mueve entre los opuestos y es propensa a la ambivalencia o a los extremos. Es fácil quedar atrapados en los opuestos o convertirnos en víctimas de su propia dualidad. Por esta razón, no debemos tratar de forzar la mente en alguna dirección particular, sino tratar de calmarla y mantenerla alejada de los extremos.

Dificultad para controlar la mente

Debido a su naturaleza fragmentada, volátil, sutil y dual, es difícil entender la mente y casi imposible de controlarla. Pues esta tiende a inculcarnos su propia naturaleza y nos hace vulnerables a sus propios movimientos. De hecho, el control de la mente es una de las cosas más difíciles. La vida humana es sólo una lucha por aprender a controlar la mente. Si logramos esto, lo hemos logrado todo y hemos cumplido con lo más difícil en todo el universo. La incapacidad de controlar la mente causa tristeza y está detrás del proceso de la enfermedad.

La mente y el pensamiento

La mente es pensamiento, el cual es el proceso mismo de la mente. La mente es una entidad formada por nuestros pensamientos. Si eliminamos los pensamientos de la mente, esta desaparece. De la misma manera que se mueven nuestros pensamientos, se mueve nuestra mente. Nos convertimos en lo que pensamos. Las formas del pensamiento también son materiales y de hecho nos afectan como pequeños impulsos eléctricos casi imperceptibles. Nuestras mentes están constantemente emitiendo y gravando formas de pensamiento, las cuales pueden elevar o deprimir la mente. Según nos volvemos más concientes, aprendemos a proyectar pensamientos positivos y evitar los negativos. Gran parte de la sanación consiste en modificar las formas de pensamiento que dominan nuestras vidas. Debemos aprender a proyectar pensamientos de paz, amor y armonía para contrarrestar los pensamientos de conflicto, infelicidad y trastorno, ya que estos debilitan nuestra vitalidad física y mental.

Sin embargo, existen muchos tipos de pensamiento y estos se producen en distintos planos. Solamente cambiando nuestros pensamientos más profundos, podemos cambiarnos a nosotros mismos e ir más allá de las limitaciones de la mente. Esto es mucho más complejo que cambiar de idea acerca de las cosas: significa transformar de fondo nuestros instintos y sentimientos más profundos. Este proceso requiere de oración y meditación profunda e implica desarrollar formas más altas y más concentradas de energía y de pensamientos para contrarrestar los hábitos y adicciones profundamente arraigados.

Un experimento práctico con la mente

Examine la naturaleza de su mente. Tome un objeto, de preferencia uno del mundo natural, como un árbol. Dirija toda su atención hacia este. Analice cómo cambia su atención, de instante en instante, durante el tiempo que este observando. Note cómo, a través de una serie de percepciones fluctuantes, construye la idea o forma completa del árbol, la cual nunca se percibe de inmediato. Trate de mantener su atención en un solo punto del árbol. Observe cómo su atención no puede permanecer en solo lugar y se sigue moviendo constantemente alrededor de su propio punto de atención.

Examine sus emociones. Vea cómo su mente actúa cuando está enojado o triste. Observe la naturaleza cambiante de sus emociones y cómo las emociones más fuertes son las que menos duran. Observe la relación estrecha que existe entre el gusto y el disgusto, el amor y el odio, y cómo las emociones fluctúan cómo olas en el mar.

Después observe sus pensamientos. Vea cómo un pensamiento sigue al otro en rápida sucesión, en un flujo errático y compulsivo. Examine los hábitos de sus patrones de pensamientos. En realidad, lo que uno opina, tiene poco valor práctico y no es más que una manifestación de la mente moviéndose de manera obsesiva en sus propias memorias.

Finalmente examine el ego o "pensamiento-Yo". Contemple como está es la raíz de todos los pensamientos y cómo la mente permanece básicamente encapsulada en sí misma y en sus propias funciones. Intente no tener el pensamiento "yo". Pronto se dará cuenta que esto no es posible. El "yo" es el punto inherente de referencia, el centro mismo de la mente.

Aprenda a usar su mente como una herramienta, realice diversos experimentos y observaciones que le permitirán "retomar las riendas" y dejar de ser la víctima de este instrumento sutil. Una vez aprendemos a observar la mente, dejamos de ser las víctimas de lo que sucede en nuestras mentes. Retomamos el control de nuestra mente e impedimos ser dominados por los impulsos sensoriales y del condicionamiento exterior. Tenemos la capacidad de ser plenamente nosotros mismos y de crear armonía con las aspiraciones profundas de nuestros corazones.

5. Los cinco elementos y la mente

¿Alguna vez ha examinado la actividad de su mente de la misma forma en que observa el mundo natural a su alrededor? Según Ayurveda, la mejor manera para entender cómo funciona nuestra mente es mirando cómo funciona la Naturaleza. Tenemos que analizar cómo las funciones del viento, el fuego y la lluvia actúan en la psique. Debemos aprender a observar las tormentas emocionales, la luz (o la luz parcial) de la razón y todos los ritmos a través de los cuales se mueven, no sólo nuestro cuerpo, sino también nuestra mente y nuestros sentidos. La mente es una obra de la Naturaleza, creada de acuerdo a su maravillosa inteligencia orgánica. La mente tiene la misma estructura básica del universo y sigue las mismas leyes inmutables. Vivimos en un cosmos de varios niveles que incluye planos paralelos e inter-dependientes, la materia, la energía, y la mente como un magnífico cristal o un loto gigante. Cada nivel nos permite entender mejor a los sucesivos y es a través de los niveles exteriores que obtenemos la clave de los niveles interiores.

Los cinco elementos son uno de los temas principales del pensamiento ayurvédico, de otros sistemas espirituales y de sanación. Son un gran análogo para la base de toda existencia. No obstante, la mayoría de nosotros, no concebimos la mente en términos de elementos. Sin embargo, siendo parte de la Naturaleza, la mente refleja también los grandes elementos que rigen todas las grandes funciones de la Naturaleza. Podemos aproximarnos a la concepción ayurvédica de la mente a través de los elementos.

La mente y los elementos

La mente trasciende los cinco elementos ya que es a través de ella que percibimos los elementos y sus interrelaciones. Podemos observar, imaginar y contemplar la integridad de las formas de tierra, agua, fuego, aire y éter. A la vez, los elementos nos brindan la clave del funcionamiento de la mente. Aunque los elementos de la mente son más sutiles que los del cuerpo, conservan los mismos atributos y las mismas acciones básicas. Podemos conocer la acción de los elementos en la mente a través de una analogía de lo que sucede a nivel físico.

La mente es esencialmente una creación del elemento éter de la Naturaleza. En esencia, la mente es como el espacio: es expansiva, abierta y lo impregna todo. Al igual que el espacio, puede sostener formas ilimitadas sin nunca agotarse. Mientras más evolucionada sea la mente, mayor se vuelve su espacio. La mente menos desarrollada gozará de un espacio menos expansivo. Como un pájaro enjaulado, el dolor es la manifestación del espacio restringido de una mente. La felicidad es el espacio ilimitado de la mente, semejante al pájaro que vuela libre en el cielo.

En movimiento, sin embargo, la mente es como el viento. El aire es su elemento secundario. No hay ningún movimiento más rápido que el de la mente. Es incluso más rápido que la velocidad de la luz. Observe su mente. Está siempre ocupada, coordinando el cuerpo y los sentidos, recopilando información, emitiendo juicios, reaccionando emocionalmente y pensando sin cesar. Este movimiento permanente se debe a la conexión de la mente con el elemento aire.

Aunque el éter y el aire son los elementos principales de la mente, los demás elementos también ocupan un lugar en ella. La mente percibe las cosas a través de su propio fuego y luz. Esto es justamente lo que brinda a la mente su capacidad de comprensión y su calidad de iluminación. Del mismo modo, la mente tiene una cualidad acuosa manifestada en las emociones, la empatía y los sentimientos. Por último, lleva cierta proporción de tierra, revelada en la memoria y los apegos. La mente, de acuerdo a sus diferentes cualidades y acciones, contiene todos los elementos.

La mente está constituida por el más sutil de todos los elementos. El espacio de la mente es más sutil que el espacio físico, el cual impregna. El movimiento aéreo de la mente viaja incluso más rápido que el viento. El fuego de la mente puede percibir todas las formas externas de la luz. El agua de la mente, manifestado en las emociones, es aún más sutil que el aire exterior. La tierra de la mente que reside en el peso de los apegos y las opiniones, no puede ser medida. El nivel causal de los elementos provee la estructura que conforma la mente, y es a través de este que se crean los elementos burdos o físicos.

Las tres capas de la mente

La mente tiene tres capas básicas: interna, intermedia y externa.

1) La mente interna está formada por el núcleo profundo del sentir y el conocimiento. Manifiesta las tendencias que llevamos muy arraigadas en el fondo de nosotros y que no podemos expresar o enfrentar en nuestra vida exterior.

2) La mente externa es la parte de la mente dominada por los sentidos y las emociones, en la que normalmente funcionamos diariamente, y la que recopila impresiones y actúa en el mundo exterior.

3) La mente intermedia es nuestra capacidad para llevar las impresiones externas hacia adentro, y las tendencias internas hacia el exterior. Hace la mediación, las impresiones sensoriales fugaces y las emociones por un lado, y por otro lado, los sentimientos profundos de índole permanente. Funciona mediante la razón y la percepción, y nos permite emitir juicios y tomar decisiones.

Estos tres aspectos de la mente siguen un modelo similar al de Vata, Pitta y Kapha o, aire, fuego y agua, llevando estas energías a un nivel más profundo.

La mente interna o Conciencia más profunda: Aire

El aire existe en la mente como la naturaleza sensitiva mental o de sentimientos profundos. Es el campo vibratorio de las energías, hábitos y tendencias que sustentan la mente y que nos hacen pensar continuamente. El aire es la capacidad de la mente de relacionarse, identificarse consigo misma y sentirse viva. A través de ella nos movemos, actuamos y funcionamos como seres conscientes. Aunque no siempre se note con claridad desde afuera, constituye el corazón o núcleo de la Conciencia, siendo la fuerza que motiva las otras funciones de la mente.

Al igual que el aire, la mente posee capacidades de cambio, transformación y respuesta, y consiste de un conjunto de energías e impulsos que se encuentran en un campo que se auto-ajusta. Nuestra conciencia es un campo de movimiento: una interacción dinámica de tendencias, de lo subyacente y de impresiones, de las cuales sólo una ínfima parte alcanza la mente externa o auto-consciente que domina nuestro estado de vigilia normal. La mayor parte de lo que llamamos el inconsciente, subconsciente y superconsciente constituye en realidad la mente interna, de la cual no somos habitualmente conscientes.

El campo vibratorio de los pensamientos y de los sentimientos es en realidad una conciencia condicionada. Está constituida por los hábitos automáticos y las tendencias espontáneas que residen dentro de nosotros. Es muy diferente de la Conciencia Pura o incondicional que conforma nuestro verdadero Ser (véase sección a continuación).

Mente intermedia o inteligencia: Fuego

El fuego en la mente se manifiesta en la facultad racional o la capacidad de discernimiento que nos permite percibir y juzgar las cosas. Esta capacidad de sopesar, medir y evaluar se manifiesta en nuestro discernimiento entre lo verdadero y lo falso, lo real y lo irreal, lo bueno y lo malo, y lo valioso y lo que no tiene valor. Nos permite examinar nuestras impresiones, discerniendo entre el objeto y la impresión que tenemos de este. Nos permite juzgar nuestra experiencia y descubrir lo que realmente significa. De esta manera, es un mediador entre la conciencia y el núcleo interior de nuestras funciones sensoriales externas.

La razón, como el fuego, tiene una naturaleza caliente y luminosa que nos da la posibilidad de averiguar y discernir. La razón, como el fuego, quema, digiere y convierte las cosas en formas más sutiles que nutren nuestra conciencia. La razón digiere nuestras impresiones, sentimientos y pensamientos y nos permite aprender de ellos, colocando cada uno en su lugar en relación con nuestra comprensión de la realidad.

La parte de nuestra conciencia racionalmente articulada y, por lo tanto iluminada, es la inteligencia. La parte desarticulada más amplia de la mente, la conciencia más profunda, se mantiene oscura y permanece inconsciente para la mente ordinaria. Para tomar resoluciones y decisiones importantes y llegar a una comprensión real, utilizamos la parte racional de la mente. Es la mayor parte del campo de la conciencia, y la hemos iluminado y apropiado.

Mente externa, sensación-emoción: Agua

En la mente, el agua se manifiesta por medio de nuestra naturaleza emocional y nuestra capacidad para conectarnos con el mundo exterior, una búsqueda de la conciencia para tomar forma. Esto incluye nuestra capacidad para recibir impresiones sensoriales y responder a ellas, a través del gusto y disgusto, la atracción y la repulsión, el miedo y el deseo.

El agua es el aspecto formativo de la mente que nos permite imaginar, planificar y construir nuestra realidad. Es la base de la voluntad, de la motivación y de nuestras acciones en el mundo externo. Es la parte de la mente que fluye siempre hacia afuera, que trata de encarnarse en la materia y atesorar cosas mundanas. De algún modo, siempre se trata de concentrar impresiones exteriores, poseerlas y acumularlas dentro de nosotros.

Evolucionamos en el mundo a través de la mente exterior y su capacidad expresiva la cual nos hace sentir parte de una realidad exterior. Es lo que habitualmente llamamos mente, eso que abarca nuestros pensamientos ordinarios, nuestras emociones y nuestras sensaciones.

Los dos niveles del ser

Existen dos niveles básicos del ser, entre los cuales actúan las tres funciones de la conciencia. El yo externo se define de acuerdo al cuerpo, a su identidad física. El ser interior es totalmente subjetivo, mientras que el más puro es el "Yo soy", el cual se ubica más allá de toda identidad corporal. Esto puede ser entendido de acuerdo al modelo de la tierra y del éter.

Ser externo, ego: Tierra

La tierra se manifiesta en la mente como nuestro ego, este sentido de poseer un yo separado por el cual nos sentimos limitados, identificados con un cuerpo en particular en tiempo y espacio. El ego nos conecta con el cuerpo físico y nos induce a desempeñar sus funciones como si fueran las nuestras. Proporciona un sentido de individualidad que nos permite actuar en el mundo.

El ego proporciona al "yo" una referencia objetiva de su identidad. Actúa a través de la auto-imagen o combinaciones sujeto/objeto. Es el "yo" en proceso, en devenir, siempre buscando la adquisición o el logro. A través de la conciencia del ego, estamos siempre tratando de ser alguien u obtener algo del mundo exterior. Es la conciencia como objeto.

El ser interior, alma: Éter

En la mente, el éter se manifiesta como la mente/espacio subyacente, la base para todas las funciones mentales, vibraciones e impresiones. Sin el espacio, la mente no puede funcionar ya que no tiene espacio para moverse. Pero al igual que para el espacio exterior, rara vez somos conscientes de este espacio interno. Penetramos este espacio interior cuando aprendemos a liberarnos y a no identificarnos con las actividades de la mente. A partir de ahí, podemos observar la mente con discernimiento y transcender sus patrones limitados, que son como nubes en la mente/espacio.

La mente/éter revela la más alta identidad de nuestra alma, un estado de conciencia que trasciende cualquier cuerpo, imagen o identidad. Este ser interior es puramente subjetivo, es el "Yo soy" puro o "Yo soy el que soy", en contraposición con la imagen de sí mismo que constituye el ego, el "yo soy esto" o "esto es mío". El ser interior está contento con su propio valor y obtiene la paz en su propia identidad. No necesita buscar nada en el mundo externo y aparece como una sombra ante sí mismo.

Así como el ego o el ser externo nos separa de las demás criaturas, el alma o el ser interno nos une a ellas. Así como el ego proyecta una visión de diferenciación y separación, el alma brinda una visión de unidad. El ego capta formas mientras que el alma discierne la esencia. Sin embargo, el Ser individual o alma sigue vinculado con el conjunto cuerpo/mente y su condicionamiento. En su forma más pura, despojada de los apegos de la mente, se convierte en el "Ser Universal" que trasciende cualquier identidad individual y se sitúa más allá de toda manifestación. Esta es la unificación de la persona con el Ser universal, donde hay liberación e inmortalidad. Este Ser superior es la Conciencia pura o incondicional y está más allá de los diferentes niveles de la mente.

Los cinco niveles de la mente

Éter: Ser Superior
Aire: Conciencia interna
Fuego: Inteligencia
Agua: Mente sensorial
Tierra: Ego

Funcionamiento de los distintos niveles de la mente

La mente externa es la puerta por donde las impresiones del mundo exterior entran a nuestra conciencia a través de los sentidos. La inteligencia, o mente intermedia, es el portero que determina qué tipo de impresiones y energías pueden entrar. La mente interna, o conciencia, es el interior de la habitación en la que estas energías se almacenan, en forma de recuerdos y tendencias después que su ingreso haya sido autorizado.

Una vez las impresiones se han depositado en nuestra conciencia interna, crecen como semillas y nos impulsan a actuar de acuerdo a su naturaleza. Producen diversas motivaciones, dando lugar a acciones o karmas, que determinan el movimiento de nuestras vidas.

Las impresiones no entran automáticamente en la mente interna. Sólo lo hacen cuando reaccionamos en formas emocionales duales como gusto/disgusto, amor/odio, aceptación/rechazo. La percepción sensorial, por sí misma, no ocasiona la entrada de energías exteriores en la mente. Una observación desapegada impide a las fuerzas externas, entrar en la mente, nos permite examinarlas tal como son y responder a ellas de manera adecuada. La observación objetiva digiere las impresiones, nos permite aprender de ellas y nos ayuda a no estar limitados por estas.

Como el portero, la inteligencia tiene la capacidad de controlar lo externo o la mente sensorial y determinar qué entra en ella. Esto depende de los principios con los cuales nuestra razón este entrenada a trabajar. Si nuestra facultad de razonamiento no es clara, en vez de discernir la verdad de las cosas, racionalizamos nuestros gustos y disgustos. La razón, como un portero que ha sido sobornado, permite que cualquier influencia entre a la mente y luego busca un motivo que justifique su permanencia.

Nuestra mente interna, la naturaleza de nuestro corazón de sentir de una manera más profunda, es pasiva e inocente como un niño. Cualquier cosa a la que abramos nuestro corazón, se depositará en él. La naturaleza de los sentimientos es sensible y vulnerable. Nuestra mente puede ser perturbada o motivada por lo que dejamos entrar en esta. Es muy importante aprender a discernir con claridad lo que dejamos entrar a nuestros corazones. Una vez que hemos aceptado las cosas a nivel del corazón, los consideramos como nuestras y ya no las podemos analizar de forma objetiva, como una madre no puede criticar a sus propios hijos.

El proceso perceptual

Para aclarar más este punto, examinemos nuestro proceso perceptual. En primer lugar recibimos impresiones basadas en las cosas que retienen nuestra atención. Por ejemplo, podemos mirar por la ventana y fijarnos en la talla y la vestimenta de una persona que pasaba por allí. Esta es la función de la mente externa. Luego evaluamos las impresiones y llegamos a una conclusión acerca de lo que es el objeto. Es nuestro vecino Samuel. Esta es la función de la inteligencia. En tercer lugar, la impresión del objeto se deposita en nuestra conciencia profunda como un recuerdo. Recordamos que Samuel caminó por la casa esta mañana. En este proceso, el ego aparece en algún momento, generalmente después de reconocer el objeto. Cuando reconocemos a nuestro vecino, nos acordamos que nos agrada por alguna comentario que dijo de nosotros.

La mente externa trabaja para seleccionar las impresiones. Presenta imágenes, como un objeto visto en un espejo, el cual sólo se plantea y no se percibe. La inteligencia, o la mente intermedia, nos permite reconocer objetos particulares en el campo de las impresiones. El ego nos induce a identificar una impresión como "nuestra" o nos hace reaccionar de forma subjetiva ante ella. La mente interna, o la naturaleza profunda, permite que la impresión se deposite y se cree algún sentimiento.

Acción

La mente externa o mente sensorial nos permite actuar. Es el instrumento mediante el cual las ideas se transmiten a los órganos motores. A través de nuestra inteligencia somos capaces de saber lo que estamos haciendo. Determina la idea, el propósito y objetivo detrás de nuestras acciones. A través del ego, nos identificamos con lo que estamos haciendo, en el sentido de "yo estoy haciendo esto o aquello". A través de la mente interna, sentimos los efectos de lo que hemos realizado dentro de nosotros mismos, en la forma de felicidad o tristeza a largo plazo.

Nuestra intención, lo que queremos hacer según decretado por la razón, determina las impresiones sensoriales a las que estamos abiertos. De esta manera, la acción y la percepción van siempre juntas. Cualquier cantidad de impresiones ocurren en un momento dado, pero sólo podemos registrar las que se relacionan con lo que consideramos importante. De acuerdo con nuestros planes y acciones, estamos siempre en movimiento, siguiendo una dirección determinada, como el hombre que conduce un coche. Debemos fijarnos y dar importancia principalmente a las impresiones del camino que hemos elegido para viajar.

Niveles de atención

El ego, o el ser externo, es la capacidad de identificar nuestra conciencia con los objetos y condiciones externas. El ego siempre trae impresiones externas a la mente, haciéndonos sentir que dependemos de ellas. Nos dice "yo soy esto" o "esto es mío". A través del ego, nos hacemos dependientes de cosas externas para lograr nuestra identidad y felicidad. Rara vez, a menos de que hayamos aprendido el arte de la introspección a través de la meditación, desarrollamos la conciencia de nuestra mente-espacio subyacente o de nuestro Ser interno. Solo entonces, podemos llegar a discernir lo que somos y a separar nuestro ser de las identidades, acciones y participaciones externas.

Lo que normalmente llamamos pensamiento es el movimiento de la mente externa o sensorial en su capacidad de calcular o de planear. Estos pensamientos son "yo quiero hacer esto, mañana debo hacer eso" y otras actividades del ego. Por lo general, la emoción es también un movimiento de la mente sensorial, un "yo quiero tener esto" (deseo), o "yo no quiero experimentar eso" (miedo). Constituye nuestra reacción emocional a las cosas que son provocadas por impulsos sensoriales.

La inteligencia funciona cuando tratamos de determinar lo que es verdadero, bueno, lo que tiene un valor duradero o un significado profundo. También funciona cada vez que tenemos que identificar objetos del mundo exterior. El corazón o la conciencia es la morada de los estados profundos de la mente, de nuestros sentimientos duraderos y de la esencia de nuestra experiencia. Llegamos a éste sólo cuando sentimos intensamente, como en el pico de las experiencias de crisis de nuestras vidas.

Normalmente las cinco funciones están mezcladas, confundidas por el imperio del ser y somos incapaces de discernirlas adecuadamente. El ego entinta nuestra razón y distorsiona nuestra inteligencia. Motiva la mente sensorial a buscar las cosas del mundo externo. En torno a sus limitaciones, proyecta una sombra sobre nuestro corazón y limita nuestra sensibilidad alrededor de sus limitaciones.

Por lo general, nuestra conciencia reside en la mente externa, encendida por las luces de los sentidos. Debido a la abundancia abrumadora de los impulsos sensoriales que tenemos que procesar, resulta muy difícil no quedar atrapados en ellos. Sólo cuando estamos contemplando, razonando o pensando profundamente logramos entrar a la mente intermedia o a la inteligencia. Sólo cuando sentimos las cosas profundamente, particularmente en el sueño profundo y la muerte, logramos alejarnos de la esfera de los sentidos y entrar a la mente interna.

La mente interna sigue siendo un reino oscuro para nosotros ya que nuestra atención está siempre dirigida por la mente externa hacia el exterior. El mundo interior o reino de la mente interna sólo puede iluminarse si nuestra participación en el mundo externo de los sentidos deja de ser preeminente. Entonces, a la hora de cerrar nuestros ojos, no veremos tinieblas sino luz. La verdadera psicología se ocupa de iluminar este mundo interior. La mente interna es el interior oscuro, esencialmente inconsciente que, al igual que un reino oscuro, tiende a reproducir las condiciones negativas y almacenar justamente lo que quiere evitar.

A menos que desarrollemos una aptitud introspectiva, seguiremos atrapados en la mente externa, sin saber cómo atravesar este núcleo de ignorancia que reside dentro de nosotros. La idea del ser externo o ego mantiene nuestra conciencia atrapada en la mente externa. Sólo cultivando el contacto con nuestro Ser interior podremos descifrar los secretos de la atención.

Los problemas psicológicos y las energías de la mente

Mientras los elementos de nuestra conciencia estén en desequilibrio, la mente está perturbada. El desequilibrio de las energías mentales, como el de los humores biológicos en el cuerpo, produce enfermedades o disturbios.

La verdadera naturaleza de la mente es sutil y debe ser purificada de los elementos burdos, sobre todo del elemento tierra que se acumula a través del ego. La Conciencia y el Ser interno poseen una naturaleza de aire y espacio. Mientras estamos atrapados en las funciones más densas y bajas de la mente, nuestra verdadera naturaleza no puede ser revelada. No se trata únicamente de equilibrar las fuerzas mentales sino de espiritualizar la mente. Debemos trascender las funciones inferiores para dedicarnos a las funciones más altas de la mente. Debemos pasar de una orientación sensorial externa a la conciencia espiritual interior.

Nuestros problemas psicológicos se desarrollan en la mente externa por que tratamos de encontrar la felicidad como criatura física o por medio del ego. Esto nos deja memorias y cicatrices en la mente interna que afectan poco a poco nuestros órganos y tejidos más profundos, de la misma manera que lo hace la enfermedad causada por factores externos como la mala alimentación o la exposición a patógenos. Para curar la mente tenemos que purificarla de las sustancias que la componen. Para llegar a esta purificación, debemos entender nuestra conciencia y sus funciones. Ahora examinaremos cada una de estas funciones por separado. Para ello, construiremos sobre esta base energética, colocando el entendimiento de los elementos como tela de fondo.

Los cinco cuerpos

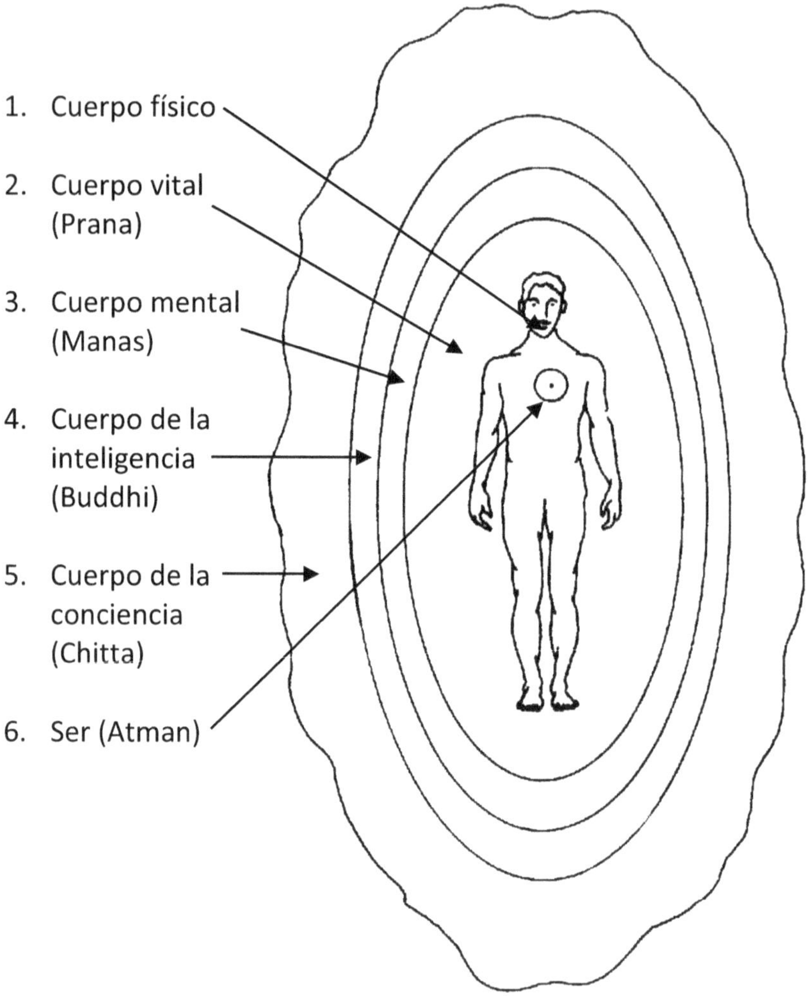

1. Cuerpo físico
2. Cuerpo vital (Prana)
3. Cuerpo mental (Manas)
4. Cuerpo de la inteligencia (Buddhi)
5. Cuerpo de la conciencia (Chitta)
6. Ser (Atman)

Parte II

LAS CARACTERISTICAS ENERGÉTICAS DE LA CONCIENCIA

Después de haber estudiado desde una perspectiva ayurvédica la mente y el cuerpo, podemos empezar a examinar en profundidad la concepción ayurvédica de la conciencia y sus funciones. En Yoga y Ayurveda, el campo mental se divide en conciencia, inteligencia, mente y Ser. Analizaremos cada división y sus interacciones con detenimiento. Explicaremos el significado de los diferentes aspectos de la mente y sus repercusiones en nuestra vida y nuestra conducta.

Esta información complementa y expande los conceptos de elementos, Gunas y humores biológicos presentados en la sección anterior y su correspondencia con la mente. De esta manera, exploraremos de manera profunda quiénes somos e indagaremos todo lo esencial de nuestra existencia: entendiendo el subconsciente, el superconsciente y mucho más. La profundidad de la comprensión de la mente y del universo bajo la filosofía Védica será evidente y nos ayudará a indagar niveles más profundos de nuestra conciencia.

El lector debe entender que este material no puede ser entendido o asimilado tan fácilmente y se necesita un tiempo para lograrlo.

Comprender nuestra conciencia no es sólo una cuestión de lectura, sino de profunda introspección, reflexión y meditación.

6. La conciencia condicionada: El vasto campo mental

Resumen

En este capítulo nos referiremos a la mente interna como "conciencia" ya que es un nivel de atención mucho más profundo que el nivel de nuestros pensamientos ordinarios. Sin embargo, como se ha mencionado anteriormente, se trata de una "conciencia condicionada", limitada al espacio y el tiempo, y no de la Conciencia Pura o absoluta que es eterna e infinita. La Conciencia Pura es nuestro Ser interno y está más allá de todo movimiento de la mente. La conciencia condicionada está hecha de todo tipo de pensamientos: conscientes, inconscientes y superconscientes. La Conciencia Pura no está condicionada: consiste de la atención sin pensamientos, que va más allá de ideas, emociones y sensaciones, por sutiles o grandes que sean.

Todo el crecimiento o evolución espiritual consiste en transitar de la conciencia condicionada hacia la Conciencia Pura. La conciencia condicionada es el almacén de todas las memorias y apegos de los cuales nacen los problemas psicológicos. Este condicionamiento de la mente distorsiona nuestra percepción y perturba nuestras emociones. La psicología ayurvédica procura calmar la mente condicionada y eliminar sus patrones negativos ya que estos sólo conducen a la enfermedad y el dolor. Sin embargo, la mente condicionada no se limita a lo personal: se conecta a la conciencia condicionada colectiva, a todos los pensamientos que existen en el universo y a la mente de todos los seres. No podemos examinar nuestra mente sin contemplar la totalidad de nuestra vida.

La conciencia: el mundo interior

¿Qué es la conciencia? ¿Por medio de qué pensamos, sentimos y percibimos? ¿Cómo podemos estar conscientes de algo? Si bien estas son preguntas fáciles de plantear, contestarlas es bastante complejo. Para hacerlo, debemos comenzar con la observación de nuestra conciencia y sus funciones. La conciencia es la cosa más maravillosa del universo. Su alcance y su profundidad no tienen límites. Es como un océano inmenso donde, a menos que sepamos navegar correctamente, corremos el riesgo de perdernos. Si nos sumergimos en él, sin la preparación adecuada, podemos ahogarnos. Muchas personas que padecen trastornos mentales están tan inmersas en su conciencia interna que ya no pueden seguir funcionando en el mundo exterior. A nosotros nos parece que están atrapados en delirios. Sin embargo, puede que tengan acceso a realidades más profundas que nosotros no alcanzamos a percibir, aunque desafortunadamente no lo logran de una manera sana.

La conciencia constituye nuestro mundo interior. Cuando un yogui emprende un proceso de introspección, alcanza a ver su conciencia vibrando con las fuerzas cósmicas; pero cuando nosotros miramos en el interior sólo vemos oscuridad o memorias borrosas. Nuestra visión externa nos ciega. Estamos tan condicionados a la luz brillante de los sentidos que no podemos percibir la luz sutil de la conciencia. Aprender a observar el contenido de nuestra conciencia es la parte más importante del desarrollo mental y espiritual. Para este fin, Ayurveda brinda disciplinas y técnicas de meditación específicas. Cuando la conciencia se ilumina, trasciende todas las limitaciones externas. A este nivel, ya no necesitamos experimentar el mundo externo porque hemos aprendido la lección: todo está dentro de nosotros.

En sánscrito, el campo mental o el campo del pensamiento se llama Chitta, y proviene de la raíz "chit" que significa "estar consciente". Chitta se refiere a la mente más profunda: el inconsciente, el subconsciente, el consciente y el superconsciente.[14] Chitta es la mente o la conciencia general, el campo creado por nuestros pensamientos. Se refiere específicamente al núcleo interno de la mente, un centro de sentimiento puro y conocimiento profundo. Chitta es la mente interna. Nuestra mentalidad personal externa es tan sólo una expresión limitada de Chitta. Por conveniencia, se ha traducido Chitta como "conciencia", aunque no debemos olvidar que se trata sólo de una aproximación del concepto. Para la mente ordinaria, la mayor parte de Chitta permanece inconsciente. Sólo una persona espiritualmente evolucionada tiene acceso a percibir todo el campo de la Conciencia. Esta persona puede contemplar la magnitud del campo mental en su totalidad porque ha llegado a la Conciencia Pura o al Ser profundo, los cuales están más allá de las limitaciones del pensamiento.

Lo que la psicología moderna llama el inconsciente es tan sólo un rincón de la Conciencia o Chitta. La psicología moderna ha penetrado el inconsciente personal, y en cierta medida, el inconsciente colectivo. El potencial de nuestro campo de conciencia se extiende a toda la Conciencia Universal, tanto individual como colectiva, personal o impersonal, incluyendo a Dios. Va más allá de toda conciencia condicionada hasta llegar a la Conciencia Pura, la cual es la verdad suprema o absoluta. Es el campo de la psicología yóguica, la psicología del Ser superior.

Chitta: el cuerpo de la conciencia

Chitta es el núcleo de nuestra conciencia, el jardín interior de la mente. La conciencia, o el campo del pensamiento, es un campo energético sutil que vibra con rapidez, un campo que es la base de toda manifestación material. Chitta, siendo núcleo de la mente, es la substancia básica de la conciencia. Constituye el cuerpo o la estructura de la conciencia de la misma manera que los tejidos conforman la sustancia principal del cuerpo físico. La mente y los sentidos son como sus brazos y sus piernas, sus miembros y sus órganos.

El cuerpo físico se compone principalmente de elementos densos: agua y tierra. Es la creación de la gravedad, cuyo movimiento es descendente. Por otro lado, la conciencia, siendo una creación de nuestros pensamientos, se compone de elementos menos densos: éter y aire. Estos tienen un movimiento ascendente como el vapor. Mientras que las materias más densas de nuestra naturaleza descienden y toman forma en el cuerpo físico, la esencia de nuestra experiencia asciende y forma nuestra Conciencia. Tenemos un cuerpo denso físico sujeto a la gravedad y un cuerpo sutil o etéreo (Conciencia).

Normalmente no somos conscientes de los órganos internos y tejidos de nuestro cuerpo ya que están más allá del ámbito de los sentidos. Del mismo modo, rara vez tenemos conciencia de la inmensidad de nuestra Conciencia interna ya que las funciones externas de la mente impiden que sea revelada. El proceso de nuestras funciones corporales ocurre de manera automática y no pasa por nuestra conciencia ordinaria. De la misma manera, los procesos de la Conciencia profunda se ubican en un nivel más profundo que la mente externa. Sin embargo, podemos despertar y darnos cuenta de esta Conciencia más profunda. La meditación despierta nuestros potenciales más altos.

La naturaleza de Chitta

La naturaleza de nuestra conciencia interna (Chitta) es la sensibilidad de todo tipo, la capacidad de sentir en cualquier manifestación. La capacidad de sentir es la base de todas las funciones mentales y se desarrolla en operaciones específicas de pensamientos, emociones y sensaciones. Todo lo que nuestras mentes producen es un tipo de sentimiento. Incluso la razón, siempre percibiendo, detectando y comparando, es una especie de sensación.

Estos sentimientos son la respuesta de nuestra conciencia a los estímulos externos e internos.

La conciencia es la capacidad de relacionarse. Sin ella, no existiría ningún sentimiento. Nos permite sentir cosas en nosotros y sentirnos en las cosas. Nuestra conciencia es un producto de las relaciones más profundas, las cuales determinan como nos sentimos en relación a la vida. Las relaciones son un factor clave para determinar la naturaleza de nuestra conciencia.

La conciencia registra todo lo que penetra en el campo mental pero lo hace de manera más profunda que la mente externa. Primero, es necesario desarrollar la capacidad de observar las cosas, de lo contrario, otras operaciones mentales son imposibles. La hipnosis puede llevar a nuestra atención al nivel de esta conciencia profunda, en la cual podemos recordar todo lo que nos ha sucedido. Nuestra conciencia profunda mantiene la memoria de todas las experiencias que vivimos, no sólo desde el nacimiento, sino también de vidas anteriores. Esta lleva las semillas que nos mantienen atados en el ciclo de la reencarnación, las cuales no son más que nuestros pensamientos e impresiones más profundos[15].

La conciencia en el mundo natural

El mundo llego a existir por medio de la conciencia. La Conciencia Pura es el Absoluto, más allá de la creación y el nacimiento. La conciencia condicionada o pensamiento (Chitta) es el fundamento de la Naturaleza, la sustancia primordial que creó el universo. La conciencia es el sustrato de todo, es la primera cosa que fue creada y aquello que creó todo lo demás. Es la esencia de toda experiencia posible. El pensamiento lo crea todo, aunque en este caso se trata de un nivel fundamental de pensamiento, mucho más profundo que nuestras reacciones personales comunes.

La conciencia es responsable de la existencia y del movimiento del Cosmos. Está detrás de todas las formas de la materia y la energía. En cada parte de la naturaleza existe un cierto tipo de conciencia, incluso en los objetos inanimados. Sustenta el proceso cósmico en toda su escala, empezando con el propio átomo. Todo lo que existe debe contener algún grado de conciencia, de lo contrario no puede ser percibido. Estamos rodeados por el océano de la conciencia en donde todas las cosas existen. Solo una parte se individualiza en forma de criaturas vivientes. El campo mayor de la Conciencia Cósmica subyace en el universo, animado e inanimado. La conciencia individual se produce en centros específicos, como olas en el mar.

La conciencia existe a nivel de especie y acumula los conocimientos y las experiencias de cada criatura. Existen diferentes tipos de conciencia según divisiones colectivas como nación, sexo, raza y religión. La conciencia que rige el reino vegetal vive, como sensibilidad primaria, en un estado de sueño profundo previo a la diferenciación de los sentidos. En el reino elemental la conciencia existe en forma latente antes del desarrollo de la fuerza vital. Es la base del código genético, el cual es su huella en cada célula y regula las respuestas instintivas básicas. Una conciencia secreta opera en todo y es la clave de todo crecimiento y desarrollo.

La conciencia se activa completamente en los seres angelicales y divinos, habitantes de los cielos inmateriales donde el pensamiento es la única realidad. La conciencia nos abraza, tanto desde el inconsciente como desde el superconsciente. En un nivel subliminal, una conciencia secreta sostiene nuestras funciones autonómicas y actúa durante el sueño. En un nivel superconsciente, una conciencia secreta sustenta nuestro karma y apoya nuestra vida espiritual.

El superconsciente

La Conciencia más profunda abarca los niveles más altos de la mente mediante los cuales podemos tener contacto con Dios y con nuestro Ser interno. Ahí almacenamos conocimientos de mundos más sutiles que el mundo físico. La conciencia se extiende más allá de los planos con forma hasta llegar a los reinos de puro sentimiento y atención clara.

La Conciencia profunda nos vincula a la conciencia colectiva por la cual podemos acceder a las memorias y las predisposiciones de todo el género humano. Esta a su vez nos conecta con la Conciencia Cósmica, la cual nos permite acceder a las experiencias de todos los seres, desde aquellos en el reino mineral hasta los dioses. En la cumbre de la Conciencia Cósmica establecemos contacto con Dios, el Padre y la Madre Divina, el Creador Cósmico, el Preservador y el Destructor.

La Conciencia abarca la totalidad del conocimiento, desde la mecánica más mundana de los elementos hasta la sabiduría espiritual más elevada. La Conciencia misma es el instrumento de todas las formas internas de conocimiento, trascendiendo todo conocimiento adquirido por los sentidos. Despertar a la sabiduría inherente de nuestra Conciencia profunda nos revela todos los misterios del universo. La Conciencia es la fuente del verdadero genio y de la perspicacia. Tener acceso a nuestra Conciencia profunda es ir más allá de todos los instrumentos externos de conocimiento que resultan inciertos y vagos en comparación con el conocimiento directo de la Conciencia.

Sin embargo, la conciencia basada en los pensamientos (Chitta) no es absoluta incluso en su dimensión cósmica. Sigue siendo un tipo de materia y no es el Espíritu puro e inmaterial. Más allá de la conciencia condicionada, tanto individual como cósmica, reside el Ser Supremo o la Conciencia Pura. La conciencia condicionada (Chitta), incluyendo la del Creador, no es más que un lejano reflejo de la Conciencia no condicionada llamada "Chit" en sánscrito.[16]

La meta de la vida no consiste sólo en explorar los contenidos de la conciencia, sino en disolverlos con el fin de poder realizarnos en el Ser o Conciencia Pura más allá. Todos los objetos materiales, desde una piedra hasta el mismo Chitta, son externos a nuestra verdadera naturaleza. Debemos desapegarnos de ellos para despertar a la verdad. Sólo una conciencia purificada, libre de sus tendencias del ego, puede llevar a cabo esta realización que representa el fin último de toda práctica espiritual. Sin embargo, incluso para una salud mental ordinaria debemos tener una percepción más clara de nuestra naturaleza profunda, más allá de las fluctuaciones del pensamiento y de las emociones que son inherentemente inestables.

El corazón y el alma

Chitta significa también corazón y mora éste. No sólo se refiere al corazón físico, sino al núcleo central de este intenso sentimiento y conocimiento profundo: el corazón espiritual. El corazón espiritual está situado en el lado derecho del corazón físico. En este sentido Ayurveda difiere de la medicina moderna que sitúa el asiento de la conciencia en el cerebro. Según Ayurveda, sólo la conciencia externa se ubica en el cerebro, no la fuente de nuestra Conciencia ya que ésta mora en el corazón. Chitta es la psique, o mente profunda, y generalmente se asocia con el corazón.

Chitta es la parte más íntima y duradera de nuestro Ser. Es la mente del alma, una manifestación individual de la Divinidad. El Ser individual es el reflejo del Ser Supremo o Ser Divino interno. Nuestra conciencia más profunda contiene máximas experiencias de la vida: nuestra aspiración, amor y creatividad más profunda. En condiciones de extrema felicidad, nuestra conciencia se sumerge en su núcleo interno, lugar en donde nos olvidamos de todas las preocupaciones y penas ordinarias. Todos estamos intentando regresar al núcleo pacífico de la conciencia, el cual es un regreso al corazón. A medida que nos acercamos a nuestra conciencia profunda, el corazón se va abriendo y nuestra Conciencia se expande hacia el infinito. El corazón claro y calmado refleja el Ser Absoluto que nos libera del ciclo de renacimiento.

El nivel de nuestra Conciencia profunda es aquel en donde los traumas nos afectan más y donde se depositan profundamente en nosotros, particularmente los sufrimientos del nacimiento y de la muerte. Es ahí donde residen nuestros dolores, apegos, temores y ansiedades más profundos. Tenemos que llegar a este nivel para poder eliminar heridas, hábitos y adicciones profundas. Esto es muy difícil ya que llegar a la esencia de la Conciencia requiere remover una a una las numerosas y complejas capas de la mente.

Cuando nuestra Conciencia profunda está en desequilibrio, el corazón se comienza a ver perturbado y resulta muy difícil recuperar el equilibrio psicológico. Debe ser una prioridad cultivar nuestra conciencia y protegerla de las influencias negativas del mundo exterior. El núcleo de nuestra conciencia es como la mente de un niño, absorbe todo y debe ser protegida.

La composición

La naturaleza de la conciencia condicionada (Chitta) es esencialmente Sáttvica pero contiene los tres Gunas en forma de semillas. En nuestro interior, la esencia de los tres Gunas determina la naturaleza de nuestra Conciencia profunda. Está conformada por los Gunas que predominan en nuestros corazones. La mayoría de nuestras relaciones de corazón afectan la conciencia y nos trasmiten sus Gunas.

La práctica espiritual brinda a la conciencia una condición Sáttvica que le permite desarrollarse plenamente. De lo contrario, su función se inhibe y se distorsiona. En la conciencia, Rajas y Tamas (agresión e ignorancia) causan dolores e ilusiones y son la fuente de todos los problemas de la vida. Representan las principales toxinas o impurezas psicológicas que debemos eliminar. Estas toxinas mentales se asientan y residen en nuestra conciencia profunda y es justo en este nivel donde deben ser eliminadas.

Tamas en el Chitta se convierte en el inconsciente que nos domina durante el sueño, la apatía y la depresión. Es la base de los hábitos y tendencias nefastas, pero que somos incapaces de cambiar con la mente superficial o externa. Rajas en Chitta, subyace en nuestra conciencia de vigilia habitual, que se caracteriza por la acción y la expresión. Mantiene nuestra conciencia en movimiento constante, perturbada y distraída, atrapada en sus propias imágenes. Sattva en

Chitta, proporciona la base de nuestra Conciencia más alta y de las funciones superconscientes.

Chitta constituye el cuerpo causal, el vehículo reencarnado del alma individual que perdura a lo largo de todo el ciclo de renacimiento. Contiene los residuos kármicos que hemos acumulado en varias vidas, de los cuales sólo algunos se manifiestan en una encarnación particular. Como operación causal o creativa, la conciencia posee el potencial de desarrollo del cuerpo y de la mente. Es la fuente de los cinco potenciales sensoriales y de los cinco elementos burdos que crean y sustentan el cuerpo sutil y denso. Chitta es el deseo predominante[17], es la base misma de los deseos profundos que nos mantienen cautivos en el ciclo de renacimiento.

El campo de la conciencia (Chitta), conforma el Anandamaya kosha o la capa de la felicidad, en la cual acumulamos nuestras alegrías y tristezas más profundas. En su condición no despierta (Tamásica), Anandamaya kosha es el depósito de nuestros apegos a la existencia encarnada. En su estado despierto (Sáttvico) refleja la felicidad inherente de nuestro Ser que es uno con Dios.

En relación con los cinco elementos, Chitta corresponde principalmente al aire y al éter. Su substancia es como el éter y su movimiento como el aire. Tiene un estado interno y externo de permanente cambio y adaptación, siempre expansivo y creativo. Como el aire, la conciencia está siempre vinculada con los objetos y está creando algún sonido. La conciencia es el núcleo más íntimo del sonido vibratorio que existe dentro de nosotros. Chitta trasciende los sentidos pero tiene una conexión especial con el sentido auditivo, en particular con los sonidos no verbalizados y con la música. El sonido influye y sana Chitta, un punto que examinaremos en detalle en la sección de terapia con Mantras.

Aunque Chitta es mucho más sutil que los humores biológicos, es generalmente vinculada a Vata. Las personas Vata viven con una conciencia expuesta y un corazón vulnerable. Su conciencia está abierta, son menos terrenales o arraigados a sus cuerpos y a sus sentidos. Por esta razón, es más fácil herir un tipo Vata, y es por esto que deben ser tratados con mayor cuidado. Mantener Vata en equilibrio protege y ayuda a desenvolver de manera adecuada nuestra Conciencia profunda. Así mismo, entre las tres esencias vitales, Chitta corresponde a Prana.

La energía y la voluntad

Chitta gobierna el Prana original, la fuerza vital inmortal del alma que nos mantiene vivos y activos en todos los niveles. De la misma manera que se relaciona de manera general con los Gunas, también se relaciona con los Pranas, y corresponde al Prana de las tres esencias vitales (Prana, Tejas y Ojas). Este Prana original concede vida a la mente y el cuerpo y sostiene todas las funciones autónomas. Para nosotros nada es más querido que la vida misma, ya que nos lleva a la felicidad inherente que mora dentro de nosotros.

La conciencia conlleva la fuerza vital original, la cual es un reflejo de la vida eterna e inmortal del Ser Supremo. Debido a su profunda conexión con la fuerza vital, la práctica de Pranayama puede ayudarnos a entrar en nosotros mismos y purificar Chitta. Lo que la medicina alternativa llama "la inteligencia del cuerpo" es el aspecto oculto de Chitta trabajando en el cuerpo. Cuando renunciamos al ego y logramos controlarlo, Chitta puede fluir sin obstáculos para curarnos y rejuvenecernos física y mentalmente.

La conciencia abarca el nivel más profundo de la voluntad: la voluntad de vivir y existir para siempre. Nuestra conciencia profunda sustenta nuestras motivaciones esenciales y más profundas, los deseos de nuestro corazón y nuestras metas en la vida. Desde un sentido general y potencial, la conciencia es voluntad. Una voluntad pura sin objetivo definido, una voluntad de experimentar la cual constituye la base de todas nuestras intenciones. Todos los deseos que nos mantienen atados al mundo y al cuerpo surgen de ella. Sólo podemos percibir la verdad si estos deseos fundamentales generan libertad.

La conciencia y la naturaleza individual

La materia prima de nuestra conciencia está conformada por tendencias profundas de pensamientos conocidos en Sánscrito como Samskaras. Estos son pensamientos más profundos que los demás. Son residuos de nuestras operaciones mentales, al igual que una rueda deja surcos en un camino de tierra. Estos residuos generan pautas de comportamiento que nos motivan interiormente.

Lo que llamamos la naturaleza o el ser individual es la conciencia de la persona. Nuestra conciencia individual es el campo de los "surcos" que hemos hecho nuestros, el motivo de nuestras acciones repetitivas que se han convertido en automáticas y naturales. En la vida, nuestras acciones condicionadas crean el estado o condición de nuestra conciencia. Es nuestro nivel más profundo de programación. Nuestra existencia es nuestra conciencia que determina cómo nos relacionamos con la vida. El estado de Chitta o núcleo de conciencia constituye la naturaleza mental (Manasika Prakrit) de la persona y determina nuestro carácter y nuestra mentalidad.

No se puede cambiar la naturaleza de una persona sin cambiar su conciencia profunda, lo que significa cambiar su corazón. A menos que una influencia llegue a nivel del corazón, no puede haber ningún efecto profundo o duradero. Esta es la razón por la cual las palabras o pensamientos tienen poco valor. Sus efectos no pasan de la mente superficial. Sin embargo, para llegar al centro del corazón se requiere descubrir, observar y aceptar todas nuestras penas y lamentos, algo que la mayoría de nosotros no estamos dispuestos a enfrentar.

Las funciones

Todas las funciones de la mente son funciones de Chitta y constituyen el campo mental. Sin embargo, Chitta tiene tres funciones generales las cuales son las tres principales formas que permiten acceder la conciencia profunda. Para llegar a estas debemos retirarnos de la mente externa y de los sentidos ya que estos mantienen nuestra conciencia en la superficie de nuestro ser. Estas tres funciones son la memoria, el sueño, y el Samadhi.

La memoria

La conciencia es el fundamento de la memoria y radica principalmente en los recuerdos y las memorias. Abarca la memoria ordinaria de información, pero también los recuerdos de nuestro corazón, las cosas que, para bien o para mal, nos han afectado más profundamente. Contiene las semillas de nuestras memorias de vida en vida. La conciencia profunda gobierna nuestra memoria a nivel orgánico, incluyendo la memoria celular que rige las funciones corporales. Nuestra conciencia tiene incluso la capacidad de recordar a Dios y que somos Dios, ya que el alma refleja a Dios y se encuentra en el núcleo de la conciencia. Nuestra conciencia puede recordar todo el universo debido a que éste finalmente es una formación de la conciencia.

La memoria nos puede brindar servidumbre o liberación. La verdadera memoria se auto-recuerda, evocando nuestra naturaleza Divina en la conciencia. La memoria falsa es la memoria de las alegrías y de las tristezas personales, las historias del ego. La mejor forma para desarrollar la memoria, es memorizar principios verdaderos y leyes cósmicas superiores.[18]

El sueño

Durante el sueño el mundo exterior se apaga y regresamos al mundo de la Conciencia interior. Las impresiones surgen como sueños a través de la mente sutil. Normalmente, las impresiones predominantes de nuestras actividades diarias quedan grabadas, pero a veces, surgen samskaras más profundos. Una conciencia que funciona correctamente proporciona un sueño profundo y pacífico. Cuando está perturbada por Rajas y Tamas, crea pesadillas y un sueño inquieto.

Durante el sueño, la mente se renueva por un proceso de inmersión en su fuente, el núcleo de nuestra conciencia que abriga la fuerza vital del Prana. Mientras la mente y los sentidos descansan, la Conciencia y el Prana sustentan las funciones involuntarias del cuerpo.

La muerte es un sueño prolongado. Al igual que el sueño, es una inmersión en la conciencia interior en la que perdemos el contacto con el mundo sensorial exterior. En el sueño de la muerte, la conciencia conserva el Prana causal y los karmas, por medio de los cuales se crea un nuevo cuerpo. En la muerte, moramos en la Conciencia Pura y nos renovamos para otro nacimiento.

En el estado que sigue la muerte, las impresiones de nuestras experiencias de vida, emanan como sueños de nuestra Conciencia interna. Esto crea mundos sutiles o astrales, como los cielos e infiernos, que la mente sutil visualiza. Estos pueden ser buenos o malos de acuerdo a nuestro karma y nuestras experiencias de vidas previas.

El Samadhi

El Samadhi es un estado de integración donde nuestra conciencia se concentra totalmente en un sólo objeto o experiencia y se olvida de todo lo demás. La práctica yóguica se enfoca en el desarrollo de la integración en la Conciencia Cósmica y de la realización de nuestro verdadero Ser. A través del Samadhi, la conciencia reposa en el sentido más elevado, brindando paz duradera y liberación. El desarrollo más alto de la conciencia sólo puede producirse a través del estado de Samadhi. En el Samadhi, el conocimiento de los niveles profundos de la conciencia neutraliza nuestros karmas y nos libera del ciclo de muerte y renacimiento.

El Samadhi incluye los estados espirituales, así como cualquier experiencia cumbre. Cualquier experiencia en la que estamos completamente inmersos y que hace que nos olvidemos de nosotros mismos es un tipo de Samadhi. Existen Samadhis inferiores, integraciones de conciencia perturbada u oscurecida, en los cuales prevalecen Rajas y Tamas. Cuando la mente se concentra en algo, incluso en las emociones negativas como el miedo o la ira, logramos adentrarnos un poco más en nuestra Conciencia profunda. Las integraciones o absorciones negativas que agudizan nuestra esclavitud al mundo externo deben ser evitadas. Estas incrementan Rajas y Tamas, mientras que las integraciones espirituales aumentan Sattva.[19]

Las funciones adicionales

Las diferentes funciones secundarias se derivan de estas funciones básicas.

La intuición

La conciencia, en su función más alta, se convierte en intuición o capacidad de percibir las cosas directamente. A través de la intuición, percibimos una parte de nosotros que quizás nunca habríamos contactado a través de nuestros sentidos. La verdadera intuición es un tipo de Samadhi. La sensación que viene directamente de la Conciencia suele ser más intensa que el conocimiento sensorial. No debemos confundirlo con la imaginación o la percepción psíquica las cuales son funciones de la mente externa y de los sentidos sutiles.

El instinto

En su manifestación inferior, la conciencia se convierte en instinto y sustenta nuestras funciones orgánicas, protegiéndolas de la interferencia del ego. El instinto es una forma secreta u oculta de conocimiento superior, comparable a una intuición invertida. La conciencia gobierna todas las respuestas instintivas. En su nivel más profundo residen patrones instintivos como los de supervivencia y de reproducción, los cuales son consecuentemente muy difíciles de modificar. Cambiar el núcleo de nuestra conciencia requiere que el inconsciente se vuelva parte instintiva o automática de la mente despierta y consciente.

El amor

El impulso básico de la conciencia es unirse. Consiste de los esfuerzos y las energías enfocadas a unirnos con el mundo exterior o con nuestro Ser interno y nuestra verdadera naturaleza. Solo se puede "ser" a través de la Conciencia. A través esta, nos relacionamos con el mundo y el mundo se relaciona con nosotros, no sólo en un nivel superficial sino también a nivel del corazón. A través de las capacidades de amor, simpatía y afinidad, la conciencia crea la devoción y la compasión, poderes que guían la vida espiritual.

La conciencia es la base del amor, el cual manifiesta la actitud esencial y la energía del corazón. De hecho, la conciencia es amor. La Conciencia Divina proyecta su poder de amor eterno e ilimitado en la conciencia individual. El amor se deriva de la conciencia, la cual es su morada. La conciencia es el amor concentrado en el centro de nuestro ser. En la fuente interior de amor encontramos la felicidad completa y perfecta que emana de la capacidad de ser uno con el objeto de nuestro amor.

La fe

Nuestra conciencia profunda es la base de la verdadera fe que, como la intuición, es un sentido interior claro de la Realidad que trasciende las apariencias. La verdadera fe del corazón posee un conocimiento inherente de lo eterno y lo infinito y se mantiene al margen de cualquier dogma. Cuando tenemos fe en un dogma particular (limitando la verdad a una persona, libro o institución), la capacidad de la conciencia de reflejar la verdad se distorsiona. El objeto de nuestra fe alcanza a penetrar los niveles más profundos de la conciencia (el corazón).

Nuestras creencias son nuestros pensamientos más profundos y preconceptos incuestionables. Son nuestras propensiones más profundas y nuestros samskaras. El núcleo de nuestras creencias se adhiere al núcleo de nuestra conciencia, proporcionándole color a todas las actividades mentales. Para realmente cambiar nuestra conciencia debemos renunciar a estas creencias indiscutibles y cambiar la forma en que sienten nuestro corazón.

El verdadero desarrollo

Para lograr un verdadero desarrollo se requiere primero desprogramar o eliminar el condicionamiento de nuestra conciencia. Para ello, debemos liberarnos de los deseos, inclinaciones y hábitos profundos almacenados en nuestro interior. Esto sólo es posible a través de Samadhi o la integración de la verdad. Sin embargo, para poder desacondicionar la conciencia se requiere primero ordenar adecuadamente nuestra vida externa. La conciencia debe ser llevada a un estado puramente Sáttvico de paz y apertura.

Todos los factores que purifican y calman la mente ayudan en este proceso, incluyendo una dieta adecuada, impresiones correctas, la acción correcta y buenas relaciones. La psicología ayurvédica tiene como meta el desarrollo adecuado de la Conciencia permitiendo así la resolución de los problemas mentales, casi todos causados por falta de atención o discernimiento. Podremos entonces realizar el viaje que nos llevará desde nuestra conciencia condicionada hacia la Conciencia Pura, en donde nada externo puede afectarnos o causarnos dolor.

7. La inteligencia: El poder de la percepción

La inteligencia es la llama de la verdad que ilumina nuestra vida. Nuestra manera de cultivarla determina la luz que nos hace vivir y crecer o la oscuridad que hace que nos encojamos y decaigamos. Todos deseamos estar más despiertos y ser más conscientes pero ¿qué es la verdadera inteligencia? ¿cómo podemos desarrollarla? No solamente Ayurveda, sino toda verdadera psicología, gira en torno al mismo punto central.

Si no hemos desarrollado nuestra inteligencia adecuadamente, hacemos un uso inapropiado del cuerpo y de los sentidos. La mala dieta y el estilo de vida inapropiado debilitan nuestra vitalidad y aceleran el proceso de envejecimiento. Provocan también alteraciones emocionales y aumentan las afliciones mentales. Por otra parte, si utilizamos nuestra inteligencia correctamente respetamos nuestros cuerpos y el mundo que nos rodea, usamos las cosas con prudencia y de manera adecuada, desarrollamos una forma de vida que nos permite vivir más y mejor, no sólo por nuestro propio bien sino por el bien de los demás. Nos esforzamos por controlar nuestros pensamientos y emociones. Debemos desarrollar adecuadamente nuestra inteligencia para que no permanezca como una luz tenue que solo nos conduce al error.[20]

El término Sánscrito para la inteligencia es Buddhi que proviene de la raíz "Bud", que significa "percibir" o "llegar a despertar". Buddhi es el aspecto de la conciencia que se llena de luz y revela la verdad. Cuando Buddhi llega a desarrollarse plenamente, uno se convierte en un Buda o un iluminado.[21] La función principal de la inteligencia consiste en discernir lo verdadero y lo real de lo falso e irreal. Nos permite discernir la verdadera naturaleza de las cosas de las simples apariencias o especulaciones. A través de ella desarrollamos nuestras percepciones profundas del ser y del mundo: quiénes somos, por qué existimos y qué es el mundo.

La inteligencia: abstracta y concreta

La inteligencia es la parte objetiva de la mente que observa de manera desapegada. Su aspecto concreto nos permite captar los objetos externos, mientras que su lado abstracto nos permite comprender las ideas. Su lado concreto nos indica que el objeto determinado que vemos es un hombre, un caballo, una casa, o lo que sea. Por su lado abstracto reconocemos las cualidades y los valores que un objeto representa, su verdad y su valor.

La parte concreta de la inteligencia produce la ciencia, junto con todas las formas de conocimiento sensorial y todos los sistemas de medición. Su lado abstracto crea la filosofía, por medio de la cual podemos percibir lo universal y conocer la forma ideal de las cosas. A través de su lado abstracto, la inteligencia puede concebir lo Divino o lo infinito y convertirse en base de la espiritualidad.

La inteligencia y el intelecto

La inteligencia tiene una doble capacidad que puede desarrollarse en función de la orientación que se le da, hacia lo externo o lo interno. La naturaleza de su orientación es la clave de la evolución humana. La inteligencia orientada por medio de los sentidos hacia lo externo, se convierte en "intelecto", la parte concreta o informativa de la inteligencia. La "verdadera inteligencia" es el resultado de la orientación interna de nuestra conciencia profunda. La distinción entre intelecto e inteligencia verdadera es crucial para entender la condición del mundo actual y esencial para la práctica de cualquier tipo de psicología profunda.

El intelecto es la inteligencia que usa la razón y se basa en los sentidos para determinar la verdad. Amplifica el alcance de los sentidos a través de diversos instrumentos, como telescopios y microscopios y, aumenta la capacidad de cálculo a través de diversas máquinas, como los computadores. Para comprender el mundo, el intelecto inventa diferentes sistemas de ideas y de medición temporal y espacial.

El intelecto construye la idea de un mundo externo como realidad, observando los nombres y las formas de las cosas en el mundo y clasificándolas en varias categorías y jerarquías. De éste se deriva la noción de un mundo externo para disfrutar como lugar de satisfacción. El intelecto proyecta una visión materialista de la vida y una percepción mecánica del universo. En la vida, el intelecto se enfoca en metas externas: placer, riqueza, poder o conocimiento mundano. Crea una idea física de la existencia que nos atrapa en el tiempo y el espacio, el dolor y la muerte. El intelecto subraya y fragmenta las distinciones externas, roles e identidades. Por medio de él, quedamos atrapados en información superficial, en el estatus y las posesiones. El intelecto, en vez de guiar el ego y las emociones, es controlado por ellos. Puede inhibir nuestra evolución espiritual, induciéndonos a preferir las realidades sólidas de este mundo a las experiencias interiores.

La verdadera inteligencia es una facultad de la percepción interna o directa, muy diferente al conocimiento adquirido por medio del intelecto. Nos revela la naturaleza de las cosas más allá de su apariencia sensorial, lo que se esconde detrás de las apariencias engañosas. La verdadera inteligencia considera la eternidad como una realidad y percibe los nombres y las formas transitorias como irreales. A través de ella vamos más allá de todas las creencias, prejuicios, conceptos y aprendemos a ver las cosas como son.

La verdadera inteligencia es plenamente consciente de la falta de permanencia de toda realidad externa y no nos ata a ningún nombre o forma fija. A través de ella aprendemos a percibir la conciencia detrás de los movimientos cambiantes de la materia y energía del mundo externo. Nos liberamos de estructuras de creencias externas, autoridades e instituciones transcendiendo el tiempo y el espacio en el conocimiento hasta llegar a nuestra Verdadera Naturaleza.

El intelecto posee solamente un conocimiento indirecto o un conocimiento mediado de los nombres, números y apariencias. Por esta razón, el intelecto no puede resolver nuestros problemas humanos o brindar paz a la psique. No es suficiente saber conceptualmente cuales son nuestros problemas. Debemos comprender el origen de estos en nuestro propio corazón y alma. Sin un auténtico despertar de la inteligencia verdadera, nuestra sociedad seguirá siendo emocionalmente inestable y espiritualmente ingenua. La psicología Occidental, salvo algunas excepciones, comparte las limitaciones de una visión intelectual de la vida que la filosofía y la ciencia Occidental han glorificado generalmente. Ayurveda, basado en la filosofía yóguica, se refiere al intelecto como una inteligencia subalterna o inferior. Ayurveda nos permite cultivar la inteligencia profunda mediante la cual transcendemos los sentidos, hacia la verdad de nuestro corazón.

La conciencia

Cada uno de nosotros posee un sentido ético inherente al que llamamos "conciencia": una sensación profunda de que ciertas cosas son correctas y otras no. Nuestra conciencia hace que no queramos hacer daño a ninguna criatura y nos permite sentir el dolor ajeno como propio. La conciencia es parte importante de la inteligencia y establece la forma en que valoramos y tratamos a las demás personas. Cuanto más inteligentes somos, mayor es nuestra conciencia y menos el deseo de interferir con los demás o de imponer nuestra voluntad sobre ellos.

Enfocada hacia el exterior, la inteligencia crea la moral, la cual debe ir más allá de las costumbres arbitrarias de una sociedad determinada. Dirigida hacia el interior, la inteligencia crea la ética universal, como la no-violencia, la cual transciende todos los prejuicios culturales. Por medio de la inteligencia interna actuamos con ética y humanidad, no por un beneficio material o social o incluso una recompensa celestial, sino por el bien de todos.

La religión organizada con sus dogmas e instituciones es un producto más de la inteligencia orientada hacia lo externo. Conduce al choque de creencias y de afirmaciones exclusivas. Nos une a una verdad que se manifiesta como una iglesia particular, un libro o un salvador. Por otro lado, dirigida hacia lo interno, la verdadera inteligencia crea espiritualidad o motiva una búsqueda de verdad eterna que va más allá del nombre y la forma. Nos conduce a la verdad de nuestro Ser interno, de nuestro Yo superior en la cual la insistencia en una creencia, un salvador o una institución resulta ingenua.

La inteligencia y la conciencia

La verdadera inteligencia es el aspecto despierto, consciente y desarrollado de la conciencia, mientras que la conciencia (Chitta), manifiesta la totalidad del campo mental y particularmente su núcleo no desarrollado. A medida que evoluciona, la conciencia se transforma en inteligencia para luego irse articulando y aclarando. La conciencia cuando se dirige hacia un particular principio, valor o bien superior, se convierte en inteligencia. En su función más alta, la inteligencia se vuelve lucidez espiritual[22], permitiéndonos discernir la realidad interna de las formas externas y liberar la conciencia de su condicionamiento negativo.

En el campo mental, la conciencia contiene todo en forma de potencial o de semilla. La inteligencia nos permite contemplar y asimilar los contenidos de la conciencia que de otro modo permanecerían ocultos y velados. Es necesario cultivar la conciencia, por medio de la meditación, para desarrollar la verdadera inteligencia. Sin embargo, la inteligencia de la mente (Buddhi) siempre consciente de algo queda condicionada por su objeto. Eventualmente, debemos trascender Buddhi para descubrir, más allá de la mente, a nuestro verdadero Ser (Atman). El Ser es el origen de la inteligencia. Reflejando esta inteligencia no condicionada, el campo mental se dota de inteligencia condicionada. Nuestra inteligencia condicionada es sólo un instrumento de la inteligencia no condicionada del Ser absoluto. De la conciencia y la inteligencia condicionada (Chitta y Buddhi), debemos pasar a la Conciencia no condicionada y a la inteligencia (Chit y Jnana).

La inteligencia cósmica

La inteligencia tiene una realidad cósmica e individual.[23] La Inteligencia Cósmica es la parte evolucionada o Sáttvica de la Conciencia Cósmica. Es por medio de la mente de Dios en la cumbre de la creación por la cual Dios actúa como el creador-preservador-destructor del universo.[24] La Inteligencia Cósmica es el campo de acción de Dios, la manifestación de sus leyes. La creación y el universo fueron generados por el Verbo Divino o logos. Origino la primera creación o creación ideal, cuyo mundo material es sólo un reflejo imperfecto.

La Inteligencia Cósmica es responsable de la estructura y del orden del cosmos, mientras que la Conciencia Cósmica regula el proceso y existencia del mundo. Una porción de Inteligencia Cósmica desciende en la materia y se convierte en la llama Divina que construye los mundos.[25] La inteligencia individual es nuestra porción personal de Inteligencia Cósmica o logos divino. Esta llama divina está siempre despierta en lo profundo de nuestra conciencia como un guía interior.[26] Dirige nuestro proceso evolutivo, desde la materia hacia el espíritu, del inconsciente al superconsciente, de la ignorancia a la iluminación. La Inteligencia Cósmica es el gurú interno, que trabaja para despertar nuestra sabiduría interior.

La Inteligencia Cósmica contiene todas las leyes cósmicas (Dharmas), desde las leyes que rigen el mundo físico hasta los principios éticos que rigen nuestro karma. Es el campo de la ley natural que contiene todas las leyes de la vida. Nuestra inteligencia individual se esfuerza naturalmente por aprender las leyes de la Inteligencia Cósmica que le permiten comprender el universo entero. La Inteligencia Cósmica establece lo que es dhármico o en armonía con la ley cósmica, y lo que es adhármico, o en desacuerdo con estas leyes. La inteligencia individual se desarrolla cuando uno busca integrarse con la Inteligencia Cósmica, con su fuente. Esto no se puede dar simplemente estudiando libros, sino mediante el estudio de toda la naturaleza y, sobre todo, mediante la observación de uno mismo.

Composición

Las energías sáttvicas o la materia más fina de la conciencia (Chitta) permiten el desarrollo de la verdadera inteligencia. Sin embargo, si es dirigida hacia lo externo, la inteligencia se contamina con Rajas o impurezas emocionales que nublan su percepción[27] y con Tamas el cual favorece el juicio equivocado.

La verdadera inteligencia, de igual manera que la conciencia, mora en el corazón. Sin embargo, el asiento del intelecto o inteligencia externa se encuentra en el cerebro, el cual está conectado con los sentidos. La inteligencia concilia la mente externa que funciona a través del cerebro, con la mente interna situada en el corazón.[28] Al traer la inteligencia al corazón se abre la posibilidad de trascender el mundo externo y volver al Ser interior. Esta es la base de toda verdadera meditación.

El campo de la inteligencia constituye la capa externa o envoltura de la inteligencia o sabiduría, Vijnanamaya Kosha. Esta capa va mediando entre el cuerpo causal (kármico) y el cuerpo astral o sutil de las impresiones. Sin el adecuado desarrollo de la inteligencia, el potencial de la felicidad profunda (Anandamaya Kosha) no se puede desarrollar. Es como la puerta que une el mundo externo del complejo cuerpo-mente con los sentidos y el mundo interno de la conciencia más allá de los sentidos. La inteligencia es el conocimiento predominante[29] y nos permite entender las cosas.

La inteligencia añade el poder del fuego a los elementos básicos de éter y aire de la conciencia (Chitta). Como el fuego, es penetrante, luminoso y su acción es transformadora. La inteligencia corresponde a Pitta o al fuego entre los humores biológicos. Generalmente, las personas tipo Pitta son racionales, tienen buen discernimiento, son buenos oradores y suelen tener, para bien o para mal, una mente más perspicaz que los demás. La inteligencia se asocia también a Tejas, la esencia del fuego vital que proporciona valor, audacia y determinación. Sin Tejas, carecemos de la independencia y la claridad necesaria para desarrollar nuestra inteligencia correctamente.

La energía/Prana despierto

Por su naturaleza sáttvica, la inteligencia transciende las actividades vitales o sensoriales externas y actúa como guía consciente de todos los Pranas. Crea un Prana sáttvico y un uso consciente de nuestra energía vital. De acuerdo a su campo de experiencias, la inteligencia puede controlar la mente, los sentidos y la fuerza vital. Por ejemplo, una vez que realmente hemos aprendido que caminar por la calle sin mirar nos expone a ser atropellado, no vamos a dejar de mirar cuando cruzamos la calle, incluso si estamos apurados. El problema ocurre cuando nuestra inteligencia no se desarrolla correctamente y es dominada por la mente, los sentidos y la fuerza vital, y hacemos cosas por impulso que luego lamentamos. Esta incapacidad de la inteligencia para controlar nuestros impulsos es una de las principales causas de la enfermedad. [30]

La verdadera inteligencia no se refiere solamente a lo que hemos aprendido teóricamente, sino a lo que experimentamos a través nuestra experiencia de vida y nuestra conducta. Es la sabiduría de la vida. Lo que conocemos sólo conceptualmente no tiene vitalidad real. Es sólo un reflejo exterior de la vida, una imitación de las ideas y opiniones de los demás y no puede cambiar nuestra esencia. La energía de la inteligencia es el poder que colocamos en el conocimiento, el Prana que proyectamos hacia el descubrimiento de la verdad. El Prana de la inteligencia está siempre despierto y en sintonía con lo Eterno, desarrollando las aspiraciones de nuestra alma.

El Prana empieza a despertar por medio de la práctica yóguica. Al despertar nuestras facultades sutiles, experimentamos una energía magnificada a través de la respiración y sentimos diferentes corrientes de energía moverse a través del cuerpo. Tenemos más energía, entusiasmo y creatividad. Este Prana tiene una inteligencia que puede enseñarnos y guiarnos. El Prana se ha convertido en el maestro de muchos yoguis, les ha enseñado asanas, mantras y meditación. Su disciplina consiste en entregarse a lo que despertó su Prana. No obstante, debemos tener cuidado de no rendirnos ante un Prana o impulso vital inferior, que es lo que hacemos cuando estamos persiguiendo el disfrute exterior, sino enfocarnos al descubrimiento del Prana de la inteligencia (Buddhi-Prana).

El despertar de Prana y el despertar de la inteligencia (Buddhi) están relacionados. Conforme Buddhi despierta, también lo hace Prana. A medida que nuestro Prana despierta, también lo hace Buddhi. La vida consciente y el despertar de la inteligencia evolucionan juntos. La inteligencia purifica y clarifica nuestra vida. Por otra parte, sin vitalidad, nuestra inteligencia sigue siendo superficial y teórica. La sabiduría de la vida es la unidad de Buddhi y Prana.

La voluntad: el emprendedor

La inteligencia es el espíritu emprendedor que decide lo que debemos hacer. Sólo cuando sabemos realmente somos capaces de tomar una decisión y hacer algo. La inteligencia es la parte ejecutiva de la conciencia, el comandante responsable de determinar nuestra línea de acción. La mente y el cuerpo son sus instrumentos. La inteligencia establece metas duraderas y proporciona los conocimientos necesarios para su realización; la mente ejecuta sus órdenes a través del cuerpo y los sentidos.

La inteligencia es la voluntad en su sentido más alto: la voluntad para la veracidad, la voluntad para realizar nuestros ideales o lograr nuestras metas.[31] Es la base de la aspiración espiritual, del deseo de conocer a Dios. Nuestra inteligencia determina lo que debemos y no debemos hacer, proporciona las normas éticas para nuestro comportamiento. Conforme la inteligencia se desarrolla, nos alejamos de las acciones bajas y acogemos otras más altas. La inteligencia lleva la aspiración natural de nuestra alma hacia la iluminación.

La verdadera inteligencia nos lleva al servicio desinteresado, en donde actuamos por el bien de todos, renunciando a los frutos de nuestros actos. A través de ella nos dedicamos a la excelencia, nos esforzamos por hacer lo mejor, sin importar las consecuencias. La inteligencia actúa con claridad y decisión para lograr un objetivo más alto pero, una vez que logre su propósito deja de actuar. En este sentido, la acción correcta lleva a la inacción o a la paz. De la verdadera inteligencia provienen las competencias y dominios de todos los ámbitos de la vida, incluyendo los logros espirituales y los poderes ocultos. A través de ella podemos dominar nuestro destino y trascender el mundo.

En el momento de la muerte, los sentidos se funden en la mente y esta a su vez se une a la inteligencia que como nuestra llama interior, nos lleva a los mundos sutiles según nuestro karma lo amerite. De acuerdo a los valores y objetivos de la inteligencia, después de la muerte el alma pasa por varios estados para luego regresar a otro nacimiento físico. Nuestra voluntad refleja nuestra inteligencia de la misma manera que nuestro karma revela la evolución de nuestra alma. Solo nuestra inteligencia superior puede perdurar consciente de vida en vida. La inteligencia verdadera que desarrollamos no nos abandonará jamás. Su desarrollo debe ser el objetivo principal de todo lo que hacemos. Por esta razón, el alma y la inteligencia están estrechamente relacionadas. La verdadera inteligencia es la mente del alma, su percepción despierta.

Las funciones

La función principal de la inteligencia es la determinación de la verdad. Esta se presenta en tres formas: la percepción, la razón y el testimonio.

La percepción

La percepción directa es la principal manera de determinar la naturaleza de los objetos. Nos permite identificar las realidades duraderas detrás de las impresiones sensoriales efímeras. La capacidad de percepción de los órganos sensoriales proviene del trabajo de la inteligencia. El funcionamiento correcto de los sentidos depende de sus alineaciones con la inteligencia, lo cual los libera de la distorsión emocional y les inyecta la claridad de la conciencia.

La inteligencia nos permite diferenciar lo que son los objetos de lo que nos gustaría que fueran, lo real de lo imaginario. A través de ella percibimos sensaciones, emociones, pensamientos, e incluso el propio ego, del mismo modo que podemos percibir los objetos del mundo exterior. Sin embargo, si no funciona adecuadamente, la inteligencia resulta en percepción distorsionada o errónea. Como en la oscuridad, confundimos una cosa con la otra, podemos confundir una cuerda con una serpiente. Esto crea todos los errores, malentendidos y juicios equivocados que nos perturban.

La razón

La inteligencia gobierna todos las formas de razonamientos, inductivos y deductivos. Nos permite comparar nuestras impresiones y llegar a una verdad mayor, un poco como la capacidad de deducir fuego de la presencia de humo. Los principios, ideales y sistemas de medición que dan forma a nuestras percepciones y guían nuestras acciones, provienen también de nuestra inteligencia. En su función inferior o imperfecta, la inteligencia causa razonamiento falso y trata de justificar lo falso y lo ilusorio. Esta inteligencia egoísta es quizás el mayor peligro para los seres humanos porque distorsiona un instrumento de verdad creando una herramienta de auto-justificación que imposibilita cualquier proceso real de aprendizaje.

El testimonio

La inteligencia rige nuestra capacidad para escuchar y prestar atención al consejo de los demás. Nos da la capacidad de aprender que tiene como raíz saber escuchar. Una buena inteligencia hace un buen estudiante, discípulo o paciente. Al funcionar de manera equivocada, la inteligencia hace que permanezcamos sordos a las buenas palabras y consejos. La verdadera inteligencia es el gurú, el consejero y el maestro. Es el orador, no él que habla de manera meramente casual o nos da sus impresiones, sino aquel que declara lo que conoce cómo la verdad. Las escrituras o las palabras de verdad que establecen la verdad e indican cómo llegar a ella, provienen de la Inteligencia Cósmica. Todas las enseñanzas espirituales vienen de niveles superiores de inteligencia.

El sonido tiene la capacidad de transmitir conocimientos de lo invisible y lo trascendental. En un nivel ordinario, puede transmitir conocimiento de otros tiempos y lugares. En un nivel superior, nos recuerda el conocimiento inherente en nuestra alma. Mientras que la mente externa no conoce las realidades superiores como Dios o el Ser, nuestro corazón sabe de estas realidades y algunas palabras pronunciadas con amor y sabiduría por un maestro pueden despertarlo. Desde esta perspectiva, el sonido y las palabras son medios de conocimiento más importantes que la percepción sensorial y la razón. Sin embargo, para que este conocimiento se dé nuestras mentes y corazones deben abrirse a la verdad interior.

La inteligencia se relacionada con aquello que nos permite hablar entre todos los órganos vocales y con el órgano de la audición entre todos los órganos sensoriales. Estos son los órganos que nos permiten establecer un contacto con nuestra inteligencia interior, son los más racionales y espirituales, los más libres ante las limitaciones de forma. El sonido en sí es un medio de conocimiento directo e interno mientras que el conocimiento sensorial sólo se limita a lo externo.

LAS FUNCIONES ADICIONALES

La percepción alerta

La inteligencia rige el estado de alerta en donde ocurre la percepción clara. Predomina en los seres humanos, que manifiestan este estado de conciencia de percepción alerta y distingue al hombre del reino animal y vegetal. La inteligencia rige este estado de percepción atenta. Nuestro grado de despertar espiritual es concorde al desarrollo de nuestra inteligencia.

La inteligencia brinda un estado de percepción alerta que nos permite concentrarnos totalmente en un objeto particular. Por el contrario, la conciencia (Chitta) nos brinda un estado de percepción abierto sin la capacidad de concentrarnos, lo que nos permite captar una realidad general. Mientras la memoria reside en la conciencia, la claridad de la memoria corresponde a la inteligencia. La inteligencia nos proporciona un recuerdo objetivo e imparcial de los acontecimientos. La capacidad de recordar lo que sabemos, sin la cual el conocimiento es de poco valor, depende de las habilidades que la inteligencia ha desarrollado para acceder a la conciencia. Sin esta memoria, nuestra inteligencia no puede desarrollarse adecuadamente. Cuando llegue el momento de reutilizar los conocimientos almacenados, sin esta memoria objetiva no tendremos acceso a ellos. Por esta razón, el cultivo de la memoria es clave para el desarrollo de la inteligencia.

Samadhi

Samadhi es el cuarto y el más alto camino hacia el conocimiento, es la forma última de percepción directa. Se produce cuando la inteligencia utiliza nuestra conciencia profunda como instrumento de percepción. Esto sólo ocurre cuando la verdadera inteligencia trasciende el intelecto.³² Se requiere haber previamente silenciado los sentidos para lograr mirar hacia adentro sin distracciones. Entonces, a la luz de nuestra propia conciencia, podemos descubrir todos los secretos de la vida.

La práctica espiritual consiste en convertir la materia prima de la conciencia en una refinada energía inteligente. Hasta que la inteligencia se desarrolle y se articule completamente, el estado de percepción atenta de la conciencia suele ser común y rudimentario. La inteligencia ilumina nuestra conciencia profunda, brindándole espacio y profundidad. La inteligencia nos lleva del inconsciente al superconsciente y del sueño al Samadhi. La meditación es la función más alta de la inteligencia. La verdadera inteligencia propicia el estado de Samadhi y permite que nos sumerjamos con percepción alerta en la conciencia profunda.³³

Los Samadhis que involucran concentración focalizada de la mente y la actividad mental dirigida pertenecen a la inteligencia. En otros Samadhis más altos que pertenecen a la Conciencia profunda, no existe pensamiento o acción, la mente no está focalizada en un solo punto y está en perfecta calma. En estos, la inteligencia deja de tener una función separada y se fusiona con la Conciencia. Esto nos lleva a lo incondicional donde todo pensamiento desaparece.

Un desarrollo apropiado

Para desarrollar la verdadera inteligencia se requiere poner al intelecto al servicio de la percepción alerta y de la conciencia. Esto ocurre cuando logramos diferenciar el conocimiento común y el conocimiento superior, distinguir entre el conocimiento del ser o auto-conocimiento y los conocimientos externos. Por medio de los conocimientos comunes, entendemos el mundo exterior y sus funciones. Sin embargo, este conocimiento sigue perteneciendo a la esfera de la forma y del cambio. A través del conocimiento superior logramos conocer nuestro Ser. Nuestra verdadera naturaleza es la Conciencia eterna, la cual no puede ser determinada por nombres o formas características del conocimiento externo. Nuestro Ser inmortal es el conocedor. No puede ser objeto de la mente, pero es el origen de la mente. Sólo podemos conocerlo habitándolo plenamente.

No hay nada negativo con el intelecto, mientras este ocupe su lugar. Todos tenemos un intelecto claro para hacer frente a las realidades prácticas de la existencia cotidiana, como conducir un automóvil. Pero si la función intelectual externa no se ve compensada por la función interna de la inteligencia, se produce la distorsión y este puede llegar a ser destructivo. Los métodos de la psicología ayurvédica propician el desarrollo adecuado de la inteligencia para brindar una percepción clara de los problemas y sus causas, y así permitir resolverlos. El lenguaje y las herramientas de Ayurveda no son exclusivamente humanos, reflejan la Inteligencia Cósmica y nos ayudan a armonizar nuestra vida y nuestra actitud hacia ella.

8. La mente externa: El campo de los sentidos

Nuestras vidas giran en torno a la gran variedad de impresiones sensoriales que nos llegan del mundo exterior. En casi todos los momentos del día estamos dedicados a seleccionar, filtrar, y analizar esta información, entendiendo lo que significa para nuestro bienestar y felicidad. Pocas veces estamos conscientes de nuestras mentes porque siempre las estamos usando para manejar el mundo externo y sus demandas. Como un coche que siempre conducimos, no tomarnos el tiempo de detenernos para verificar si este funciona correctamente, a menos que algo se dañe. Vivimos la mayor parte del tiempo en la parte externa y sensorial de la mente, a menos que aprendamos a mirar hacia adentro de nosotros mismos.

Nuestra conciencia ordinaria permanece sumergida en el mar de las impresiones que constantemente fluyen del arroyo de los sentidos. La mayor parte de lo que llamamos la mente, es la parte superficial de la conciencia, la parte que maneja las impresiones. Esta mente externa se llama Manas en sánscrito[34], que significa "instrumento de pensamiento". Manas es el aspecto más complejo de la conciencia y está formado por los sentidos, las emociones y las capacidades del pensamiento externo. Esta diversidad es necesaria para enfrentarse a las múltiples influencias del mundo externo.

Nos referiremos a Manas como "lo externo", la "mente sensorial", o simplemente como "mente" en sí, en oposición a la "inteligencia" (Buddhi) y la "Mente interna" o "Conciencia" (Chitta). No debemos olvidar los significados correspondientes en Sánscrito. La mente

(Manas) no es sólo mental o conceptual ya que incluye el componente emocional.

Los cinco sentidos y los órganos motores

Contamos con cinco sentidos y cinco órganos motores, por medio de los cuales tomamos las energías de los cinco elementos y actuamos sobre ellos en el mundo exterior.

Los sentidos y los órganos motores

Elemento	Humor	Cualidad sensorial	Órgano sensorial	Órgano motor
Éter	Vata	Sonido	Orejas	Órgano vocal
Aire	Vata	Tacto	Piel	Manos
Fuego	Pitta	Vista	Ojos	Pies
Agua	Kapha	Gusto	Lengua	Órganos reproductivos
Tierra	Kapha	Olfato	Nariz	Órganos de eliminación

La mente coordina los cinco sentidos y su información. Funciona como una pantalla en la que los datos sensoriales se archivan y se procesan. Por ejemplo, es por medio de la mente que lo que el ojo ve se vincula a lo que el oído oye. De otra manera, los datos que provienen de los diferentes sentidos permanecerían dispersos y desorganizados.

La propia mente es el sexto órgano sensorial ya que mediante ella procesamos ideas y emociones: impresiones mentales. Por ejemplo, cuando leemos un libro, la mente está funcionando como un órgano sensorial, procesando información emocional y mental. Todos nuestros impulsos sensoriales involucran algún componente mental y emocional. Del mismo modo, la mente es el sexto órgano motor y gobierna los otros cinco. Siendo un órgano de acción, es nuestro principal medio de expresión en el mundo externo. Sólo lo que ha sido previamente formulado como intención mental puede expresarse a través de los órganos motores. Por ejemplo, antes de hablar, tenemos que pensar en lo que vamos a decir. Siendo un órgano de acción, la mente sirve para expresar condiciones mentales como ideas y emociones.

Como órgano sensorial y motor, la mente puede coordinar los dos tipos de órganos, conectando datos sensoriales con acciones motoras. Por ejemplo, si vemos comida en la mesa, la mente conecta este dato sensorial con las manos para que podamos alzar la comida y comer. La mente es el circuito central para los órganos sensoriales y motores. Viene siendo nuestro computador mental, mientras que los sentidos representan sus programas.

Aunque la mente se relacione con los órganos sensoriales y motores, tiende a conectarse más con los órganos motores ya que su principal ocupación es actuar en el mundo externo. La mente nos lleva siempre a hacer cosas. Esta siempre pensando, planificando, reaccionando emocionalmente, o buscando a que participemos en el mundo externo. A través de ella estamos conscientes de existir en el mundo.

Los Pranas

Los órganos motores y sensoriales están estrechamente relacionados con el Prana y sus funciones. Los órganos motores existen para cumplir varios impulsos vitales, desde comer hasta la libre expresión. Los órganos sensoriales existen para proporcionar conocimientos y experiencias del mundo exterior. La mente dirige los Pranas, operando a través de los órganos sensoriales y motores. La mente está influenciada por los Pranas y puede ser fácilmente perturbada por ellos. Lo que afecta a nuestra naturaleza vital, como el hambre, el miedo y las ofensas, afecta rápidamente la mente.

Los sentidos poseen sus propios instintos y energías que pueden dominar la mente. El ojo tiene la necesidad de ver, la lengua el impulso de probar, las manos el deseo de sujetar y así sucesivamente. Estos impulsos influencian la mente a perseguir sus objetivos. Los ojos pueden decirle a la mente lo que deben ver, por ejemplo, cuando la imagen de una bella mujer llega a la mente externa de un hombre de forma automática. Esto nos sucede a todos nosotros con algún órgano sensorial u otro. Siempre estamos luchando para controlar nuestros sentidos, que de otro modo, fragmentan nuestra conciencia.

Los animales son dominados por sus impulsos sensoriales. Por ejemplo, un perro ladra automáticamente cuando otro perro entra en su campo sensorial. La mente sensorial predomina en los niños ya que todavía no han aprendido a dominar sus capacidades sensoriales. La mente externa está condicionada por los órganos sensoriales y los Pranas. En sí, es una reacción mecánica, no una percepción consciente que sólo podría provenir de la inteligencia.

Pensamiento y emoción: las dos caras de la mente

La mente externa no se limita a coordinar los datos sensoriales, sino que también los interpreta. Los datos sensoriales, son potencialmente interminables, deben ser filtrados y seleccionados de acuerdo con lo que es relevante para la mente. Determinamos esto con base en lo que retiene nuestra atención. Por ejemplo, si estamos conduciendo un coche, debemos prestar atención a la carretera y no dejar que nuestra mente divague, ya que podríamos tener un accidente.

La interpretación de los datos sensoriales es doble: objetiva y subjetiva. Para determinar objetivamente sus significados, organizamos los datos sensoriales con base en nuestras propias impresiones. Por ejemplo, para identificar un objeto como una casa debemos acumular bastantes impresiones objetivas que nos permitan determinar su naturaleza. Esto crea la parte de la mente basada en hechos. La mente externa gobierna la información factual y los datos de todo tipo, como lo haría una computadora. Luego los transfiere a Buddhi para emitir un juicio.

Subjetivamente, debemos relacionar los datos sensoriales con nuestra propia condición personal. Por ejemplo, cuando estamos cruzando una calle y vemos que un coche puede golpearnos, reaccionamos con rapidez, asustándonos y moviéndonos para protegernos. Esto crea la parte emocional de la mente. Las emociones nos permiten responder a los datos sensoriales de forma inmediata y personal. La emoción es nuestra reacción personal a los datos sensoriales que recibimos. Nos hace sentir miedo al dolor y evoca nuestro deseo de placer.

La mente externa oscila entre pensamientos de carácter informativo y emociones basadas en sensaciones. Necesitamos un cierto grado de objetividad para organizar los datos sensoriales, pero también cierto grado de subjetividad para relacionarlos a nosotros. De las dos funciones de la mente, la emoción (subjetiva) tiene mayor capacidad de causar dolor. Las emociones pueden distorsionar la capacidad informativa de la mente y crear una percepción errónea. El lado emocional de la mente se conecta más con los Pranas y los órganos motores, cuyo objetivo principal es cumplir diversas actividades pránicas. El aspecto mental se conecta más con los órganos sensoriales y la inteligencia.

Las emociones

Las emociones se caracterizan por un componente sensorial: la vista, los sonidos u otras sensaciones provocan la reacción emotiva. La sensación da lugar a la emoción. Si nos ponemos en contacto con algo placentero, estamos felices. Si nos ponemos en contacto con algo doloroso, nos sentimos tristes. Esta vulnerabilidad emocional se construye en la mente.

Las reacciones emocionales temporales vienen a través de la mente externa. Sin embargo, los estados emocionales duraderos pertenecen a nuestra Conciencia profunda (Chitta). Las emociones repetidas pasan a ser reacciones de la mente externa, condiciones de la conciencia interna. Por ejemplo, cuando encontramos por primera vez una pareja atractiva, nuestra emoción se despierta. Luego de haber estado en una relación larga, la persona pasa a formar parte de nuestra conciencia profunda y tomamos aspectos de la personalidad de la pareja.

Las emociones específicas, vinculadas a objetos particulares, pertenecen a la mente externa. Sin embargo, la esencia de la emoción pertenece a nuestra conciencia profunda. Allí se encuentra el ánimo o el sabor (rasas) de las emociones (como el amor, la ira, el miedo y la alegría) más allá de cualquier forma de asociación con una sensación particular.[35] Por esta razón están en lo cierto quienes sostienen que la emoción es más superficial que el pensamiento, pero también los que piensan que la emoción es más profunda que el pensamiento. Depende del tipo de emoción que se maneje. Se prefiere llamar a esas emociones que vienen del centro de nuestra conciencia "sentimientos" y reservar el término de emoción o reacción emocional a las emociones de la mente externa.

La mente externa y la inteligencia

La mente externa nos permite registrar información. La inteligencia nos permite procesarla. La mente (Manas) es el instrumento del pensamiento que alberga dudas, mientras que la inteligencia (Buddhi) es el instrumento de la percepción las resuelve y toma decisiones. La mente externa abarca todas las formas de especulación e imaginación. Mientras estamos en el nivel externo de la mente, la duda permanece y somos susceptibles a las reacciones emocionales. Las personas que son buenas en recopilar información pero pobres en la toma de decisiones sufren de exceso de actividad mental. Cuando la mente trabaja separada de la inteligencia, pensamos sin rumbo, sin propósito, como soñando despierto, especulando y calculando en vano. Nos hace divagar en ideas, por lo general inútiles, sin llegar a ninguna conclusión. En cambio la acción de la inteligencia requiere llegar a conclusiones claras.

La mente externa en sí no maneja ni valores, ni principios, ni objetivos que provengan de la inteligencia. Su preocupación es la expansión y la exploración del mundo externo, buscando placer y evitando dolor. Su propósito no es establecer valores duraderos sino proporcionar experiencias que pertenecen a la esfera de los sentidos. Mientras operamos a este nivel, somos criaturas puramente sensoriales. Somos víctimas de las emociones creadas por nuestros sentidos: la atracción hacia el placer y la aversión al dolor.

Nuestra cultura moderna de información/sensación está dominada por la mente externa que carece de inteligencia. Estamos más preocupados con la función de recopilación de información de la mente que con la función de asimilación de la información que requiere de la inteligencia. Hemos desarrollado muchas formas de ampliar el campo sensorial pero no la sabiduría para usarlo correctamente.

Aunque realmente los órganos sensoriales actúan a través de la mente (la cual coordina sus actividades), la percepción sensorial, como toda forma de percepción, ocurre a través de la inteligencia (Buddhi). La mente tiene las imágenes de objetos pero definitivamente la inteligencia comprueba lo que son. Podemos usar los sentidos de manera objetiva, solamente cuando la inteligencia los guía. Por esta razón, los órganos sensoriales se incluyen a veces en la esfera de la inteligencia.

La inteligencia es la parte interna o subjetiva de la mente por medio de la cual elegimos y tomamos decisiones. La mente externa es la pantalla en la cual percibimos el mundo exterior y ejecutamos estas opciones y decisiones. La inteligencia por lo tanto nos atrae hacia lo interno, mientras que la mente nos lleva hacia lo externo. El propósito de la mente externa es el disfrute (bhoga) que se dirige hacia lo externo. El desarrollo espiritual (yoga), cuyo movimiento es interno, irradia únicamente a través del poder de la inteligencia. Mientras la mente nos lleva a involucrarnos en lo mundano, la inteligencia nos lleva al desarrollo espiritual. Sin embargo, en el nivel evolutivo, la mente nos permite responder de manera creativa a las influencias externas. Se convierte en base de la acción correcta, sin la cual no podríamos organizar nuestra vida externa de acuerdo a algún principio superior.

La mente, la inteligencia y la conciencia

La conciencia (Chitta) siente internamente y posee su propio conocimiento. La mente (Manas) siente las cosas externamente y necesita las impresiones externas para su funcionamiento. La inteligencia (Buddhi) percibe y reconoce tanto lo interno como lo externo. Por ejemplo, mediante la mente, uno puede sentir que una persona es infeliz, una impresión que viene de la síntesis de la información proporcionada por los sentidos. Por medio de la inteligencia, se percibe como un hecho objetivo y el razonamiento se basa en lo que vemos. Mediante nuestra Conciencia profunda, podemos realmente sentir la infelicidad de la otra persona.

La mente externa le da sentido a algo, apoyándose en los sentidos, y por lo general permanece teñida de duda. La inteligencia percibe un objeto en función de un proceso racional, en el que no permanece ninguna duda. La conciencia siente el objeto como si fuera propio.

En nuestro estado de percepción ordinaria, la inteligencia (Buddhi) y la conciencia (Chitta) sólo funcionan a través de la mente externa y de los sentidos (Manas), en los cuales generalmente estamos absorbidos. La única función de tal inteligencia o intelecto se limita a discernir los nombres y las formas reconocidas por la mente externa. Esta conciencia sólo sirve para intensificar las sensaciones recibidas por medio de la mente externa.

La mente cósmica

Existen paralelismos colectivos y cósmicos de la mente. Su lado colectivo es la actividad sensorial de otras criaturas de la Tierra. Las influencias sensoriales de las criaturas crean una atmósfera psíquica en la que nos movemos. Las impresiones sensoriales dejan un residuo o una luminiscencia. La atmósfera de la Tierra está llena de impresiones sensoriales residuales de criaturas. Los medios de la comunicación llenan la atmósfera psíquica con impresiones insanas, en forma de ondas de radio que transforman la atmósfera en algo negativo y destructivo.

La parte cósmica de la mente es la actividad sensorial de las criaturas de todos los mundos. Está dominada por las visiones de grandes dioses y diosas que, por medio de la Mente Cósmica, crean los cielos de impresiones sutiles. La meditación y el ritual mediante el uso de la forma, el color y el sonido crean una atmósfera psíquica positiva que nos conecta con la Mente Cósmica.

Composición

La mente externa desarrolla principalmente Rajas, la energía activa de la conciencia (Chitta).[36] Se constituye a partir de los potenciales sensoriales de absorción del sonido, tacto, vista, gusto y olfato, junto con las emociones y las ideas asociadas a ellos. Así como la conciencia consta de Gunas, la mente se compone de impresiones (Tanmatras). El sitio principal de la mente es la cabeza o el cerebro, donde predominan los sentidos y particularmente, el paladar suave, punto central de todos los sentidos. Su aspecto emocional funciona a través del corazón, no el corazón espiritual, sino el corazón físico y vital.

Manas constituye la envoltura de la mente o el Manomaya Kosha. Esto crea el campo de nuestras impresiones: el cuerpo sutil o astral. El cuerpo sutil funciona durante el sueño y los estados después de la muerte. La mente es predominante en acción[37] y nos lleva a actuar en el mundo externo para afirmar nuestra identidad como ser corporal.

A través de ella tomamos una forma y tenemos una función ante las otras criaturas.

La mente exterior agrega un aspecto adicional de agua a los elementos básicos de aire y éter de la conciencia y, como el agua, tiene una naturaleza emocional. Como tal, tiene cualidades en común con Kapha, el humor biológico del agua. Las personas Kapha suelen tener naturalezas emocionales fuertes y cuerpos físicos robustos, y están bien anclados en el reino de los sentidos.[38] Del mismo modo, la mente externa es asociada con Ojas, la esencia vital del agua. Ojas es necesario para desarrollar y controlar la mente.

El tacto y el proceso de agarrar

Ya que gobierna los sentidos y los órganos motores, la mente corresponde principalmente al tacto como órgano sensorial y como agarre, las manos, como órgano motor. El tacto es la raíz de los cuatro órganos sensoriales inferiores (tacto, vista, gusto y olfato). Hace que las impresiones sensoriales sean íntimas y nos permite sentirlas personalmente, como el placer y el dolor.

La acción principal de la mente es agarrar (formar y hacer el movimiento de las manos). Agarramos y construimos nuestra idea del mundo. Mientras que la mente siga construyendo su mundo de entretenimiento, permanecemos atrapados en el ciclo de renacimiento, siempre en busca de felicidad externa. La clave para ir más allá del nacimiento y la muerte es detener la acción formativa de la mente.

La energía

La mente suele ser personal y es el vehículo del ego, a pesar que se conecta con nuestro origen genético a nivel de especie. Mediante los sentidos, se conecta con nuestra naturaleza vital, con nuestros Pranas que nos alinean con la naturaleza vital de otras criaturas. Siendo dominada por Rajas, es fácilmente influenciada por el Prana de nosotros o de los demás, que de manera semejante, también es el resultado de Rajas o de la energía activa.

La mente sensorial (Manas) se relaciona con el instinto, pero también rige un nivel más superficial de las respuestas instintivas de nuestra conciencia profunda (Chitta). La mente sensorial se vincula más con el subconsciente mientras que nuestra Conciencia profunda se conecta con el inconsciente. Nuestra conciencia profunda gobierna los instintos amorfos fundamentales como el sexo o el deseo de vivir. La mente rige los impulsos específicos de los órganos motores y sensoriales como el deseo de hablar o caminar.

Las funciones

La mente externa funciona para planificar, organizar y considerar, y tiene la capacidad de crear, hacer o imaginar. Las dos funciones principales de la mente externa que gobiernan las sensaciones, emociones y pensamientos son la intención y la imaginación[39].

La intención

La mente siempre tiene algún plan, intención o motivación. Siempre está construyendo algo, orientando nuestra participación hacia lo externo. Siempre estamos involucrados en alguna actividad planeada, principalmente centrada en el placer del "yo" o ego a través del cuerpo y de los sentidos. La función normal de la mente consiste en construir el mundo del ego, el reino del logro, del éxito y de la adquisición, para el yo separado. A menos que cuestionemos y controlemos la mente, ésta continuará creándonos mayor involucramiento y apego al mundo exterior, lo cual nos traerá dolor. La mente produce motivos ulteriores que echan a perder nuestras acciones y nos quitan la espontaneidad. Nos hace calculadores, interesados y egoístas en todo lo que hacemos. El resultado es que no podemos recibir la alegría verdadera en lo que hacemos, ya que ésta sólo puede venir de forma inesperada y no buscada. Para encontrar la verdad debemos ir más allá de los planes de la mente y los proyectos exteriores.

La mente gobierna también un nivel de intenciones más alto que incluye la voluntad de hacer lo correcto. Tener buenas intenciones y llevarlas a cabo manifiesta una actividad mental correcta. Estas buenas intenciones consisten en la ayuda a los demás, la entrega a Dios y el conocimiento de nosotros mismos. La creación de buenas intenciones y actitudes nos ayuda a desarrollar la mente de manera adecuada. Estas requieren que la mente y la inteligencia profunda actúen juntas. Cuando la mente se alinea con nuestra inteligencia profunda se convierte en la búsqueda de verdad y nos da la fuerza de renuncia que nos lleva más allá de los apegos del ego hacia la unidad con todo.

La imaginación

La imaginación es la proyección de una posibilidad lo cual crea el futuro. Es parte de la voluntad, la proyección de una intención. Tenemos que imaginar algo como una posibilidad, antes de poder hacerlo. Por ejemplo, si vamos a mover nuestras manos, primero tenemos que imaginarnos haciéndolo. La imaginación nos permite proyectar acciones futuras, como el hecho de planear un viaje antes de hacerlo. La percepción sensorial es recordada por la imaginación. Todo lo que hemos experimentado a través de los sentidos puede ser imaginado por la mente. Esta habilidad para volver a imaginar las cosas es la base para desarrollar un conocimiento del mundo.

En su orientación negativa, la imaginación crea un pensamiento ilusorio creador de quimeras. Nos imaginamos que algo es verdadero cuando no corresponde a nada real. Confundimos la capacidad de imaginar algo y realmente hacerlo. Esto crea muchos problemas psicológicos. Podemos imaginar muchas cosas sobre nosotros (que somos sabios, poseemos la razón o somos santos) que pueden o no, tener base real en nuestro comportamiento. Confundimos nuestras reacciones emocionales, nuestros gustos y disgustos personales, con lo que las cosas son en realidad.

La mente gobierna el estado de sueño, en el que nuestra imaginación juega libremente. La mente en el estado de sueño, se relaciona con el reino animal que vive en un estado de sueño o impresiones pero no con el desarrollo de la razón consciente.

Las Funciones Adicionales

Arte y visión

La mente externa rige la expresión y regula el trabajo artístico y creativo. Las funciones de los órganos motores requieren una mente sensorial bien desarrollada, de la misma manera que las artes plásticas requieren la habilidad de las manos. Otorga el refinamiento de las impresiones especialmente cuando se combina con la inteligencia y la conciencia. De ahí se deriva la visión creativa que nos permite crear objetos de formas puras y de gran belleza estética (impresiones Sáttvicas).

Para desarrollar una función creativa de la mente más alta, se debe controlar y redireccionar el disfrute de las sensaciones. Las funciones superiores de la mente revelan el mundo de los sentidos sutiles y de las habilidades psíquicas. Esto incluye la percepción extrasensorial (ESP), como ver u oír a distancia y actuar a distancia (uso sutil de los órganos motores). Todos los órganos motores y sensoriales tienen sus contrapartes sutiles que nos permiten experimentar el mundo sutil y las fuerzas ocultas que existen detrás del mundo físico.

El desarrollo apropiado

El desarrollo adecuado de la mente requiere el cultivo de la voluntad y del carácter. Esto depende del control de los sentidos que consiste en quedarse con la impresión correcta y en controlar las emociones. Esto significa separar nuestras reacciones emocionales de lo que realmente percibimos. El desarrollo de capacidades artísticas, la visión creativa, las facultades ocultas o las prácticas del Yoga que involucran los Chakras, son ayudas complementarias.

Por desgracia hoy, a través de la tecnología moderna y los medios de comunicación, tenemos todos los métodos de indulgencia sensorial, pero nadie nos enseña a controlar los sentidos. El control de estos, forma rara vez parte de nuestro sistema educativo. Por esta razón nuestros desequilibrios psicológicos aumentan.

Siempre estamos activos en la vida. Nuestra vida, desde los impulsos automáticos del cuerpo hasta las expresiones voluntarias de la mente, se compone de distintas acciones que se derivan de la voluntad. La verdadera fuerza de voluntad no se mide por la capacidad de conseguir lo que queremos sino por nuestra capacidad de trascender el deseo. El deseo no es el resultado de nuestra libre elección. Es una compulsión que nos llega del mundo exterior, una especie de hipnosis. Cuando nos entregamos a los objetos de los sentidos, estos van sellando nuestra mente y nos llevan a desearlos y a pensar que nuestra felicidad depende de ellos. El deseo es voluntad coloreada por la imaginación. Este busca lo externo y por ende no realmente lo nuestro.

La verdadera fuerza de voluntad consiste en hacer lo que decimos y manifestar nuestras aspiraciones profundas en nuestras acciones.[40] Sin verdadera fuerza de voluntad, no es posible alcanzar la paz, la creatividad o el conocimiento espiritual. El cultivo de la fuerza de voluntad nos da energía. Varias formas de auto-disciplina, así como cualquier control voluntario de los órganos sensoriales o motores, ayudan a desarrollar la voluntad. Podemos comenzar con disciplinar nuestras funciones físicas a través del ayuno o del ejercicio y hacer lo mismo con la mente. Podemos dar un ayuno a la mente de impresiones erróneas, podemos ejercitarla mediante la repetición de un mantra o bien, practicar la concentración.

El carácter es la habilidad para controlar la mente externa y no dejarse enredar en una acción por la inercia de las influencias externas. Los numerosos estímulos que vienen de los sentidos nos involucran siempre en la acción. Si actuamos a partir de los sentidos, nos perdemos y caemos bajo el control del mundo externo. Perdemos la consistencia de nuestro carácter y nos limitamos a reflejar las sensaciones del momento. El desarrollo de la personalidad requiere integridad, capacidad de ser fiel a nuestra conciencia y no seguir los impulsos sensoriales. Este desarrollo depende del control que tenemos sobre la mente, lo que significa desprenderse y desapegarse del placer y del dolor así como de los deseos sensoriales de la comida o el sexo.

La mente es como un lente, cuya abertura puede ser ancha o estrecha. Cuando está abierta, nota muchas cosas de manera general pero poco de manera específica. Cuando se estrecha, nota algunas cosas en detalle, pero se pierde el conjunto. La mente puede orientarse hacia el interior pero requiere que quitemos nuestra atención del campo de los sentidos. Podemos entrenar la mente para que pueda abrir o cerrar a voluntad, permitiéndonos focalizar en cualquier objeto sensorial particular o cerrarnos a todos ellos. Esto requiere el control de la atención. Si no entrenamos nuestra atención, la mente va a seguir los impulsos sensoriales en función de su condicionamiento. Estamos entonces dominados por las influencias externas y vamos perdiendo nuestro verdadero ser, cayendo bajo el control de otras personas.

Desafortunadamente, no estamos entrenados para controlar nuestra mente sino para otorgar nuestra atención a diversas formas de estimulación y entretenimiento. Esta falta de control sobre la mente y los sentidos induce nuestra energía a orientarse hacia lo externo. Ahí se disipa y se fragmenta causando enfermedad física y psicológica. Por lo tanto, el cuidado y el uso apropiado de la mente son esenciales para nuestro bienestar.

9. El ego y el Ser: La búsqueda de la identidad

¿Quiénes Somos?

¿Quiénes somos? ¿Cuál es el Ser que mora detrás de la mente? Las impresiones sensoriales se basan en nuestros instrumentos sensoriales: los ojos, oídos y otros órganos sensoriales. Del mismo modo, las emociones y pensamientos dependen de nuestro instrumento mental: la mente. El pensamiento en sí es un instrumento de conocimiento. Estos instrumentos requieren ser operados por un sujeto, de la misma manera que un microscopio o telescopio dependen de quién los usa. Nuestra subjetividad actúa mediante el campo del pensamiento. Detrás de las tres capas de la conciencia, la inteligencia y la mente, existe un sentido del Ser que determina sus acciones. Todo pensamiento se basa en la idea del ser.

Todos nuestros pensamientos se refieren a nuestra propia identidad. Todo lo que hacemos depende de lo que consideramos ser. La clave para entender la mente y comprender cómo funciona es conocernos a nosotros mismos. Sin embargo, lo que somos es mucho más profundo que lo que pensamos o lo que la sociedad dice que somos. De igual manera que la mayoría del potencial de nuestra conciencia es desconocido para nosotros, también la mayor parte del potencial de nuestra identidad como Ser, que de hecho, abarca todo el universo, permanece desconocido para nosotros. El desconocimiento de nuestro verdadero Ser es la base de todos los problemas de la vida, ya sean psicológicos o espirituales. Examinar la mente y su funcionamiento nos lleva a un cuestionamiento más profundo del Ser y de quienes somos.

El ego: el yo individual

¿Qué problema humano no pudiera ser resuelto fácilmente si el ego no se involucrara? El ego es la raíz de todos nuestros problemas sociales y personales. Sin embargo, ¿qué es el ego y cómo podemos lidiar con él? ¿Se puede cambiar o trascender el egoísmo o es este una parte inevitable de nuestra naturaleza humana? Ayurveda nos dice que por más profundo que sea el ego, no es nuestra verdadera naturaleza. Podemos ir más allá del ego, de todo su dolor y sus conflictos.

El ego se llama Ahamkara en sánscrito, que significa el "yo-proceso". El ego es un proceso de auto-identificación en el cual asociamos nuestro Ser interior con algún objeto o cualidad exterior. A través del ego, determinamos "yo soy esto" o "esto es mío". El ego crea la imagen de uno mismo o la idea de "yo-soy-el-cuerpo", resultando en el sentido de un "yo separado e individual". A través del ego, llegamos a aislarnos y nos sentimos diferentes del resto del mundo y de las criaturas que nos rodean. El ego es una función de la conciencia que nos permite identificarnos con un objeto, mediante el cual nos sentimos uno con un particular cuerpo. Sólo podemos sentir profundamente y registrar en nuestra conciencia lo que hemos identificado como nosotros mismos o como nuestro, incluyendo la familia y los amigos.

El ego es muy diferente de nuestro verdadero Ser (Atman), el cual es el "Yo soy" puro o "Soy lo que soy", donde el "yo" carece de objetividad. Nuestro verdadero Ser está por encima de toda forma y condición mental o física, y es siempre desapegado, libre y consciente. El ego surge del "yo pienso" que está detrás de todos los demás pensamientos.[41] Cualesquiera que sean los pensamientos que tengamos, para que puedan existir debemos primero tener el pensamiento del "yo" propio. El ego introduce el principio de división, a través del cual la conciencia se fragmenta y el conflicto se hace posible. Mantiene el aspecto subjetivo de nuestro ser (yo) atrapado en alguna forma, cualidad objetiva, sensación corporal o estado mental en los que hay cambio y dolor.

El ego es la función primaria de la conciencia orientada hacia lo externo. Produce el desarrollo de la conciencia externa mediante la mente y el cuerpo, que son ambos fragmentaciones del campo de la conciencia. El ego afecta todas las funciones de la mente. Todo lo que hacemos se basa en el yo y sus motivaciones. El ego impregna todos los niveles de conciencia y todos los cuerpos del alma que requieren un sentido propio del ser para su funcionamiento. Normalmente sólo conocemos el ego físico o despierto, pero los niveles más sutiles de nuestra naturaleza tienen sus respectivos egos que les permiten llevar a cabo sus diversas actividades.

El concepto del ego resulta de la naturaleza atómica de la mente. Debido a que sólo podemos focalizar un punto a la vez, desarrollamos una idea de nosotros mismos como si fuéramos un centro aislado en el tiempo y el espacio. Por su naturaleza enfocada en un punto, el ego crea un enfoque limitado o prejuiciado, un punto central ciego que distorsiona el resto de nuestra visión. Debido a este sentido propio, todos los seres humanos tienen un sentido inherente de orgullo. Nos gusta pensar que nosotros o las cosas con las cuales nos identificamos (nuestra religión, país, raza, clase o familia) son las mejores o las únicas válidas. Este orgullo nos lleva a despreciar a los demás y crea conflicto.

El ego y las funciones de la mente

El ego surge de una carencia de inteligencia (Buddhi). Es un juicio equivocado o un error de nuestro proceso de percepción. La función más importante de la inteligencia es averiguar y llegar a conocer la naturaleza del Ser. La autodeterminación es la mayor de todas las determinaciones. Primero debemos saber quiénes somos antes de conocer el mundo o lo que debemos hacer. El ego se manifiesta porque no somos capaces de discernir nuestro verdadero Ser de la

Conciencia pura y lo confundimos con el cuerpo, que no es más que un objeto.

Sin embargo, una vez que la inteligencia comete el error del ego, el ego distorsiona la inteligencia y luego ésta solo interviene para racionalizarlo. Usamos nuestra inteligencia para perseguir los objetivos acumulativos del ego de logro y de éxito en el mundo externo y perdemos la pista de nuestro objetivo interno: conocer nuestra verdadera naturaleza. El ego de la inteligencia es el más difícil de superar ya que es un concepto primordial erróneo. Algunos pensadores se refieren a Buddhi o inteligencia como el mismo Ser.[42] Esto es un concepto erróneo ya que el Ser trasciende todos los movimientos del pensamiento. Sin embargo, como la inteligencia es cercana del Ser nos puede conducir gradualmente a él.

Nuestra Conciencia profunda (Chitta) precede el ego manifestado. No obstante ella misma contiene un ego rudimentario latente. Como la conciencia forma parte de la materia (Prakriti), tiende por inercia a tomar una forma que se desarrolla a través del ego. El ego utiliza nuestra conciencia profunda para aferrarse a la vida y mantener su experiencia. El ego rudimentario, oculto en nuestra conciencia profunda, evoluciona gradualmente hacia todas las diversificaciones del complejo cuerpo-mente.

La mente externa (Manas) proviene del ego, de los sentidos y del cuerpo, mediante los cuales experimentamos nuestra existencia separada. La mente sensorial y su propensión hacia lo externo están naturalmente bajo el dominio del ego y difícilmente pueden estar bajo el control de la verdadera inteligencia. El ego opera a través de la mente para adquirir sensaciones que le permitan expandirse y sentirse bien consigo mismo. La última cristalización del ego es el cuerpo físico en donde nos sentimos completamente separados de las demás criaturas.

De cualquier función que se produce en la conciencia, el ego forma parte automáticamente de sus límites. Cada emoción proyecta un tipo de ego. Por ejemplo, el ego de la ira es muy diferente del ego del amor. Tenemos problemas de comportamiento cuando el ego de nuestras emociones nos induce a ciertas acciones de las cuales nos arrepentimos después.

Como el ego es inherentemente limitado y aislado sólo trae consigo infelicidad. Nos lleva a identificarnos con algunas cosas y no con otras. Cuando perdemos los objetos con los cuales nos hemos identificado sentimos dolor. Cuando nos ponemos en contacto con algo con lo cual no nos hemos identificado previamente, lo consideramos como algo ajeno a nosotros y también nos ocasiona dolor.

El ego y la percepción

Durante el proceso de percepción el ego surge automáticamente. De la misma manera que la idea del yo subyace en todos los pensamientos, la sensación del yo subyace en todas las impresiones. La mente sensorial (Manas), establece una serie de impresiones sensoriales cuyo objetivo principal e instrumento es el cuerpo. El ego, inherente en la conciencia del cuerpo, colorea todas esas impresiones sensoriales. Se apropia de impresiones tales como "me gusta esto" o "no me gusta esto", "me encanta esto", o "detesto aquello". Del mismo modo, el ego se apropia de la inteligencia y la utiliza para justificar sus propias reacciones. Su lógica es "debo tener razón" o "debo ser bueno". El ego no deja que la inteligencia perciba la verdad e impone su propia opinión como verdad.

El ego no puede apropiarse de nuestra conciencia profunda (Chitta), pero puede reducirla y distorsionarla. Sólo podemos ser conscientes de la parte de nuestra conciencia que el ego puede aceptar. El ego es la reacción más básica de nuestro subconsciente y mantiene la mayor parte de la conciencia reprimida. Para trascender el ego debemos aprender a observar nuestro proceso de percepción. Para ello, es necesario que nuestra conciencia profunda esté en estado de paz y que nuestra inteligencia funcione objetivamente. El ego, como una forma de ignorancia (Tamas) y distracción (Rajas), se reduce cuando ya no encuentra, o no le ofrecemos, un entorno en el que pueda florecer.

Aspecto cósmico del ego

Cada criatura individual debe poseer algún tipo de ego. El ego existe incluso en los insectos y las piedras. El ego permite que los elementos burdos y el mundo inanimado nazcan. La creación inanimada es puro ego, un estado tan contraído que no permite ninguna acción de la fuerza vital o sensorial, lo cual requiere de una conciencia del mundo externo.

El ego existe como principio cósmico. Desde el ego se pueden diversificar los ideales de base y los arquetipos de la creación (que son inherentes a la Inteligencia Cósmica). El ego es responsable de la creación de los diferentes objetos, criaturas y mundos. A partir de él, surgen los elementos burdos y sutiles. Al ampliar nuestro sentido del ser podemos percibir los estados cósmicos superiores del ego en los niveles más profundos de la conciencia. Podemos pasar de la identificación con el cuerpo a identificarnos con nuestra familia, país, mundo y universo hasta finalmente ser uno con todos los seres.

Composición

El ego es la semilla de Tamas (oscuridad) o lado Tamásico de la conciencia (Chitta). Corresponde al elemento tierra o a la materia densa de la conciencia. El ego se desarrolla a partir de la ignorancia de no reconocer nuestra verdadera naturaleza como Conciencia pura. Es la fuente de la atracción, la repulsión, el apego y las aflicciones emocionales que traen dolor y tristeza. Nos somete a la ley de la dualidad condenándonos a los altibajos de nuestra experiencia emocional.

Como fuerza de la ignorancia, el ego se asocia con el reino mineral en el cual no se ha desarrollado ningún tipo de sensibilidad. El ego tiene la inercia de la roca: la materia le garantiza una existencia apartada de lo espiritual. Aislado y fragmentado, es la fuente de la decadencia, la enfermedad y la muerte. En la vida, la trascendencia del ego es el primer movimiento evolutivo que nos permite formar asociaciones y conocer el gran universo en el que vivimos.

La energía

El ego se refiere a la materia pesada que se acumula en nuestra conciencia creando una energía de inercia (Tamas). Se relaciona con Apana Vayu o el Prana cuyo movimiento es descendente y que trae consigo enfermedad y decadencia. El ego, si no aprendemos a controlarlo, nos conduce inevitablemente a la fragmentación del ser y finalmente, a la autodestrucción. Su energía es negativa o entrópica y conduce eventualmente a la pérdida de energía.

Función

El ego hace que nos identifiquemos y nos sintamos uno con las cosas. Por medio de él, construimos una identidad propia basada en los objetos y las condiciones que hemos aceptado como nuestras. Funciona de dos maneras: el sentido del "yo" y el apego del ego[43].

El sentido del yo es la sensación de poseer un cuerpo y de identificarse con él como yo. Este sentido del yo expropia la mente, identificándose con sus diversos pensamientos, emociones y sensaciones, tales como "yo soy sabio" o "yo soy feliz". El apego del ego es el sentido de poseer objetos externos y acumularlos en torno a nuestra existencia corporal. El ego apegado nos hace creer que objetos particulares, como nuestra casa, dinero o trabajo, nos pertenecen. El apego del ego depende y es resultado del sentido del yo. A través del apego, el ego establece su territorio, crece y se expande en el mundo externo. Mientras tengamos un sentido de propiedad o posesión de cualquier cosa, estamos atrapados con las cadenas del ego.

El ego, como la mente sensorial, tiene una energía extrovertida, pero mientras la mente busca el goce en el reino de los sentidos, el ego busca encarnarse en una forma material. La identificación del yo con el cuerpo pone en marcha el ciclo de renacimiento.

En su lado positivo, el ego como sentido del yo proporciona una mente enfocada. Ayuda a la conciencia a diferenciar quienes somos mediante la naturaleza externa. Nos lleva a desarrollar una existencia personal y social fuera del ámbito instintivo y animal. Pero el ego no es el objetivo final de la evolución de la Naturaleza, ni representa lo que realmente somos. El ego es el punto de transición entre la evolución material y la evolución espiritual. Es una fase intermedia entre una mentalidad dirigida hacia el externo, bajo el control de la Naturaleza, y una mente dirigida hacia lo interno, en armonía con el Espíritu.

El alma: nuestra divina individualidad

El ego es nuestro sentido de identidad transitoria, nos hace sentir que somos la criatura detrás de un cuerpo o una vida particular. El alma, por el contrario, es el sentido que somos seres conscientes inmortales, una porción individualizada de la Divinidad. Esta alma se llama Jiva en sánscrito y es el principio vital ya que es la fuente de toda nuestra vitalidad y energía física y mental. Se conoce también como Jivatman, el individuo o Ser (Atman) vivo (Jiva). Es la porción del Ser Divino que mora en nosotros y nos brida la sensación de "Yo soy" o del Ser profundo. El alma, nuestra verdadera individualidad, es el sentido más alto del yo el cual trasciende nuestra existencia individual.

El alma es la entidad que está detrás del cuerpo causal, y está integrada por nuestros karmas, los cuales persisten a lo largo de todo el ciclo de renacimiento. Como alma, nos reconocemos como seres conscientes inmortales, en busca de la auto-realización y de la liberación desde diferentes cuerpos. El alma nos lleva hacia la unidad mientras que el ego nos induce a la división y la multiplicidad.

Generalmente, no somos conscientes ni del alma, ni de la entidad reencarnada en nosotros. No obstante, ésta crea y sustenta todo lo que hacemos. En la Naturaleza, el alma existe en todas partes, dando vida y manteniendo la forma de todas las cosas. El alma está latente en el reino elemental. Duerme en las plantas, sueña en los animales, se despierta en los seres humanos y se vuelve plenamente consciente de sí mismo en la auto-realización de la sabiduría.

La mayoría de nosotros sólo experimentamos el alma (sentimiento profundo) con otros seres humanos en el sentimiento de amor. También, lo hacemos en cierta medida con los animales, especialmente los animales domésticos. Es también posible comunicarse con el alma de las plantas y el alma de los elementos. Podemos sentir nuestra alma en toda la existencia.

La contraparte cósmica del alma es Dios (Ishvara), el creador del universo, que es el Señor de todas las almas y el dispensador de los frutos de todos los karmas. A medida que nuestro sentido del yo se universaliza, podemos experimentar la realidad de Dios en nuestras mentes, en comunión con el Creador. Nos sentimos servidores o trabajadores de Dios, siguiendo su voluntad y contemplando el despliegue completo de la conciencia en el universo.

La energía

El alma controla toda nuestra energía positiva, creatividad y vitalidad. Sustenta el Prana original detrás de nuestra conciencia profunda (Chitta). Todo lo que se dijo anteriormente en relación a esto aplica aquí también.

Composición

El alma (Jiva) es la entidad inherente a nuestra conciencia profunda (Chitta) y es aquella que despierta la función Sáttvica. Por esta razón, el alma no es siempre diferenciada de Chitta en su forma pura o de la inteligencia perceptiva y alerta (Buddhi). Más bien ambas funcionan a través de Sattva. La purificación de Chitta y el despertar de la inteligencia surgen por medio del conocimiento del alma y toman las riendas de nuestra existencia.

El alma (Jiva) se hace consciente a través del Sattva puro desarrollado a lo largo de varias vidas distintas. Es a través de ella que se origina el Prana causal (fuerza vital) el cual nos da vida y nos anima. El alma es fuente de vida (Prana), amor (Chitta) y luz (Buddhi), sus tres potencias principales. Gracias a ella queremos vivir para siempre, ser completamente felices y conocer la verdad absoluta.

Las funciones

El alma actúa a través del poder de identificación, pero a diferencia del ego, el alma amplía su campo de identificación e incluye todo lo que percibe con conciencia. Tiene dos funciones principales: el conocimiento del Ser interno y la entrega a Dios.

El conocimiento del alma es el conocimiento del Ser, el conocimiento de nuestra verdadera naturaleza como Conciencia Pura. Nos permite encontrar la unidad con todo lo que percibimos y nos revela todos los secretos del universo. Su acción principal es la entrega a Dios (Ishvara-Pranidhana) y la sumisión a la voluntad Divina. Las funciones superiores de la conciencia y de la inteligencia, como el Samadhi y la intuición, actúan a través del conocimiento del alma. A través del Ser individual, la conciencia y la inteligencia se activan, dando acceso al conocimiento de la verdad, la inmortalidad y el infinito.[44]

Para emprender un camino espiritual debemos ser conscientes de nosotros mismos y conocer nuestra alma. Requiere llegar a una percepción real del alma que se oculta en nuestra conciencia profunda (Chitta). El alma se manifiesta cuando dejamos de lado nuestro sentido de identidad corporal y nos reconocemos como una porción individualizada de la Divinidad. Cuando el alma se manifiesta, dejamos de lado las metas transitorias del ego y enfocamos nuestra vida hacia nuestra meta eterna de la realización de Dios. El alma es la forma más sutil del ego o de la individualidad y nos permite ir más allá del ego.

El alma y la sanación

Llegar al nivel del alma es la clave de todas las formas de curación. El alma es el gran sanador, ya que siendo uno con Dios y con la Naturaleza tenemos todos sus poderes y gracias. No es tanto que necesitemos curar nuestras almas sino que tenemos que volvernos consciente de nuestras almas. Tomar conciencia de nuestra alma es la sanación más profunda que existe, no sólo para el alma sino también para la mente. La conciencia del alma libera todos los poderes curativos que tenemos dentro de nosotros.

Sin embargo, de acuerdo con diferentes pensadores, la palabra alma puede tener muchos sentidos. Algunos llaman alma a nuestra naturaleza emocional. Otros, la ven como si estuviera conectada a algún reino celestial o angelical que se convierte en nuestro objetivo final. Desde la perspectiva Védica, el alma (Jiva) es la primera porción individualizada de la conciencia. El alma no es una creencia emocional sino un estado de conciencia mayor que trasciende toda forma e idea preconcebida. No pertenece a ninguna religión particular y no necesita salvación. Más bien, el alma misma conduce a la redención y a la transformación ya que trasciende las limitaciones del ego, de la mente y del cuerpo.

El ser supremo: nuestra naturaleza divina

La mente no es la fuente de la conciencia o del despertar de la percepción autentica. Cualquier conciencia condicionada (conciencia dependiente del pensamiento, de las emociones o de las sensaciones) no es la verdadera conciencia. Como una luz reflejada en un espejo, no es la verdadera fuente de luz. La verdadera conciencia está más allá de todos los objetos y cualidades y no depende de ningún instrumento físico, sensorial o mental. Esta Conciencia pura es nuestro verdadero Ser. En nuestro Ser incondicionado somos uno con todos los seres. Este es el Ser Supremo (Paramatman) del Vedanta, la filosofía Védica suprema que sustenta Ayurveda.[45]

El Ser Supremo existe más allá de Dios y del alma individual. Trasciende todos los seres, todos los mundos y los tres Gunas. Si bien la conciencia condicionada (Chitta) se compone de pensamientos, el yo verdadero o Ser profundo está libre de todo pensamiento (Chit). El Ser es la luz verdadera que ilumina las modificaciones de la mente sin ser nunca afectado por ellas. Es la unidad que está detrás del alma y de Dios e incluye todo el mundo de la Naturaleza en el Absoluto sin forma. Es la paz inmutable que se encuentra en el núcleo de la mente, mediante la cual podemos transcender todos los problemas psicológicos.

Al dejar de lado el ego y despertar nuestra alma (Jiva), vamos estableciendo poco a poco un contacto con nuestro Ser superior. Cualquier contacto con nuestro verdadero Ser nos eleva más allá de todo problema humano. Puesto que el propósito de este libro es psicológico, no vamos a examinar este Ser en profundidad. Esto se lleva a cabo en las enseñanzas de Vedanta.[46] Generalmente, para calmar los trastornos psicológicos basta con restablecer un uso adecuado de la mente condicionada. Sin embargo, para trascender cualquier tipo de tristeza, debemos conocer nuestro verdadero Ser. Todo contacto con nuestra verdadera naturaleza, por mínimo que sea, beneficia toda sanación real de la mente.

Todos los métodos descritos en este libro para la recuperación psicológica ayudan también en el objetivo más alto de la realización del Ser. Es necesario remover los condicionamientos negativos de la mente para lograr la armonía psicológica pero también para la realización del Ser. La diferencia es que para percibir nuestro verdadero Ser requerimos llegar a un nivel mucho más profundo de desacondicionamiento que el necesario para resolver problemas psicológicos, como el miedo, la ira o la depresión. La preocupación del Yogui es el desarrollo de la conciencia a fin de crear un recipiente apropiado para la percepción del Ser, siempre presente, pero oscurecido por nuestros pensamientos cambiantes. La preocupación del médico Ayurveda es desarrollar la conciencia para hacer frente a nuestros problemas humanos ordinarios. La purificación de la conciencia[47] es común a ambos. Es el aspecto más importante, tanto para la salud mental como para el crecimiento espiritual.

El Ser y las funciones de la mente

Las tres capas principales de la mente: la conciencia, la inteligencia y la mente sensorial, funcionan entre el ego o falso yo y el Ser verdadero. Sus acciones varían en función de su orientación. Dirigida hacia el Ser, sus funciones superiores emergen. Dirigida hacia el "yo" y el mundo externo, sus mayores potenciales se mantienen latentes y entran en conflicto entre sí.

La conciencia (Chitta) está más cerca del Ser, mientras que la mente sensorial (Manas) está más cerca del ego. La inteligencia (Buddhi), ubicada entre ellos, representa un factor clave en la orientación de nuestra conciencia. Debido a su capacidad de percepción decisiva, la inteligencia tiene un poder de transformación espiritual mayor que cualquier mente sensorial o conciencia profunda. Puede limpiar la conciencia de su condicionamiento y controlar la mente sensorial. Puede cuestionar el ego y discernir entre el yo inferior y el Ser superior.

La verdadera inteligencia discierne nuestra identidad más alta, la cual conduce a nuestra verdadera naturaleza. Esta es la identidad de la conciencia, no una imagen de sí misma o del ego que depende de un objeto o cualidad para existir. El alma funciona a través del aspecto más elevado de la inteligencia, que es el desarrollo del campo mental de acuerdo a la luz de la verdad. El verdadero Ser despierta cuando llevamos nuestra percepción alerta al campo de la conciencia como un todo, gracias al movimiento hacia arriba y hacia dentro de la inteligencia. De lo contrario, está dominado por el movimiento descendente externo de la mente sensorial y queda atrapado en las fuerzas del mundo externo, lo que engendra ignorancia y tristeza.

Las capas de la conciencia y la enfermedad psicológica

Manas es la capa externa de la conciencia mediante la cual estamos involucrados con los acontecimientos del momento. Buddhi es la capa intermedia de la conciencia y nos permite observar tanto lo que está sucediendo inmediatamente como lo que ocurre a largo plazo. Chitta es la capa más profunda de la conciencia que sostiene patrones a largo plazo.

Cuando aprendemos algo nuevo, como atarnos los zapatos, al principio es un proceso de Manas, a través del cual realizamos la acción trabajando con los sentidos. Buddhi está involucrado como director de la acción y permite desarrollar nuestras habilidades. Una vez lo que hemos aprendido se convierte en segunda naturaleza se vuelve una función de Chitta. Mediante el poder de Chitta podemos atar nuestros zapatos de forma automática, sin deliberación. En una persona común, podemos dividir las capas de la conciencia de la siguiente manera:

Chitta: inconsciente, pero también potencial más alto de la conciencia

Manas: subconsciente

Buddhi: consciente

Ahamkara: conciencia de sí mismo

Chitta es el campo potencial general de la conciencia condicionada (el campo del pensamiento). Manas contiene todas las reacciones sensoriales que son, en gran parte, subliminales. En este sentido, Manas y Chitta son muy cercanas y lo que tomamos por medio de los sentidos, influye automáticamente el inconsciente. Sólo Buddhi es la parte despierta, la percepción alerta de la conciencia. Puede dividir Chitta de Manas para que nuestras respuestas sensoriales no nos condicionen en un nivel más profundo. Ahamkara es la conciencia del yo o ego que nos hace vulnerables a las influencias externas. El Atman manifiesta y trasciende todas estas funciones y es contactado por la función superior de Buddhi.

En el proceso de la enfermedad, los Doshas o los factores causantes de la enfermedad, son el mal funcionamiento de la mente y de la inteligencia producida a través del ego. El ego introduce en el campo mental a Rajas y Tamas, los Doshas mentales, en forma de pensamientos negativos, emociones e impresiones. Nos induce a usar nuestros sentidos, emociones e intelecto para el disfrute egoísta en lugar de enfocarlos al desarrollo de una conciencia superior. El mal funcionamiento de la inteligencia (Buddhi) es el principal factor causante de la enfermedad ya que regula la manera en la cual utilizamos la mente y los sentidos.

Chitta es el aspecto de la mente que queda dañado por estos factores causantes de enfermedades. Al igual que los tejidos del cuerpo se dañan por el mal uso de los órganos sensoriales y la mala digestión, la conciencia es la sustancia de la mente que se daña por una actividad mental equivocada. Para tratar la mente tenemos que eliminar estas toxinas mentales y reparar la sustancia mental (conciencia).[48]

Las funciones de la mente

Aunque cada función mental tiene sus propias cualidades naturales (Gunas), estas pueden verse alteradas por otros Gunas. La clave para la salud mental y el desarrollo espiritual es comprender los Gunas de la mente e ir cambiando de Tamas a Sattva. Todo desarrollo espiritual y toda sanación psicológica consisten en pasar de una condición Tamásica a una vida Sáttvica.[49]

En nuestra actividad diaria, todos pasamos por diferentes fases Gúnicas. Cuando estamos dormidos o mentalmente apagados, estamos en modo Tamásico. Cuando estamos despiertos y perceptivos estamos en modo Sáttvico. Cuando estamos activos o distraídos, nos encontramos en modo Rajásico. Generalmente lamentamos lo que hacemos en modo Tamásico o Rajásico cuando estamos en un estado Sáttvico (pacífico): estas cosas ignorantes, insensibles o necias (Tamas) o aquellas agresivas, agitadas o impulsivas (Rajas). Sin embargo, no debemos desanimarnos. Incluso una persona iluminada puede tener momentos Tamásicos cuando hace algo que podría lamentar más tarde. Nuestro karma no solo es determinado por nuestros momentos Tamásicos sino por los tres Gunas y su interacción en nuestro campo mental.

Observe el juego de los tres Gunas en su condición mental. Por ejemplo, algunas personas serán más Sáttvicas en la mañana y se volverán apagadas y Tamásicos por la noche. Otros estarán apagados y Tamásicos en la mañana, pero Sáttvicos durante la noche. Algunas personas son más activas o Rajásicas en la mañana, otras por la noche. Generalmente Sattva debe prevalecer en la mañana y en la noche, Rajas debe desarrollarse al mediodía y Tamas durante el sueño.

Observe cómo lo afectan el medio ambiente y sus relaciones. Alrededor de personas y situaciones Sáttvicas (espirituales) se sentirá Sáttvico. Alrededor de personas y situaciones Tamásicas (apagadas), se sentirá aburrido y deprimido. La cercanía de personas y situaciones Rajásicas (agitadas) lo harán sentirse alterado. Observe como su vida se desarrolla. ¿Se está volviendo cada vez más Sáttvico (espiritual), rajásico (ocupado) o tamásico (apagado)?

LAS FUNCIONES DE LA MENTE

	SATTVA	RAJAS	TAMAS
Conciencia (Chitta)	Paz interior, amor desinteresado, fe, alegría, devoción, compasión, receptividad, buena intuición, claridad, comprensión profunda, desapego, valentía, silencio interior, memoria clara, sueño tranquilo, relaciones apropiadas	Trastornos emocionales, imaginación hiperactiva, pensamientos incontrolados, preocupación, descontento, deseo, irritabilidad, ira, memoria distorsionada, trastornos del sueño, relaciones turbulentas	Bloqueos y apegos emocionales profundamente arraigados, ligados en los patrones y recuerdos del pasado, adicciones, preocupaciones, fobias, miedo, ansiedad, depresión, odio, sueño excesivo y malas relaciones
Inteligencia (Buddhi)	Discriminación entre lo eterno y lo transitorio, percepción clara, ética fuerte, la tolerancia, no violencia, veracidad, honestidad, claridad, limpieza	Mente crítica, prejuiciado, obstinado, egoísta, mente estrecha, percepción distorsionada, cree en la realidad del mundo exterior o en nombres y formas particulares como verdad	Falta de inteligencia, falta de percepción, prejuicios profundos, falta de conciencia o ética, deshonestidad, delirio, cree en la realidad de sus propias opiniones
Mente (Manas)	Buen autocontrol, control de los sentidos, control del deseo sexual, capacidad de soportar el dolor, capacidad de soportar los elementos (calor y frío), desprendimiento del cuerpo, hace lo que dice	Carácter sensorial fuerte, naturaleza sexual fuerte, muchos deseos, agresivo, asertivo, competitivo, voluntarioso, demasiada imaginación activa, sueños perturbados, calculador	Perezoso, carente de autocontrol, fácilmente influenciable por los demás, pensamientos sin rumbo, sueñan despiertos, incapaz de soportar el dolor, atrapado en las sensaciones violentas, muchos hábitos y adicciones, uso de drogas, disipación
Ego (Ahamkara)	Idea espiritual del Ser, auto-abnegación, entrega, dedicación, conocimiento de sí mismo, preocupación por los demás, respeto de todas las criaturas, compasión	Ambicioso, asertivo, orientado al logro, voluntarioso, arrogante, vanidoso, auto-promoción, manipulación, identificaciones fuertes (con la familia, país, religión)	Idea negativa del Ser, miedo, dependiente, deshonesto, servil, se identifica principalmente con su propio cuerpo

CÓMO DESARROLLAR CORRECTAMENTE LAS FUNCIONES DE LA MENTE

Chitta	Pranayama, mantra, meditación sobre el espacio infinito o el vacío, técnicas de concentración y atención, Samadhi, combinación de devoción (Bhakti Yoga) y conocimiento (Jnana Yoga), creencias correctas, receptividad, claridad, fe, amor, paz, alegría, comunión, asociaciones beneficiosas, satsang (comunión espiritual).
Buddhi	Concentración, meditación, auto-conocimiento, mantras, meditación, contemplación de las verdades universales, Yoga del conocimiento (Jnana Yoga), auto-observación, desarrollo de la conciencia y ética, razonamiento correcto, auto-disciplina, desarrollo de Tejas (fuego interior).
Manas	Devoción (en particular mediante una forma o imagen particular), auto-disciplina (como el ayuno), control de la energía sexual, mantras, meditación en la luz y el sonido interior, visualización, trabajo, servicio, Yoga de la devoción (Bhakti Yoga), terapias de mejoramiento de Ojas, ingesta de impresiones correctas, dieta adecuada, práctica de paciencia, desarrollo del carácter, fuerza de voluntad y control de los sentidos.
Ahamkara	Aspiración espiritual, devoción a Dios, servicio desinteresado, auto-disciplina, auto-conocimiento, auto-observación, asociación auspiciosa.

Ejercicios de conciencia

A continuación presentaremos algunos ejercicios simples de conciencia para ayudarle a entender los distintos niveles de la mente y la forma en que actúan. De esta manera, entenderá como estos niveles están haciendo su vida más creativa y consciente o más constreñida y adormecida.

El inventario de su conciencia

Examine el peso de sus experiencias vitales: las sustancias y energías que interactúan en usted mediante sus acciones y expresiones habituales. Mire la calidad de sus alimentos, impresiones, asociaciones y emociones más frecuentes, y los pensamientos y las creencias que lo motivan. Vea lo que más quiere, lo que está en lo profundo de su corazón, aquellas cosas que reciben más atención.

Por un lado, coloque todas sus actividades vitales negativas: emociones negativas (ira, lujuria, miedo, ambición, violencia), búsqueda de placer, deseo y egoísmo. En el otro lado, coloque todas sus actividades vitales positivas: meditación, oración, estudio espiritual, buenas obras, servicios sociales, y así sucesivamente. Observe el equilibrio. Su conciencia es el depósito de todas estas experiencias. Su naturaleza depende del predominio de su actividad mental, particularmente a nivel del corazón.

Otra forma de hacerlo es examinar sus reacciones espontáneas y automáticas, observando y determinando su programación. Observe sus reacciones inmediatas a las situaciones, en particular aquellas amenazantes o que lo toman con la guardia baja. Observe también su conciencia durante los estados habituales de sueño, alimentación, entretenimiento, y otras actividades mecánicas en las cuales no está involucrado en ninguna actividad mental específica. Esta inercia subyacente de la mente es su conciencia (Chitta).

Examen de su inteligencia

Vea donde su cualidad de discernimiento está más desarrollada, si es en la comida, el cine, el sexo, los deportes, la información científica, política, arte, filosofía o el conocimiento espiritual. Examine donde su inteligencia tiene mayor refinamiento, claridad y profundidad. Observe si ha cultivado un sentido externo del discernimiento desarrollando opiniones sobre personas o situaciones o un sentido interno capaz de discernir la verdad o realidad interior de las cosas.

Determine donde su sentido de discernimiento va naturalmente, lo que más comúnmente calcula. Note en que ejercita mayormente su sentido de elección, de valor y de juicio. A través de este proceso, puede entender la naturaleza de su inteligencia y entender su posible desarrollo.

Examen de la mente externa y de los sentidos

Observe cómo utiliza sus sentidos, cual suele utilizar más y de qué manera. Vea en qué medida las influencias sensoriales lo dominan. ¿Cómo se relaciona con las sensaciones auditivas, táctiles, visuales y otras sensaciones? ¿Hasta qué punto puede controlar la atención de su mente sin ser distraído por las influencias sensoriales? ¿Qué sensaciones lo atraen más y vinculan a su mente? ¿Qué impresiones mentales o emocionales y que influencias lo afectan más sensorialmente (miedo, ira, deseo, amor u odio)? Vea qué impresiones mentales e informaciones lo afectan más. Observe cómo sus sentidos lo controlan y dominan su atención.

Haga lo mismo referente a los órganos motores. Vea que control tiene sobre sus órganos vocales, manos, pies, órganos reproductores y de eliminación. ¿Puede desactivar sus actividades y desapegarse de sus impulsos o está bajo su poder? Estos ejercicios mentales proporcionan una buena manera para medir cuanto controlamos la mente y cuanto nos controla a nosotros.

Examinando el ego

Determine con que se identifica más en la vida: ocupación, familia, amigos, bienes, país, religión, etc. Vea qué tan estrechamente se identifica con su cuerpo, sus sentidos, opiniones, emociones e ideas. Examine lo que más teme perder y lo que está tratando de ganar: placer, riqueza, poder, nombre, fama y así sucesivamente. Imagine que se está muriendo hoy y que tiene que dejar todo. Observe lo difícil que puede resultar y lo que más lo apega a este mundo.

Una vez se hayan examinado todas nuestras funciones mentales, se puede ver cómo nuestra vida tiende a desarrollarse. Se puede determinar el grado de susceptibilidad, no sólo a los problemas psicológicos, sino al dolor en general. De la misma manera que se le da seguimiento a la salud por medio de exámenes físicos regulares, monitoree su estado psicológico a través de exámenes mentales regulares.

Los Chakras

1. Centro en la cabeza
Conciencia-espacio
Sonido causal
Prana causal
Om

2. Tercer ojo
Mente-espacio
Sonido sutil
Prana sutil
Ksham

3. Centro de la garganta
Éter
Sonido
Vata
Ham

4. Centro del corazón
Aire
Tacto
Vata
Yam

5. Centro del ombligo
Fuego
Visión
Pitta
Ram

6. Centro sexual
Agua
Sabor
Kapha
Vam

7. Centro de raíz
Tierra
Olfato
Kapha
Lam

Parte III

TERAPIAS AYURVÉDICAS PARA LA MENTE

Las terapias ayurvédicas son multifacéticas con el fin de mejorar el bienestar mental y promover el crecimiento espiritual. Las que presentamos aquí son principalmente de carácter de auto-ayuda, pero estas pueden llegar a requerir orientación adicional para poder emplearlas de manera óptima. La sección comienza con métodos de asesoramiento ayurvédico; explicando el punto de vista de Ayurveda en el tratamiento de diferentes aspectos de la mente. A continuación, se aborda la ciencia ayurvédica de las impresiones explicando cómo podemos cambiarlas para mejorar nuestro funcionamiento mental.

Le siguen capítulos específicos enfocados en las modalidades de tratamiento externo, como la dieta y las hierbas, y en las modalidades internas, sobre todo las técnicas sensoriales de colores, las piedras preciosas y los aromas, los cuales conducen al mantra, que es la herramienta ayurvédica más importante para cambiar nuestra conciencia. Ya que los métodos de tratamiento son diversos, esta es la sección más larga del libro, pero quizá también la más práctica y útil.

10. Consejería ayurvédica y modificación de la conducta

La comunicación es la base de lo que somos y lo que buscamos ser. No existimos de manera aislada ni podemos sustraernos de la matriz cultural que nos sostiene. La mente misma es ante todo un dispositivo de comunicación, no sólo para la comunicación exterior con otras personas sino también para la interior con las fuerzas espirituales del universo. La importancia de esta función se extiende a la esfera de la sanación.

La consejería es, probablemente, el instrumento más importante del tratamiento psicológico. Sin embargo, desde el punto de vista ayurvédico, no debe ser simplemente conversación o discusión, sino una prescripción para la acción. La consejería debe examinar las causas de los desequilibrios psicológicos e indicar la forma de corregirlos. Nadie va a continuar en un patrón que reconoce como dañino, aunque debemos comprender realmente el carácter nocivo de nuestro comportamiento para estar dispuestos a cambiarlo. La consejería debe ser un proceso de aprendizaje donde el paciente llega a comprender los diferentes aspectos de su naturaleza y cómo modificarlos para obtener un bienestar óptimo.

En el presente capítulo vamos a discutir el enfoque de la consejería ayurvédica, siendo éste la base de las terapias psicológicas de Ayurveda. Examinaremos las cuestiones que se plantean en el asesoramiento a través de los diferentes tipos constitucionales ayurvédicos. Así, la consejería ayurvédica trabaja con cuatro áreas principales:
1) Factores físicos: dieta, hierbas y ejercicio.
2) Factores psicológicos: impresiones, emociones, pensamientos.
3) Factores sociales: trabajo, ocio, relaciones.
4) Factores espirituales: yoga y meditación.

Los desequilibrios físicos y psicológicos se refuerzan entre sí. La dieta y el ejercicio reflejan nuestro estado de ánimo y sus fluctuaciones. Los desequilibrios psicológicos embarcan problemas sociales y personales, como las dificultades en las relaciones interpersonales y profesionales. Los factores espirituales son las fuentes primordiales de cualquier aflicción mental porque sólo nuestra conciencia superior tiene el poder de traer paz a la mente, la cual es cambiante e inestable por naturaleza. Por lo tanto, la psicología ayurvédica consta de cuatro niveles de tratamiento:

1. Humores biológicos: equilibrando Vata, Pitta y Kapha.
2. Esencias vitales: fortalecimiento de Prana, Tejas y Ojas, las formas magistrales de Vata, Pitta y Kapha.
3. Impresiones: la armonización de la mente y los sentidos.
4. Conciencia: la promoción de las funciones correctas de la conciencia.

Primero, Ayurveda trabaja equilibrando los humores biológicos a través de los métodos adecuados de recuperación física como la dieta, las hierbas y el ejercicio. Los libros típicos de Ayurveda se centran en este nivel. Examinaremos estos métodos de tratamiento exterior de Ayurveda en un capítulo posterior, especialmente en lo que respecta a las condiciones psicológicas. En segundo lugar, Ayurveda trabaja para mejorar nuestra energía vital a través del Pranayama y otras prácticas relacionadas. La sección sobre Prana, Tejas y Ojas discute este nivel y además se menciona ocasionalmente a lo largo del libro.

En tercer lugar, Ayurveda trabaja con la mente y los sentidos para promover el consumo adecuado de impresiones a través de diversas terapias sensoriales. En los capítulos siguientes examinaremos estas terapias sensoriales, sobre todo los aromas y los colores. En cuarto lugar, Ayurveda trabaja para incrementar Sattva en nuestra conciencia a través de los principios de la vida espiritual, el mantra y la meditación. Esto lo examinaremos en los capítulos sobre mantra, terapias espirituales y el método de ocho pasos de Yoga.

La consejería ayurvédica es muy práctica y consiste en diversas prescripciones para cambiar la forma en que vivimos. Reunirnos con un consejero de Ayurveda implica revisar los resultados de la aplicación de estas prescripciones paso a paso y de manera consistente. La consejería tiene una naturaleza educativa: el terapeuta ayuda al paciente a aprender cómo funciona la mente y el cuerpo de tal manera que pueda utilizarlos correctamente. De este modo, el paciente se convierte en estudiante y la terapia es un proceso de aprendizaje. Ayurveda no ve a alguien afectado por un problema psicológico como una persona mala o perturbada, sino como alguien que no entiende cómo utilizar su mente de manera correcta.

La asociación correcta: una clave para la salud mental

Quiénes somos de manera psicológica se relaciona de forma directa con nuestra interacción con el entorno. Si quiere ver lo que usted es, mire a la gente con la cual se siente más cercano y con la que pasa la mayor parte del tiempo. La mente se construye con las impresiones tomadas a través de los sentidos, de las cuales las más importantes son aquellas que provienen de nuestras interacciones sociales. Cualquiera que sea la impresión que tomemos, ésta se vuelve más poderosa cuando se comparte con otras personas, dándole un poder emocional.

La mente misma, hasta el más profundo inconsciente, es una entidad social y sigue un patrón colectivo. Está compuesta de pensamientos que han sido condicionados por el lenguaje que utilizamos en el contexto social. La mente refleja nuestras interacciones con otras personas, empezando con nuestros padres. La mente es el registro de nuestras asociaciones, que no sólo incluye a los seres humanos, sino a toda forma de vida con la cual estamos relacionados. Nuestra conciencia más profunda (Chitta) está determinada por la naturaleza de nuestras asociaciones, las cuales crean los impulsos más poderosos (Samskaras) con los que tenemos que lidiar. Si vamos al fondo de nuestros corazones, nuestras relaciones más estrechas son las que más determinan lo que somos.

La psicología ayurvédica hace hincapié en la asociación correcta para garantizar el bienestar psicológico. Siempre debemos tener cuidado de mantenernos con la compañía adecuada. Debemos asociarnos con aquellas personas que nos elevan, que nos traen paz y que mantienen nuestra mente calmada y tranquila. Debemos mantenernos alejados de quienes nos desaniman, nos agitan y sobrecalientan nuestra mente y nervios. Debemos tener aún más cuidado al escoger con quién nos asociamos a un nivel íntimo.

Debemos buscar el bien e intentar estar en compañía de los sabios. Esto incluye a los maestros espirituales, los verdaderos amigos, la belleza de la naturaleza, el buen arte y las enseñanzas sabias. Por supuesto, no siempre es posible permanecer en la compañía física de las personas espiritualmente elevadas. No siempre son fáciles de encontrar ni de pasar tiempo con ellos. Sin embargo, siempre podemos mantenerlos en nuestras mentes y corazones. Podemos sintonizar con sus pensamientos y acciones. A su vez, nos debemos esforzar por tener una influencia beneficiosa sobre los demás, proyectando actitudes favorables y buenos pensamientos hacia el universo entero.

La sanación de la mente consiste en la curación de nuestras relaciones con el mundo. Significa establecer una sociedad o un grupo de amigos que nos haga crecer. Esta es la base de la verdadera consejería. Así, el consejero debe proporcionar al paciente un mayor nivel de asociación que no refuerce sus problemas, sino que por el contrario, le proporcione un espacio para que sus problemas puedan ser liberados. Idealmente, un terapeuta verdadero no debe ser un médico distanciado, sino un amigo espiritual y un partidario. El tratamiento debe ser el principio de una comunión, conocida en sánscrito como Satsanga y que significa la compañía de aquellos que buscan la verdad de manera sincera.

Sin embargo, mejor aún que ir a un terapeuta es frecuentar la compañía de personas elevadas espiritualmente. En su compañía, nuestros problemas psicológicos, que provienen de nuestra participación material, se resuelven de manera natural. La sola presencia de personas sabias refresca y calma la mente y el corazón. La falta de compañía espiritual es la principal causa de malestar psicológico y la única cura es encontrar tal asociación.

Hablar de nuestros problemas, en particular con alguien que respetamos, siempre es de gran ayuda. Nos lleva más allá del carácter personal de estos y nos permite entender los problemas universales de la vida. La comunicación en sí misma es gran parte del beneficio de la psicoterapia: nos adentra en una relación que permite discutir nuestros problemas. En este proceso se rompen los muros de aislamiento en los que sufrimos y podemos mirarnos a nosotros mismos bajo una nueva luz, permitiendo que se desglosen y se desechen los viejos patrones de constricción.

Un verdadero maestro espiritual nos ayuda a saber quiénes somos en nuestra conciencia interior, aparte de la identificación con el complejo cuerpo-mente. Esa persona es el psicólogo supremo. Sin embargo, puede que un maestro espiritual no esté interesado en funcionar como un psicólogo o un médico en el sentido común, ayudándonos con nuestras preocupaciones personales, penas, dolores y molestias. El papel del maestro espiritual es guiarnos a estados superiores de conciencia y no sólo ayudarnos a resolver nuestros problemas comunes. Esto puede implicar enseñarnos a ser independientes de nuestros sufrimientos psicológicos y físicos tan presentes en este mundo transitorio.

Por otra parte, un terapeuta debe reconocer los límites de lo que puede hacer. Por eso, no debe jugar el papel de gurú, sino dirigir a sus pacientes hacia los maestros espirituales genuinos. La guía espiritual es más que psicología en sentido ordinario, porque la verdadera psicología debe conducir a la espiritualidad. Y la espiritualidad requiere que vayamos más allá de la mente y sus opiniones, no sólo que estemos contentos con nuestro estado de ánimo.

Los trastornos psicológicos y los humores biológicos

Los trastornos de la mente al igual que los del cuerpo reflejan los desequilibrios de los tres humores biológicos. Los problemas de salud, ya sean físicos o mentales, no son meros problemas personales, sino problemas energéticos en el complejo cuerpo-mente. Tampoco son fallas morales o de la persona, sino que representan la incapacidad para armonizar las fuerzas dentro de nosotros.

Tipo Vata (aire)

Las alteraciones psicológicas se producen con mayor frecuencia cuando Vata es demasiado alto, ya que como fuerza nerviosa fácilmente afecta la mente. Al igual que Vata, la mente se compone de los elementos de aire y éter. El exceso de Vata debido al aire causa inestabilidad y agitación en la mente, lo cual resulta en pensamientos excesivos y preocupación y hace que nuestros problemas parezcan peores de lo que realmente son. La mente se vuelve demasiado sensible y reactiva, y tomamos las cosas a pecho. Somos propensos a la acción prematura o inapropiada, lo que puede agravar nuestros problemas.

El exceso de Vata debido al éter alto, nos quita la conexión a la tierra y nos vuelve distraídos y poco realistas. Podemos tener diferentes imaginaciones, alucinaciones o ideas erróneas, como escuchar voces. Nuestra conexión con el cuerpo y la realidad física se debilita. Vivimos en nuestros pensamientos, los cuales pueden llegar a confundirse con la percepción. Nuestra fuerza vital se dispersa por el exceso de actividad mental. Perdemos el contacto con otras personas y no podemos escuchar su consejo.

Un Vata alto se manifiesta en la mente como miedo, alienación, ansiedad y posibles crisis nerviosas. Se presenta insomnio, temblores, palpitaciones, agitación y rápidos cambios de humor. La locura del tipo maníaco-depresivo o la esquizofrenia es un desequilibrio extremo de Vata.

Hay muchos factores que pueden perturbar a Vata y crear posibles problemas psicológicos. Las sensaciones inquietantes son difíciles de manejar para las personas Vata, sobre todo la exposición excesiva a los medios de comunicación, la música fuerte y el ruido. Las drogas y los estimulantes fácilmente los trastornan. El alimento insuficiente o la comida irregular también los debilita y desequilibra mentalmente. La actividad sexual excesiva o anormal rápidamente descarga su energía que suele ser baja. El estrés, el miedo y la ansiedad les afectan emocionalmente porque carecen de calma y resistencia. La violencia y el trauma los dejan heridos y retraídos. La negligencia o el abuso en la niñez les crean una predisposición para una psicología Vata fuera de equilibrio.

Tipo Pitta (fuego)

Las alteraciones psicológicas son moderadas en los tipos Pitta. Normalmente tienen un auto-control fuerte pero pueden ser egoístas y asociales. El fuego y el calor de Pitta causan que la mente sea estrecha y beligerante, peleando con otros o con ellos mismos. Los trastornos psicológicos de Pitta son, por lo general, debidos a demasiada agresión u hostilidad. La persona típica Pitta es excesivamente crítica y reprocha a todos, culpa a otra gente por todo, ve enemigos en todas partes y está siempre en guardia y listo para pelear.

Cuando Pitta está alto en la mente causa agitación, irritación, ira y posiblemente violencia. El cuerpo y la mente recalentada procuran liberar la tensión acumulada por medio de la ventilación. Los tipos de Pitta pueden llegar a ser dominantes, autoritarios o fanáticos. Cuando están perturbados pueden tener delirios paranoicos, delirios de grandeza o pueden volverse psicóticos.

Pitta se vuelve demasiado alto en la mente por varios factores que aumentan el calor. Los colores y sensaciones fuertes y brillantes rápidamente les irritan. La exposición a la violencia y la agresión les aumenta las mismas actitudes dentro de ellos. Los factores dietéticos como alimentos muy calientes o picantes perturban sus mentes. La frustración sexual, la ira, la ambición excesiva y los factores emocionales relacionados causan estragos. Una educación demasiado competitiva o el exceso de conflicto en la infancia son factores adicionales.

Tipo Kapha (agua)
Las personas de este tipo tienen la menor cantidad de problemas psicológicos y son las menos propensas a expresarlos o a recurrir a comportamientos inadecuados. Kapha perturba la mente al bloquear los canales y nublar los sentidos. Cuando Kapha está alto (mucosidad y agua) por lo general provoca torpeza mental, congestión y mala percepción.

Los disturbios psicológicos de Kapha implican apego y falta de motivación, lo que conduce a depresión, tristeza y dependencia. La mente puede llegar a ser incapaz de tener pensamientos abstractos, objetivos o impersonales. Hay una falta de empuje y motivación junto con la pasividad y la dependencia. Queremos seguir siendo niños y ser cuidados. Nos preocupamos por lo que los demás piensan de nosotros. Carecemos de una imagen correcta de nosotros mismos y reflejamos nuestro entorno inmediato de manera pasiva. Tales personas a menudo terminan siendo cuidadas por otros y son incapaces de valerse por sí mismos.

Sin embargo, las personas Kapha más fuertes pueden sufrir de codicia y posesividad, lo que vuelve a la mente pesada, aburrida y apagada. Quieren poseer y controlar todo e incluso ver a la gente como propiedad suya. Una vez pierden el control o la propiedad se vuelven psicológicamente inestables.

Los trastornos emocionales Kapha son el resultado del exceso de placer, disfrute o apego a la vida. Los factores de estilo de vida como el sueño en exceso, la falta de ejercicio y el dormir durante el día contribuyen a estos trastornos. Otro factor es una dieta que perturba a Kapha, basada en azúcar excesiva o alimentos aceitosos. Los problemas emocionales se combinan con las condiciones físicas de Kapha como el sobrepeso y la congestión. En los factores educativos se incluye: ser demasiado consentidos durante la infancia o haber sido emocionalmente reprimidos por los padres.

Perfiles de consejería ayurvédica

Los tipos constitucionales de Ayurveda son la base de toda orientación ayurvédica. Son útiles para la comprensión de los diferentes tipos de personas y las interacciones que pueden ocurrir. Estos son una extensión de los perfiles psicológicos de los humores biológicos y sus trastornos psicológicos característicos. De nuevo, estos son perfiles generales y no deben tomarse de manera rígida.

Vata

Los tipos Vata son nerviosos, ansiosos o temerosos. A menudo están preocupados, tristes o distraídos, incluso si no hay un problema real en sus vidas. Pueden ser indecisos e inseguros, lo que se manifiesta al no poder dejar de moverse o al inquietarse. Bajo la influencia del aire o el viento les resulta difícil calmarse o estar a gusto. Tienen muchas dudas sobre sí mismos, su capacidad de recuperación e incluso sobre cualquier tratamiento y su efectividad.

A veces son demasiados entusiastas y emocionados al iniciar una terapia, pero esto rara vez dura y puede desistir o tener frustración rápidamente. Tienen expectativas demasiado altas y quieren resultados inmediatos. Pueden esperar que el terapeuta los sane mágicamente y cuando esto no ocurre se decepcionan o buscan cambiar de terapeuta. A menudo son desarraigados y difíciles de comprometer. Tienen que volverse realistas acerca de su condición y hacer el esfuerzo necesario para corregirla. Deben regresar a la tierra con respecto a sí mismos y su comportamiento.

Los tipos Vata suelen tener una actitud negativa acerca de sí mismos. Tienen más preocupaciones y fantasías negativas sobre su estado de enfermedad de lo que en verdad amerita. Son comúnmente hipocondríacos. Necesitan calmar sus mentes y corazones como parte de cualquier tratamiento. A menudo están buscando atención y simpatía más que desarrollando su propia comprensión. Son felices al recibir asesoramiento pero no son consistentes al seguirlo. Requieren mucho tiempo y paciencia para cambiar realmente. Su condición fluctúa, a veces dramáticamente, junto con sus pensamientos. Deben aspirar a un desarrollo lento y constante con paz mental.

Las personas Vata buscan la comodidad y requieren una gran cantidad de garantías, aunque incluso esto no siempre los hace sentir seguros. Les gusta hablar largo y tendido sobre sus problemas, aunque esto puede que no sea de gran ayuda. Lo mejor que pueden hacer es: tratar algunas técnicas prácticas para mejorar su estado y aplicarlas de una manera consistente, fomentándoles una actitud realista sobre el tratamiento de su condición sin alimentarles su excesiva actividad mental.

Los tipos Vata pueden estar tan atrapados en sus problemas que no se toman el tiempo para hacer algo al respecto. Pueden estar tan empeñados en la búsqueda de apoyo externo que no hacen las cosas que les permiten tomar el control de sus propias vidas. Ellos necesitan hacer énfasis en la acción más que en el pensamiento, más en la aplicación constante que en la búsqueda de resultados.

Las personas Vata necesitan seguir un régimen de vida claro y completo para darle estabilidad a la mente, calmar su agitada fuerza vital y amortiguar sus corazones sensibles. La regla es tratarlos como se cuida una flor. Fácilmente se sienten asustados y son propensos a distanciarse si se les aproximan a la fuerza. Deben ser abordados con calidez, tranquilidad, determinación y hacerles sentir el apoyo de otros, sin volverlos dependientes.

Pitta

Las personas de tipo Pitta piensan y creen saber quiénes son y qué están haciendo. Si tienen problemas, por lo general tienen a alguien a quien culpar, o a que atribuirle sus problemas al no ser capaces de alcanzar sus objetivos. Son perturbados principalmente por los conflictos con otras personas, que a menudo exageran o exacerban. El drama de la lucha interpersonal colorea sus mentes y sus emociones. Estos conflictos pueden ser internalizados y resultan en un enfrentamiento consigo mismos. Las personas de tipo Pitta tienden a estar en guerra con ellos mismos y fácilmente interiorizan los conflictos externos.

Al tener una naturaleza exaltada, tienden a ser agresivos, críticos, a veces polémicos y pueden llegar a ser destructivos. Pueden dudar de la idoneidad de sus terapeutas. Y son los más probables, entre los diferentes tipos constitucionales, en decirles a sus terapeutas lo que deben hacer por ellos. Por eso, son los más propensos a responder con ira o crítica si el tratamiento no va tan bien como esperaban.

Los tipo Pitta, al ser líderes naturales, les gusta la autoridad y son impresionados por credenciales importantes. Sin embargo, las personas que de verdad pueden ayudarnos internamente, no son siempre las personas más prominentes en el estatus social. Para encontrar una ayuda real, los tipos Pitta tienen que ser más receptivos o pueden quedar atrapados en sus propios juicios, los cuales les causaron sus problemas en primer lugar. No deben buscar a los que pueden impresionarlos o dominarlos, sino a los que les pueden ayudar de una manera amable pero firme, aquellos que no se ven inmersos en sus dramas competitivos.

Las personas Pitta son muy inteligentes y estas esperan estar convencidas de la validez de los tratamientos que están tomando. Tienen que utilizar su visión crítica para comprender la causa de sus problemas, que residen en su propio comportamiento y no en la lucha con otros o consigo mismos. Deben despertar su discernimiento con el fin de tomar el control de sus propias vidas. Para ello, tienen que aprender el uso correcto de la inteligencia y la introspección.

Los tipos fuego deben ser abordados con tacto y diplomacia. No les gusta que les den instrucciones o se les diga qué hacer. Hay que apelar a su inteligencia y lógica natural, permitiéndoles ver por sí mismos la verdad de las cosas. El oponerse a ellos alienta su agresión básica y no les ayudará a aprender. Les gusta trabajar en la amistad o en alianza común para lograr un objetivo particular. Las circunstancias calmadas, tranquilas y agradables mitigan su naturaleza exaltada. Necesitan amigos acomedidos y trabajan muy bien con personas o principios que ellos respetan.

Una vez que las personas tipo Pitta saben lo que necesitan hacer y entienden los esfuerzos que esto conlleva, por lo general, son los mejores de los tres tipos en aplicar los cambios de comportamiento. Aun así, pueden ser excesivos o fanáticos y deben ser moderados en sus acciones para que no se quemen al intentar hacer demasiado. Tienden a estar a favor o en contra de algo y ven las cosas en blanco y negro. Tienen que aprender a buscar una visión equilibrada y ser considerados y diplomáticos en sus acciones.

Kapha

Al disponer de la naturaleza amorfa y dócil del agua, las personas de este tipo necesitan ser estimulados y a veces sacudidos para que se cambien a sí mismos. No captan las pistas. Tampoco van a hacer todas las cosas que han acordado. A menudo tienen que ser confrontados o criticados con el fin de cambiar los malos hábitos. Deben ser abordados con fuerza, determinación y consistencia. Al menos que se les haga caer en cuenta de su gran problema, intentarán vivir con él.

No es suficiente explicarles el problema que tienen y cómo corregirlo. Necesitan un impulso adicional exterior que puede requerir la repetición regular. Puede que sea necesaria una advertencia firme para hacerles caer en cuenta de lo que están haciendo. Se les debe hacer ver vívidamente los efectos negativos de sus estilos de vida erróneos.

Las personas tipo agua son lentos en actuar y tienen dificultades para aplicar las cosas, incluso después de haberlas aceptado como necesarias. Se quedan atascados en su propia inercia y estancamiento, y les resulta difícil empezar cualquier cosa nueva. Son propensos a las adicciones y la depresión, lo que les impide desarrollar la iniciativa apropiada para mejorarse a sí mismos. No deben ser consolados, aunque lo busquen. El sentimentalismo sobre su condición es uno de los factores que los sustentan. La mayoría de sus problemas se derivan de la emotividad excesiva y sólo se pueden cambiar por medio de un amor superior y por el desprendimiento.

Los tipo Kapha son lentos para responder y tienen dificultades para hablar de sus problemas. Tienen que abrirse lentamente, pero requieren determinación para hacerlo. Deben ser animados para que salgan de su complacencia. Pueden quedar perplejos con demasiada información. Responden mejor a prescripciones para hacer cambios específicos que son coherentes y decididos. Tienden a regresar a sus viejos hábitos, incluso si saben que son malos, sobre todo si son fortalecidos por el medio ambiente que les rodea.

Las personas Kapha necesitan citas más frecuentes con los terapeutas e intercambios más constantes que los estimulen para empezar. Sin embargo, una vez hayan iniciado, lo cual puede llevar algún tiempo, por lo general seguirán así por voluntad propia. Deben romper sus viejos patrones incrustados profundamente y establecer un nuevo equilibrio antes que podamos permitir que continúen por sí solos. Una vez hecho esto, su vida puede continuar sin problemas sobre una base pacífica. Pueden acostumbrarse fácilmente a un flujo saludable de vida tanto como a uno no saludable. La dificultad está en la transición.

Vata-Pitta

Las personas tipo Vata-Pitta tienen la volatilidad combinada del aire y el fuego. El miedo y la ira se mezclan dentro de ellos de un modo impredecible. Si algo no les causa miedo, entonces les causa rabia. Suelen estar a la defensiva y sospechando, por lo que les resulta difícil confiar en alguien. Se mueven entre actitudes agresivas y defensivas, entre la auto-justificación y la crítica a los demás.

Requieren una gran cantidad de tacto y deben esforzarse para ser pacientes consigo mismos. A veces sólo pueden estar buscando a alguien en quien puedan descargar su negatividad. Con frecuencia sus reservas de energía y sistema inmune no son muy buenas (su Ojas tiende a ser bajo). Por esta razón, pueden tener dificultades para aguantar cualquier crítica. Requieren mucho cuidado, paciencia y consideración (agua). Necesitan crear un estilo de vida en el que cuiden de sí mismos y en el que otros puedan ayudarles a hacerlo. Necesitan un ambiente de apoyo y deben permitir que otras personas compartan su trabajo.

Sin embargo, las personas tipo Vata-Pitta suelen ser muy inteligentes, y una vez que se sienten tranquilos y apoyados, pueden aplicar efectivamente una línea útil de tratamiento. Sin embargo, su volatilidad siempre puede brotar violentamente y debe evitarse. Deben ser constantes pero moderados en sus regímenes de vida y deben evitar los excesos de todo tipo. Se benefician de la fuerza maternal (Kapha) que les brinda una base conectándolos a tierra.

Pitta-Kapha

Las personas Pitta-Kapha tienen tanto la energía (fuego) como la estabilidad (agua) y, por lo general, son los más fuertes físicamente de los diferentes tipos. Tienen buena resistencia y son generalmente muy saludables. Son fuertes y están contentos con lo que son y lo que hacen. A nivel psicológico, también son fuertes y son los menos propensos a buscar un terapeuta, a menos que no hayan tenido éxito en la vida.

Las personas tipo Pitta-Kapha les falta adaptación y flexibilidad (aire). Prefieren ser dominantes y controladores, por lo que tienden a ser conservadores y posesivos. Eventualmente, esto les lleva al sufrimiento y a la frustración, ya que la mayor parte de la vida permanece más allá de nuestro control. Muy a menudo sufren un colapso tardío en la vida, después de haber fallado en alguna misión importante. En este caso, las fallas son a menudo una bendición oculta y les permiten mirar hacia adentro.

Si bien pueden tener éxito en el mundo exterior, pueden tener dificultades en las prácticas espirituales a menos que aprendan a desarrollar la ligereza, el desapego y la entrega. Requieren una mayor actividad, creatividad y nuevos retos (más Prana). Tienen que aprender a continuar más allá de lo que han logrado y no quedar atrapados en el poder y el control. Una vez instalados en una línea de tratamiento, les va muy bien a menos que se apeguen a su progreso. Por esta razón, lo mejor para ellos es tener un poco de variedad en el tratamiento y a su vez no convertir su terapia en una nueva forma de logro o adquisición.

Vata-Kapha

Las personas tipo Vata-Kapha carecen de energía, motivación, pasión y entusiasmo. Simplemente no tienen el fuego para moverse en la vida, por mucho que lo deseen. Son a menudo débiles, pasivos, dependientes, hipersensibles y tienen mucho yin. Están de acuerdo con lo que se les dice, pero carecen de energía para ponerlo en acción. Estas personas son inestables tanto a nivel emocional como mental (nerviosismo), y son fácilmente perturbados y asustados. Poseen personalidades amorfas o como las de un camaleón y parecerán como la gente quiera que sean. Su juicio y discernimiento tiende a ser pobre y fácilmente se dejan llevar por asociaciones erróneas o influencias emocionales.

En el lado positivo, los tipos Vata-Kapha son sensibles, humildes y adaptables. Pueden ser muy artísticos, imaginativos o creativos. Son muy considerados con los demás. No tienen violencia o mala voluntad hacia nadie pero se culpan a ellos mismos. Tienden a ser ingenuos y tienen que ser más realistas acerca de las otras personas y sus motivaciones. Tienen que tener cuidado de no dejarse utilizar o controlar. Para ello necesitan ser más asertivos y desafiar sus temores.

Responden al calor y a la firmeza, pero es difícil para ellos ser coherentes en sus respuestas. Tienen que aprender a desarrollar la claridad, la motivación y la determinación. Son los más propensos a desarrollar una dependencia a sus terapeutas y a volverse adictos a sus problemas. Sin embargo, una vez enfoquen su profunda sensibilidad en la dirección correcta, pueden contactar fuentes internas de amor y gracia y desarrollar poderes curativos.

El tipo Vata-Pitta-Kapha

En algunos individuos los tres humores biológicos existen en proporciones relativamente iguales. El tratamiento para ellos implica, por lo general, tratar el humor biológico que está fuera de balance en ese momento. A nivel psicológico, su trastorno también puede estar cambiando. Necesitan adaptabilidad en su tratamiento y un acercamiento comprensivo. Por eso, lo mejor es empezar con cualquier problema de Vata que puedan tener, especialmente a través de terapias psicológicas, ya que Vata es el más probable de los humores biológicos en causar problemas. Los desequilibrios de Pitta pueden ser tratados en segundo lugar, porque son los siguientes más problemáticos, y por último, los de Kapha que son los menos complicados.

La terapia para el equilibrio de la mente

El método de tratamiento ayurvédico consiste en aliviar una condición negativa mediante la aplicación de terapias que tengan una naturaleza opuesta. Por ejemplo, si Vata (aire) está demasiado alto, sus cualidades de frío, sequedad, ligereza y agitación estarán elevadas. Esto se manifiesta en síntomas como extremidades frías, piel seca, estreñimiento, pérdida de peso corporal o insomnio. Son necesarias las terapias opuestas para contrarrestar estos síntomas, como una dieta nutritiva y rica, un masaje con aceite caliente, el descanso y la relajación. El mismo principio es válido para la mente. Un desequilibrio psicológico se trata con cualidades opuestas para restablecer el equilibrio. Este método para la mente se llama Pratipaksha-Bhavana en sánscrito.[50] Se ha traducido como "concebir pensamientos de una naturaleza opuesta." Sin embargo, sus implicaciones van más allá de nuestros patrones de pensamiento superficiales. Significa "cultivar un estado de equilibrio de la conciencia". Por ejemplo, si nuestra mente está perturbada por la ira, debemos cultivar la paz. Esto requiere no sólo tener pensamientos pacíficos sino también absorber impresiones pacíficas, visualizar la paz entre nosotros y los demás, hacer oraciones por la paz y actuar de manera pacífica intencionalmente hacia los demás, incluso hacia nuestros enemigos. Esto requiere una disciplina de vida completa.

Nuestra conciencia es el resultado de la comida, las impresiones y las asociaciones a las que nos hemos acostumbrado. Ésta es reforzada por nuestras acciones y expresiones. Sean cuales sean las condiciones externas que nos condicionan, nosotros las volvemos nuestras al expresarlas. Por ejemplo, si estuvimos rodeados por la ira cuando éramos niños, probablemente nos convertiremos en una persona enojada. Cuando actuamos de una manera enojada, esta ira, cuyo impulso original fue externo, pasa a formar parte de nuestra propia naturaleza y de nuestras respuestas automáticas.

La influencia de nuestra vida cotidiana crea una huella sutil. Ésta condiciona nuestra conciencia de igual manera que un tinte colorea una tela. Esta permeabilidad de la conciencia a las influencias sutiles de nuestras vidas nos predispone a ciertas actitudes, las cuales determinan nuestra felicidad o infelicidad mental. La comida, las impresiones y las asociaciones que habituamos en nosotros mismos tienen un efecto que permea en la mente. Esta acción de permear penetra más profundo que nuestros pensamientos conscientes. La mayor parte nos afecta en un nivel subconsciente, como se observa en cómo la publicidad nos manipula apelando a las respuestas instintivas como el sexo. Para contrarrestar estas tendencias profundamente arraigadas, es necesaria una influencia del tipo opuesto, un recurso ante el subconsciente pero dirigido de manera más elevada hacia la sanación y la plenitud.

Para cambiar las condiciones mentales perjudiciales debemos cultivar un sentido contrario de conciencia, lo que significa crear una forma de vida opuesta. Por ejemplo, si estamos deprimidos debemos comer alimentos vigorizantes. Debemos abrirnos a las impresiones vitales de la naturaleza: los árboles, las flores y el sol. Debemos relacionarnos con personas que son creativas y espirituales. No debemos cultivar la idea que estamos deprimidos. Más bien debemos cultivar el pensamiento de que tenemos energía y que no dependemos de nadie ni de nada más para ser felices. Esto requiere comprender la parte de nuestra naturaleza inherente y libre de problemas psicológicos, es decir nuestro Yo más profundo.

De acuerdo con el pensamiento védico, nuestra naturaleza original es buena, benéfica y plena. No somos más que el Ser Divino en encarnación. Sin embargo, obscurecemos nuestra naturaleza original a través del contacto con factores externos condicionantes. Asumimos una naturaleza falsa o artificial, una identidad del yo que conduce al pesar. Cualquiera que sea el problema psicológico que tengamos, éste no es nuestra verdadera naturaleza sino una superposición, resultado de un condicionamiento equivocado; desde una perspectiva ayurvédica, es sólo una expresión de indigestión mental.

A menudo, de manera natural tratamos de contrarrestar los problemas psicológicos con influencias opuestas, pero de manera equivocada y por lo tanto fracasamos. Por ejemplo, si estamos deprimidos, buscamos a alguien que nos levante el ánimo. Si no podemos encontrar a dicha persona nos deprimidos más, o buscamos un estimulante. Bebemos café, alcohol o tomamos un antidepresivo. Estos estimulantes externos engendran dependencia y nos dejan más deprimidos cuando no están a nuestra disposición. El método que estamos ensayando es correcto, el cual se trata de oponer nuestra condición negativa con una energía positiva, pero nuestra aplicación es defectuosa. Estamos confiando en sustancias que solamente camuflan nuestra condición, pero que no pueden resolverla. Nosotros mismos no estamos participando en el proceso de manera creativa ni consciente. Debemos crear una energía positiva dentro de nuestra propia mente y comportamiento para hacer frente a las condiciones psicológicas negativas. Podemos beneficiarnos de las influencias externas positivas pero debemos evitar las que propagan adicción o dependencia.

Este cultivo de un estado de equilibrio mental no debe ser confundido con simplemente pensar de manera positiva. Es más que eso. Se requiere más que pensar que somos felices cuando estamos tristes, que puede ser sólo una fantasía. Es necesario que también cambiemos las condiciones que nos hacen infelices, incluyendo nuestros pensamientos y nuestras acciones. No debemos cubrir los pensamientos de infelicidad con los de felicidad, sino que debemos afirmar la felicidad más profunda que está en el núcleo de nuestro Ser. Para que una terapia traiga el equilibrio, hay que saber cómo nos afectan las cualidades de las cosas. Los siguientes capítulos examinan el papel de los alimentos, las impresiones y las asociaciones para que podamos aplicarlos para regresar a este estado original de armonía que es inherente a nuestra naturaleza original.

11. El ciclo de la nutrición para la mente: El papel del las impresiones

¿Cómo podemos tener una mente sana? ¿Cómo puede nuestra conciencia, de igual manera que el cuerpo, volverse fuerte, flexible, resistente y duradera? Así como hay reglas para crear la salud física, también las hay para la salud mental. De la misma manera que el cuerpo necesita una nutrición adecuada para ser saludable, la mente necesita una nutrición apropiada.

La mente es una entidad orgánica, una parte de la naturaleza, y tiene su ciclo de nutrición que comprende la ingestión de sustancias para construirla (impresiones) y la liberación de materiales de desecho que pueden convertirse en toxinas (emociones negativas). El alimento para la mente, al igual que para el cuerpo, crea la energía que le permite trabajar. De la misma manera, la mente tiene su ejercicio y expresión adecuados, lo cual requiere el tipo correcto de alimentos para mantenerla.

Aunque la mayoría de nosotros tenemos en cuenta la forma en que alimentamos nuestros cuerpos, rara vez consideramos la forma en que alimentamos nuestra mente. A menudo estamos tan envueltos en los propios impulsos emocionales que no podemos alimentar nuestra mente de manera correcta. Como resultado, nuestras mentes se distorsionan. Su tendencia natural hacia la luz y el conocimiento se distorsiona y se enfoca en buscar el placer y la auto-exaltación. Para cambiar la mente, tenemos que cambiar cómo la alimentamos. A menos que se cambie lo que ponemos en la mente, no podemos cambiar lo que sale de ella. Pero, ¿cuáles son las sustancias que alimentan la mente? Si no sabemos esto, no podremos ir muy lejos en el tratamiento de la misma.

En este capítulo, vamos a examinar con detalle todos los factores principales de la nutrición y la digestión mental. Se proporcionarán varios métodos para mejorar nuestra nutrición y digestión mental.

Nivel físico: Alimentos

El primer nivel de alimento para la mente llega a través de la comida que ingerimos, la cual proporciona los elementos burdos de tierra, agua, fuego, aire y éter. La esencia de los alimentos digeridos sirve para construir no sólo el cerebro y el tejido nervioso, sino también la materia sutil de la mente (refiérase el capítulo sobre la dieta y las hierbas). Los cinco elementos burdos construyen el cuerpo físico de manera directa y la mente de manera indirecta. Por ejemplo, el elemento tierra (presente en el alimento que consumimos en forma de proteínas) construye la materia pesada del cuerpo como los músculos y nos ayuda a estabilizar y aterrizar la mente.

Nivel sutil: Impresiones

El segundo nivel de alimentación para la mente llega a través de las impresiones y experiencias que asimilamos a través de los sentidos. Éstos nos permiten asimilar las impresiones del mundo exterior: los colores, formas y sonidos que nos rodean, y constituyen los elementos sutiles. Las cinco potencias sensoriales construyen de forma directa la mente exterior (Manas) y de manera indirecta la mente interior o la Conciencia Profunda (Chitta). Las impresiones sensoriales colorean nuestros pensamientos y afectan nuestros sentimientos. La mente (Manas) atrae las impresiones mentales y emocionales que la afectan de manera más fuerte.

Elementos burdos y sutiles correspondientes

1) Tierra olor
2) Agua sabor
3) Fuego vista
4) Aire tacto
5) Éter sonido
6) Mente impresiones mentales y emocionales

Causal: Gunas

El tercer y más profundo nivel de nutrición para la mente, el cual determina la naturaleza de nuestra conciencia más profunda (Chitta), consiste de los tres Gunas de Sattva, Rajas y Tamas. Los elementos burdos y sutiles (alimentos e impresiones) afectan a Chitta de acuerdo a los Gunas constituyentes. En primer lugar, somos afectados por los Gunas de las personas con las que nos asociamos al nivel del corazón. Después de todo, nuestras relaciones dejan las impresiones más grandes en nosotros. Esta es la razón por la cual una relación correcta es tan crucial en el tratamiento de la mente. Nuestra conciencia más profunda es el nivel del corazón.

Los Gunas son el nivel primario de la materia (Prakriti) y no pueden ser destruidos, pero pueden ser transformados por medio de nuestros alimentos, impresiones y asociaciones. Estas activan las cualidades sáttvicas de la conciencia como el amor, la claridad y la paz. Cuando son rajásicas, activan las cualidades correspondientes como la pasión, el juicio y la agitación. De igual manera, cuando son tamásicas atraen la insensibilidad, ignorancia e inercia. Chitta, nuestra conciencia más profunda, es el producto último de la digestión de los alimentos, las impresiones y las asociaciones. Para tener una conciencia sana es necesario que consideremos los tres niveles de nutrición. Las impresiones y asociaciones van de la mano como los factores básicos de nuestra experiencia.

La digestión mental

No sólo debemos considerar la naturaleza de los alimentos que ingerimos, sino también nuestra capacidad para digerirlos. Incluso si se trata de buena comida, pero nuestra digestión está débil, entonces puede convertirse en toxinas. La mente, al igual que el cuerpo, tiene su propio poder de asimilación o de fuego digestivo (Agni), que es la inteligencia (Buddhi).

La mente existe para proporcionarle experiencia y liberación al alma. La experiencia que hemos digerido o entendido trae libertad y permite la expansión de la conciencia, al igual que los alimentos que hemos digerido liberan energía que nos permite trabajar. La experiencia que no hemos digerido se convierte en toxinas e inicia diversas alteraciones patológicas en la mente, al igual que los alimentos no digeridos causan el proceso de la enfermedad en el cuerpo físico. Así como el alimento bien digerido trae felicidad física y el alimento no digerido causa la enfermedad, de igual manera la experiencia bien digerida trae felicidad mental y la experiencia mal digerida causa trastornos mentales.

La mente tiene su propio patrón de digestión que se asemeja al del cuerpo.

1. La mente y los sentidos externos: Recolección de impresiones

Los cinco sentidos aportan impresiones, al igual que las manos y la boca nos traen comida. Estas se recogen en la mente exterior (Manas), la cual los organiza pero no tiene el poder de digerirlas. La mente exterior corresponde al estómago en el cuerpo físico el cual recoge y homogeniza los alimentos, pero no logra romperlos o absorberlos.

2. Inteligencia: La digestión de la experiencia

Una vez que la mente exterior ha reunido y homogeneizado nuestras impresiones, la inteligencia (Buddhi) trabaja para digerirlas. La inteligencia es el Agni o fuego digestivo para la mente y corresponde al intestino delgado como órgano físico. La inteligencia digiere las impresiones y las convierte en experiencias. También convierte acontecimientos actuales en recuerdos.

La digestión mental apropiada depende de la correcta función de la inteligencia que nos permite discernir entre la verdad de nuestra experiencia, los nombres y formas exteriores. Nos permite recibir el Sattva Guna de nuestras experiencias y liberar sus componentes rajásicos y tamásicos. La digestión mental incorrecta se produce cuando no somos capaces de descomponer los nombres y las formas de nuestra experiencia de las verdaderas energías. Es así como los nombres y las formas no digeridas se acumulan en la mente y bloquean su percepción. Confundimos la apariencia de las cosas por su significado o contenido de verdad.[51]

3. Conciencia: La absorción de la experiencia

Una vez que la inteligencia ha digerido nuestras impresiones estas pasan en forma de experiencias o memorias a nuestra conciencia más profunda (Chitta), a la cual afectan de acuerdo con sus cualidades (Gunas). La experiencia absorbida en la Conciencia Profunda se convierte en parte de su tejido, al igual que la comida digerida se convierte en parte del tejido del cuerpo físico. Si nuestra experiencia no se digiere de manera adecuada, daña la substancia de la mente y al igual que los alimentos no digeridos dañan los tejidos del cuerpo. La experiencia que hemos digerido no deja una marca o cicatriz en la mente en forma de recuerdos pero nos permite funcionar en la vida con paz y claridad.

Veamos algunos ejemplos de este proceso. Si vemos una hermosa puesta de sol con el corazón abierto, esta impresión se digiere fácilmente dejando una energía de luz y paz en nuestra conciencia más profunda. Sin embargo, si alguien nos ataca o nos roba, nuestra mente se perturba. La experiencia es difícil de digerir y deja un residuo de ira, frustración o miedo. Nuestras vidas están llenas de muchos ejemplos. Las experiencias no digeridas vuelven a surgir en nuestro subconsciente e influencian nuestro estado de ánimo actual hasta el momento en que las entendamos y las resolvamos.

Los tres estados de vigilia, sueños y sueño profundo

En el estado de vigilia reunimos impresiones a través de la mente externa (Manas) y los sentidos. En el estado de sueños digerimos las impresiones a través de nuestra inteligencia interior (Buddhi) y éstas se reflejan a través de nuestros sentidos sutiles en forma de diferentes sueños. En el sueño profundo, el residuo de nuestras impresiones digeridas, reducidas a forma de semilla, se convierten en parte de nuestra conciencia profunda (Chitta).

Nuestros sueños muestran el proceso de digestión mental. Los buenos sueños reflejan una buena digestión mental. Los malos sueños reflejan una digestión mental deficiente.[52] Del mismo modo, un buen sueño profundo refleja un cuerpo de conciencia bien desarrollado. La incapacidad de mantener un sueño profundo muestra un cuerpo de conciencia poco desarrollado.

Desintoxicación para la mente

La desintoxicación es tan necesaria para la mente como lo es para el cuerpo. Sin embargo, para que la desintoxicación comience primero tenemos que dejar de ingerir toxinas. Para el bienestar mental, es necesario prevenir que impresiones y experiencias equivocadas entren en nuestra conciencia, al igual que para el bienestar físico tenemos que evitar la comida incorrecta.

En segundo lugar, debe existir una inteligencia fuerte que digiera las impresiones correctamente. Debemos esforzarnos por evitar experiencias negativas tanto como sea posible. Cuando no podemos hacer esto, debemos tener la inteligencia suficiente para digerir, incluso, las impresiones perturbadoras, las cuales no siempre se pueden evitar. Eliminar las toxinas de la conciencia implica detener su consumo, el cual requiere control de la mente y los sentidos. Se requiere entonces dirigir la luz de la inteligencia interna para quemar las malas experiencias que ya hemos absorbido.

Así como el ayuno de alimentos ayuda a desintoxicar el cuerpo, el ayuno de impresiones desintoxica la mente. Una vez que la toma de impresiones cesa, la conciencia, cuya naturaleza es el espacio, naturalmente se vacía a sí misma. Sus contenidos subirán al nivel de la inteligencia, la cual las podrá digerir correctamente. Esto requiere de pensamiento profundo, indagación y meditación. Cuando la mente exterior y los sentidos están en calma y tranquilidad, nuestros pensamientos internos surgen. Los hábitos y recuerdos profundamente arraigados flotan hacia la superficie. Si aprendemos a observarlos y comprenderlos, podemos dejarlos ir, pero esto requiere que estemos dispuestos a liberarnos de ellos.

Nivel físico de desintoxicación: Dieta pura

Las acumulaciones tóxicas de elementos burdos, principalmente la tierra y el agua, se eliminan del cuerpo físico a través de los canales normales de eliminación: excreción, orina y sudoración. Las medidas especiales de desintoxicación de Ayurveda nos ayudan a liberar los excesos de los tres Doshas junto con estos materiales de desecho.[53] El ayuno es otra medida importante la cual permite al cuerpo quemar toxinas. Algunas hierbas especiales también pueden ayudar.

Nivel sutil de desintoxicación: Pranayama

Las impresiones negativas (los elementos sutiles) son eliminadas principalmente a través de Pranayama o ejercicios de respiración yóguica, los cuales crean un tipo especial de sudor que libera el exceso de agua sutil y elementos de la tierra (sabor y olor). Las terapias ordinarias de sudoración ayudan en este proceso, incluyendo el uso de cajas de sudor, baños de vapor, saunas y hierbas diaforéticas (las cuales inducen el sudor). La terapia de sudoración es parte de la terapia ayurvédica de Pancha Karma, la cual ayuda en la purificación sutil, así como del cuerpo físico. El ayuno de impresiones

(Pratyahara) es otro método útil que, al igual que el ayuno de alimentos, permite la liberación de impresiones tóxicas no digeridas. El llanto, un flujo sincero de lágrimas que refleja un verdadero cambio de corazón, es otra forma en que la mente puede ser purificada de las emociones negativas.

Nivel causal de desintoxicación: Mantra

Los Gunas son el nivel central de la materia y son indestructibles. No se puede liberar a la conciencia (Chitta) de los Gunas aunque éstas es posible transformarlas. Las acumulaciones tóxicas de los Gunas (exceso de Rajas y Tamas) se pueden convertir en Sattva. Esto ocurre a través de la terapia de mantra y sonido. Los mantras sáttvicos como OM ayudan a cambiar los patrones rajásicos y tamásicos en nuestra conciencia profunda para hacerlos sáttvicos. Cambian el material de Chitta y la hacen receptiva a influencias superiores.

Cultivando el campo de la conciencia

La conciencia (Chitta) es un campo, y como la tierra, tiene una cualidad creativa femenina. Lo que ponemos en ella, en términos de nuestra experiencia de vida, es la manera en que cultivamos este campo. De acuerdo con la forma en que la cultivamos, las cosas crecerán dentro de ella. Si nuestro campo de conciencia es cultivado con buena comida e impresiones, entonces los malos hábitos e impulsos no tendrán un ambiente favorable en el cual echar raíces. Si tenemos una mala alimentación e impresiones, incluso los buenos pensamientos e impulsos no tendrán un terreno propicio en el cual crecer.

Una vez más, podemos establecer una comparación física. Si construimos nuestros tejidos corporales con alimentos incorrectos, los tejidos se dañarán o se volverán deficientes. Una vez que la estructura del cuerpo es dañada, resulta difícil mantener la salud. Del mismo modo, la conciencia tiene su sustancia la cual es creada a través del tiempo. Si se ha desarrollado incorrectamente, como un árbol que ha crecido mal, se requerirá mucho más esfuerzo para arreglarla, si es que puede arreglarse del todo.

La conciencia también es como un pozo profundo. Lo que recibimos a través de los sentidos y la mente son como las cosas que tiramos dentro del pozo. No vemos los efectos de lo que tomamos porque el pozo es muy profundo. Sin embargo, cualquier cosa que tiramos dentro del pozo de la conciencia crece de acuerdo a su naturaleza y eventualmente nos impulsa a actuar. Nada de lo que ponemos en nuestra conciencia permanece estático y sin causar algún efecto. La conciencia es fértil y creativa. Lo que sea que depositamos en ella tiene su descendencia, a la cual tendremos que hacer frente para bien o para mal.

Debemos ser muy cuidadosos con la forma en que alimentamos nuestras mentes. Los resultados se manifestarán con el tiempo, después del cual puede ser demasiado tarde para revertirlos cuando estos son negativos. Constantemente debemos proteger nuestra conciencia y lo que ponemos en ella. Debemos tratarla como una flor delicada que requiere un suelo y nutrientes adecuados. También debemos protegerla de malas influencias y asociaciones como si se tratara de un niño. Esto requiere de una inteligencia clara y un régimen de vida coherente en armonía con nuestra naturaleza.

Factores de la nutrición mental

Para el tratamiento de la enfermedad física o mental, debemos considerar los siguientes factores de nutrición: 1) alimentos y bebidas adecuadas, 2) aire adecuado y respiración correcta, e 3) impresiones adecuadas. Así, la comida, bebida y aire apropiados nutren el cuerpo físico y los Pranas. Las impresiones adecuadas nutren la mente externa y los sentidos. Nuestras impresiones sirven como vehículos para los sentimientos, emociones, creencias, valores y actitudes que nutren nuestra inteligencia y conciencia profunda.

Para alimentar de forma adecuada la mente Ayurveda utiliza ciertas técnicas que involucran impresiones positivas, emociones, pensamientos, creencias y actitudes. El lado físico de la nutrición mental o comida será tratado en el capítulo sobre dieta y hierbas. El uso de la respiración es examinado en el capítulo sobre Yoga en relación al Pranayama. En el resto de este capítulo, examinaremos los factores internos que afectan la mente, principalmente los distintos tipos de impresiones.

Impresiones sensoriales

Los sentidos son nuestras principales puertas al mundo exterior a través de las cuales recibimos, no sólo influencias sensoriales, sino también mentales y emocionales. El uso adecuado y equilibrado de estos nos hace felices y saludables. El uso inapropiado, excesivo o deficiente de los sentidos nos perturba y no brinda salud. Nuestros sentidos nos alimentan constantemente con impresiones, las cuales determinan quiénes somos y en qué nos convertiremos.

Constantemente traemos a nosotros impresiones sensoriales de todo tipo, las cuales nos pueden afectar de diferentes maneras. Pasamos gran parte de nuestro tiempo asimilando impresiones sensoriales a través de varias formas de recreación y entretenimiento. Sin embargo, la mayoría de las veces estamos tan absortos en el mundo de los sentidos (como cuando vemos una película) que fallamos en retroceder y examinar qué nos sucede durante las interacciones sensoriales.

La toma de impresiones es una forma sutil de alimentarnos en la cual ciertos nutrientes son tomados de los objetos externos. Podemos observar esto con facilidad viendo como nuestras impresiones diarias reverberan en nuestras mentes cuando dormimos durante el sueño que creamos. Por ejemplo, si hemos sido atrapados en el agitado tráfico en una zona ruidosa y contaminada de una gran ciudad, nuestras mentes también se sentirán ruidosas y contaminadas. Por otro lado, las impresiones positivas, como las que reunimos durante una caminata o un paseo por el bosque harán sentir nuestra mente expansiva y pacífica.

Sin embargo, muchas personas hoy en día, incluso aquellas que están en el campo de la medicina, no aceptan que las impresiones sensoriales influyen en la mente. Este debate es más notable en el tema de la violencia en la televisión, en donde muchas personas afirman que aquellos que la ven no son más violentos. En Ayurveda, esto es como decir que los alimentos que comemos no afectan nuestra salud. Ayurveda nos dice que las impresiones que tomamos afectan directamente nuestro comportamiento. Ver violencia en la televisión no nos hace abiertamente violentos, pero no nos hace pacíficos. Y sin duda alguna, nos hace aburridos y dependientes de una estimulación externa de naturaleza distorsionada.

La mente es muy sensible a las impresiones las cuales alimentan nuestra fuerza vital y motivan nuestras acciones. Las impresiones perturbadas causan expresiones perturbadas mientras que las pacíficas causan expresiones no violentas. Sólo si tenemos una gran cantidad de conocimiento interno podemos protegernos efectivamente de las impresiones negativas con las que todos tenemos contacto de alguna manera.

Las impresiones son tomadas por la mente externa en base a su receptividad hacia ellas. Son juzgadas o digeridas por la inteligencia y sus residuos se depositan en la naturaleza de los sentimientos o conciencia. Allí, cualquier residuo de impresiones negativas se vuelve inherente como una obstrucción en el campo mental la cual da lugar a diferentes percepciones y acciones incorrectas. No absorbemos automáticamente las influencias sensoriales. Podemos discriminarlas a través de un funcionamiento adecuado de la inteligencia. Esto requiere discernir su verdad y no quedar atrapados en su glamur.

Existe toda una ciencia de las impresiones. Así como los alimentos que comemos pueden ser examinados a través de nuestra digestión y eliminación, los efectos de las impresiones se pueden observar de diferentes maneras. Muchos trastornos mentales surgen del consumo de impresiones equivocadas y pueden ser curados mediante la toma de impresiones correctas. Como es más fácil cambiar nuestras impresiones que modificar nuestros pensamientos y emociones, las impresiones nos dan quizás la manera más sencilla de cambiar el campo mental completo.

Signos de la ingesta adecuada de impresiones:
    Agudeza del funcionamiento sensorial
    Control de la imaginación
    Sueño profundo con pocos sueños o sueños espirituales
    Falta de necesidad de entretenimiento
    Percepción clara, capacidad para la expresión creativa
    Ligereza, paz y luminosidad mental

Signos de la ingesta inadecuada de impresiones:
    Mal funcionamiento de los sentidos
    Imaginación perturbada
    Trastornos del sueño, sueños frecuentes o agitados
    Deseo de entretenimiento violento o perturbado
    Percepción poco clara, falta de creatividad
    Pesadez mental, disturbios y oscuridad

Impresiones positivas y negativas

La principal fuente de impresiones positivas es la misma Madre Naturaleza: las impresiones adquiridas del cielo, las montañas, los jardines, los ríos y el océano. ¿Hay alguien que no sea elevado al estar en hermosos entornos naturales? Una gran parte de nuestro malestar psicológico moderno se debe simplemente a la alienación de la naturaleza, la cual nos priva de las impresiones naturales para crear bienestar mental. En lugar de tomar impresiones naturales positivas, llenamos nuestra mente con sensaciones artificiales de nuestro mundo artificial. Al igual que la comida chatarra afecta al cuerpo, esas "impresiones chatarra" deben distorsionar la mente.

Podemos crear nuestras propias impresiones positivas. Mucho de lo llamado buen arte es el intento de crear un alto nivel de impresiones que reflejen nuestro ser interior. La religión propone esto a través de los rituales, mantras o la visualización.

Cualquier impresión aparte de la naturaleza, el arte genuino o la espiritualidad auténtica deben tener algunas consecuencias negativas. Hoy en día, la principal fuente de impresiones negativas se da a través de los medios masivos, aunque no todas las impresiones de los medios masivos son malas. Las impresiones obtenidas en ambientes artificiales como las carreteras o las ciudades también son inquietantes. Las obtenidas en los conflictos personales u otros problemas con la gente también pueden ser muy negativas.

Las impresiones negativas, al igual que la comida chatarra, se vuelven adictivas. Como la comida chatarra tiene poco contenido nutricional o sabor natural, se debe hacer apetitosa agregando grandes cantidades de sal, azúcar o especias. Ya que no tiene contenido nutricional real, nos vemos obligados a comer más, tratando de conseguir un poco de nutrición de ella. Las especias de las impresiones negativas son el sexo y la violencia. Como no hay vida real en las impresiones de los medios masivos, debemos darles la ilusión de la vida retratando los eventos más dramáticos de ésta.

Podemos tomar impresiones positivas de dos maneras: en primer lugar, en términos del ambiente familiar inmediato, en segundo lugar en términos del medio ambiente en general, el cual incluye el lugar de trabajo, la sociedad y el mundo de la naturaleza. Para nutrir la mente, debemos tener belleza y armonía en nuestro entorno familiar. Debemos tener un lugar de paz y felicidad. Para lograr esto, puede ser necesario crear un espacio sagrado o de sanación en la casa. Hay varias maneras de hacer esto. Por lo general, debe ser una habitación designada para la actividad creativa y espiritual. Se puede erigir un altar con imágenes de deidades o gurús, objetos sagrados como estatuas, piedras o cristales, o formas armoniosas, colores o diseños geométricos. Se puede usar incienso, flores, perfumes, campanas o música. Algo de oración, meditación o relajación debe realizarse a diario en ese lugar.

Idealmente nuestra casa debería ser un templo, pero al menos una porción de ella debe mantenerse como un lugar de sanación y meditación donde podamos acudir a renovarnos. Debemos recurrir a un espacio de curación como este cuando nuestra energía física o mental se encuentre agotada. En casos severos, el paciente puede tener que permanecer en este tipo de sala de sanación durante períodos prolongados.

En términos de nuestro entorno externo, debemos restablecer nuestra comunión con la naturaleza y pasar cierta cantidad de tiempo regularmente en comunión con ella. Podemos ir de excursión, acampar o simplemente trabajar en el jardín. Debemos atraer a nuestras vidas la energía del cielo, las montañas, las llanuras y las aguas. Tenemos que enlazarnos con la fuerza vital cósmica que por sí sola tiene el poder de sanar nuestra fuerza vital individual. Nuestra fuerza de vida individual no puede sanarse a sí misma si se convierte en un sistema cerrado y aparte de la Naturaleza.

Debemos llevar mejores impresiones a nuestro lugar de trabajo. Tal vez en una pequeña parte de él se pueda hacer un altar o al menos un jardín. Debemos llevar mejores impresiones a nuestra interacción social. Esto puede hacerse asistiendo a lugares espirituales como templos, haciendo cantos, rituales o meditaciones en grupo.

Impresiones para reducir los tres Doshas

En las siguientes páginas se proporciona un esbozo de las impresiones para reducir los Doshas. Estas se explican en detalle en los capítulos correspondientes de dieta, hierbas, aromas, terapia del color, mantras, Yoga y meditación.

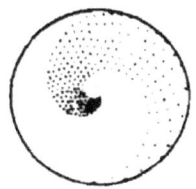

Impresiones que reducen Vata

Naturaleza: sentarse o caminar de manera tranquila y pacífica en un jardín, bosque, río, lago u océano, particularmente donde sea cálido y brillante.

Sensorial:

1. Sonido: música y cantos relajantes, música clásica, cantos, silencio apacible.

2. Tacto: tacto o masaje suave y cálido, utilizando aceites tibios como el de sésamo o almendra.

3. Vista: colores brillantes y tranquilizantes, como combinaciones de oro, naranja, azul, verde y blanco.

4. Gusto: comida rica y nutritiva abundante en sabores dulces, salados y ácidos, con uso moderado de especias.

5. Olfato: fragancias dulces, cálidas, relajantes y que promuevan la claridad como el jazmín, la rosa, el sándalo y el eucalipto.

Actividad: ejercicio suave, Hatha Yoga (en particular las posturas sentadas y las inversiones), el Tai Chi, natación, las tinas calientes (sin permanecer en ellas mucho tiempo), la relajación, más horas de sueño.

Emocional: cultivar la paz, la alegría, la valentía y la paciencia; liberar el miedo y la ansiedad, contando con el apoyo de buenos amigos y la familia con una interacción social regular.

Mental: mantras anti-Vata como Ram, Hrim o Shrim, ejercicios de concentración y fortalecimiento de la memoria.

Espiritual: meditación sobre deidades fuertes, benéficas, felices o pacíficas como Rama y Krishna, o formas de protección de la Madre Divina (como Durga o Tara) u oraciones del Padre Divino por la paz y la protección, desarrollando discriminación y discernimiento.

Impresiones que reducen Pitta

Naturaleza: sentarse o caminar cerca de flores, ríos, lagos o el océano, sobre todo cuando está fresco; caminar por la noche, contemplando el cielo nocturno, la luna y las estrellas.

Sensorial:

1. Sonido: música refrescante y suave como el sonido de las flautas y del agua.
2. Tacto: tacto refrescante, suave y moderado, y masaje con aceites refrescantes como el de coco o girasol.
3. Vista: colores fríos como blanco, azul y verde.
4. Sabor: comida que no sea demasiado pesada ni demasiado ligera; rica en los sabores dulce, amargo y astringente, con pocas especias, excepto aquellas que son refrescantes como el cilantro, la cúrcuma y el hinojo.
5. Olor: fragancias frescas y dulces como la rosa, el sándalo, el vetiver, el champak, la gardenia o el jazmín.

Actividad: ejercicio moderado, caminatas, natación, Asanas refrescantes como la postura parado de hombros.

Emocional: cultivar la amistad, la amabilidad y la cortesía; promover la paz, el perdón, la compasión y la devoción; liberar la ira, el resentimiento, el conflicto y el odio.

Mental: mantras anti-Pitta como Shrim, Sham o Ma, la práctica del no juicio y la aceptación. Escuchar los puntos de vista de otras personas.

Espiritual: meditación en deidades benéficas y pacíficas como Shiva (en su forma pacífica), Vishnu o formas benéficas de la Madre Divina (como Lakshmi); oraciones por la paz universal, cultivar la entrega y la receptividad.

Impresiones que reducen Kapha

Naturaleza: caminatas vigorosas en regiones áridas o desérticas, altas montañas, o en zonas abiertas en días soleados y con viento.

Sensorial:
1. Sonido: música y cantos estimulantes, fuertes y energizantes.
2. Tacto: masaje corporal profundo y fuerte con polvos secos o aceites estimulantes como el de mostaza.
3. Vista: colores brillantes y estimulantes como el amarillo, naranja, dorado y rojo.
4. Sabor: dieta ligera enfatizando los sabores picante, amargo y astringente con uso libre de especias. Ayuno ocasional.

5. Olor: fragancias ligeras, cálidas, estimulantes y penetrantes como el almizcle, el cedro, la mirra, el alcanfor y el eucalipto.

Actividad: ejercicio aeróbico fuerte, correr, tomar el sol, baños de viento, saunas y reducir las horas de sueño.

Emocional: cultivar el desprendimiento, el servicio a los demás y el amor desinteresado; liberarse de la codicia, el apego y la dependencia.

Mental: mantras anti-Kapha como Aim, Krim o Hum, el cultivo de la vigilia, ejercicios y juegos mentales (como el ajedrez), romper con el pasado y la tradición.

Espiritual: la meditación en deidades activas o coléricas, incluidas las formas fuertes de la Madre Divina (como Kali) o del Padre Divino (como Rudra). Meditación sobre el vacío o la luz interior.

12. Modalidades de tratamiento externo: Dieta, hierbas, masajes y Pancha Karma

No se puede tener éxito tratando la mente si no consideramos también la condición del cuerpo. En este capítulo, examinaremos los métodos de tratamiento físico de Ayurveda y cómo pueden ser utilizados en relación con la mente. Estos comienzan con los factores más básicos los cuales son la dieta, las hierbas y el masaje. Sólo los examinaremos de manera general, debido a que se explican en detalle en los libros regulares de Ayurveda.

Dieta

La comida que ingerimos no sólo afecta nuestro cuerpo sino nuestro estado mental completo. Dependiendo de la calidad de los alimentos, así será la calidad de nuestra conciencia. Del mismo modo, a menos que cambiemos nuestra dieta, es poco probable que seamos capaces de cambiar nuestra conciencia. Todos podemos observar fácilmente cómo los diferentes alimentos nos afectan: la comida pesada, como la carne, hace que la mente se vuelva también pesada y puede causar irritabilidad, apatía y depresión; la comida ligera, como las frutas o ensaladas, hace que la mente sea ligera, y en exceso causa aturdimiento e insomnio; la comida balanceada y llena de fuerza vital, como los cereales integrales y los vegetales cocidos, mejora la función sensorial, promueve la armonía y la claridad mental. Es por eso que, si queremos calmar nuestras emociones o elevar nuestro estado de conciencia, no podemos ignorar los alimentos que comemos o nuestros hábitos alimenticios.

La dieta es una de las terapias más importantes en Ayurveda. De hecho, el tratamiento ayurvédico comienza con la dieta adecuada. Después de todo, el cuerpo físico está hecho de la comida que construye los tejidos. Aunque la dieta no es esencial para el tratamiento de trastornos psicológicos, ésta no puede ser ignorada. Puesto que, una dieta ayurvédica puede ser un factor muy útil para el tratamiento de la mente. Siendo así, el objetivo de esta sección no es esbozar una terapia dietética completa de Ayurveda, porque esta se puede obtener de otros libros.[55] Aquí nos ocuparemos principalmente de los efectos mentales y emocionales de los alimentos.

Los alimentos proporcionan tres niveles de nutrición:
1) Físico (nivel externo) - cinco elementos
2) Mental (nivel interno) - impresiones sensoriales y mentales
3) Espiritual (nivel básico) - tres Gunas.

El alimento en sí es una sustancia física compuesta por los cinco elementos: tierra, agua, fuego, aire y éter. Proporciona de forma directa el primer nivel de nutrición física y los otros dos de manera indirecta. El segundo y tercer nivel de nutrición se producen en los niveles de la mente (Manas) y la conciencia (Chitta), respectivamente. Esto fue discutido en los capítulos relacionados con las terapias sensoriales y las funciones de la mente.

Sin embargo, debido a que los alimentos afectan a los otros niveles de nuestra naturaleza a través de un medio físico, estos tienen una profunda influencia en el inconsciente. La comida alimenta la fuerza vital que sostiene los reflejos autonómicos e instintivos. A través de esta fuerza, los efectos de los alimentos pueden alcanzar los impulsos emocionales integrados en nuestra conciencia profunda. Por medio de la fuerza vital, la comida nos lleva hacia actividades particulares, de acuerdo con su naturaleza. Por ejemplo, si comemos mucha carne, la cual está impregnada con la influencia de daño a otras criaturas, esto promoverá acciones agresivas y tal vez violentas de nuestra parte.

Durante el proceso de comer, nuestra fuerza vital y nuestra mente se abren y están expuestas a influencias ambientales. Ahí es cuando nuestro Prana se expone. Al comer nos volvemos vulnerables a las impresiones y sentimientos del mundo que nos rodea, y estamos fuertemente influenciados por las personas mientras comemos con ellas, particularmente en circunstancias sociales, como en un restaurante. No sólo somos lo que comemos, sino con quién comemos, así como en dónde comemos.

Los impulsos del inconsciente son la parte más difícil de cambiar de nuestra conciencia y son la fuente de los miedos y deseos ocultos que más nos perturban. Por lo tanto, no debemos subestimar cómo el poder de la comida puede afectar tanto nuestros pensamientos como nuestro comportamiento. El control de la dieta ayuda al correcto manejo del subconsciente y la liberación de sus contenidos. Debido a que los problemas psicológicos tienen sus raíces en el inconsciente, la dieta no deber ser pasada por alto al momento de tratarlos.

La mayoría de los problemas psicológicos reflejan nuestros hábitos alimenticios, tanto lo que comemos como la manera en que lo hacemos. Ellos nos llevan a comer de manera incorrecta o irregular. Todos los desequilibrios de la mente perturban el sistema digestivo a través del sistema nervioso. Por eso, corregir la dieta ayuda a limpiar los hábitos inconscientes que sustentan nuestra intranquilidad mental.

Niveles de nutrición a través de la comida

La comida proporciona nutrición a través de los cinco elementos, principalmente la tierra. Los seis sabores de los alimentos ayudan a acumular los respectivos elementos en el cuerpo y la mente (ver cuadro a continuación).

Elemento	Se encuentra en	Nutre
Tierra	Alimentos sólidos	Órganos internos, músculos, piel, huesos y otros tejidos predominantemente de tierra
Agua	Alimentos líquidos	Membranas mucosas, secreciones, líquidos, plasma, grasa, nervios, tejidos reproductivos y predominantemente líquidos
Fuego	Calor, luz solar y elemento fuego en la comida	Sangre, fuego digestivo, enzimas y jugos digestivos predominantes en fuego
Aire	Respiración y el elemento aire en la comida	Revitaliza el sistema nervioso, promueve la descarga de impulsos y secreciones
Éter	Espacio en la respiración y en la comida	Limpia y nutre la mente y los sentidos

Junto con los alimentos que comemos, tomamos diferentes impresiones sensoriales, siendo la más evidente el sabor de la comida, aunque el olor, la textura y la apariencia también entran en juego. Las impresiones sutiles adicionales llegan a nosotros a través de la manera en que la comida es cultivada y preparada, así como de acuerdo a la atmósfera y estado mental con que comemos. Todo eso es parte del segundo nivel de nutrición o mental.

Los alimentos, como todas las cosas en el universo, están formados por las tres cualidades cósmicas de Sattva (equilibrio), Rajas (agitación) y Tamas (resistencia). Lo cual se refleja tanto en los elementos como en las impresiones adquiridas a través de la comida. Este constituye el tercer nivel de nutrición o central, el cual Ayurveda enfatiza a través de una dieta sáttvica.

Dieta sáttvica

Ayurveda hace hincapié en una dieta sáttvica para una vida saludable, donde predomine una mente feliz y en paz. La dieta sáttvica fue considerada originalmente para la práctica del Yoga y el desarrollo de una conciencia superior. Ésta ayuda en el tratamiento de los trastornos mentales puesto que contribuye a la restauración de la armonía y el equilibrio (Sattva) en la mente.

El factor primordial de una dieta sáttvica es la comida vegetariana. Si se sigue una dieta de este tipo, se avanza mucho en el camino hacia una nutrición saludable para la mente. Lo que significa evitar la carne, el pescado y cualquier otro alimento en el que se haya causado daño a los animales.[56] La carne roja, particularmente la de res, es la peor en este sentido.

No obstante, ser vegetariano no requiere seguir una dieta estricta de alimentos crudos, viviendo sólo de ensaladas y frutas frescas. El líquido cefalorraquídeo es de naturaleza aceitosa y necesita de ciertos alimentos sustanciosos para sostenerlo. Comidas vegetarianas nutritivas, como cereales integrales, semillas, nueces y productos lácteos ayudan a construir el tejido cerebral y al desarrollo de Ojas. Los alimentos crudos, como las ensaladas y verduras, desintoxican el cuerpo e incrementan el Prana pero no son adecuados para mantener nuestra energía durante largos períodos de tiempo, en particular, si hacemos trabajo o movimiento físico.

La dieta sáttvica significa no sólo comida vegetariana sino comida rica en Prana (fuerza vital), como frutas frescas y vegetales orgánicos. Se requiere evitar la comida enlatada y procesada, así como los alimentos tratados con aerosoles o fertilizantes químicos. También significa ingerir comida fresca preparada de forma adecuada. Incluso si cocinamos los alimentos debemos asegurarnos, para empezar, que estén frescos, comerlos al momento y no cocinarlos en exceso.

Toma tiempo para que los efectos de los cambios en la dieta se manifiesten en la mente. Cambiar nuestra dieta no impactará nuestra psicología de la noche a la mañana, pero en un período de meses la afectará de un modo significativo. Hay una serie de trastornos psicológicos que se pueden curar, o al menos aliviar, siguiendo una dieta sáttvica como se indica en el apéndice. Si bien puede no ser posible seguir una dieta estrictamente sáttvica, debemos por lo menos orientar nuestros hábitos alimenticios en esa dirección.

Para tratar los desequilibrios psicológicos, debemos considerar la dieta más seriamente.

La dieta sáttvica y los seis sabores

Ayurveda reconoce seis sabores, cada uno de los cuales está compuesto por dos de los cinco elementos:

Dulce…………...	tierra y agua
Salado…………...	agua y fuego
Ácido…………...	tierra y fuego
Picante…………	fuego y aire
Amargo…………	aire y éter
Astringente……..	tierra y aire

El dulce es el sabor sáttvico primario porque es nutritivo y crea armonía, reflejando la energía del amor. Los sabores picante, ácido y salado son rajásicos (estimulantes/irritantes) porque activan los sentidos y vuelven a la mente extrovertida. Los sabores amargo y astringente son tamásicos a largo plazo, ya que su efecto es reducir los fluidos vitales.

Sin embargo, necesitamos los seis sabores en diferentes grados. El equilibrio de sabores es en sí mismo sáttvico. Este consiste en comida que sea agradable pero no demasiado dulce, en sabores como cereales, frutas y verduras dulces, junto con un uso moderado de especias, sal y condimentos, tomando lo amargo y lo astringente según sea necesario para la desintoxicación. Una dieta sáttvica es suave y equilibrada en cualidades, sin irse hacia ningún extremo en el sabor.

El sabor picante irrita los nervios por sus propiedades que estimulan y dispersan. Los sabores ácido y salado agravan las emociones al calentar la sangre. Los sabores amargo y astringente pueden desconectarnos de la tierra y secar nuestro sistema nervioso. Sin embargo, algunas especias dulces, como el jengibre, la canela y el cardamomo son sáttvicas y ayudan a despejar la mente y armonizar las emociones. Algunas hierbas amargas especiales, como el gotu kola, son sáttvicas. El sabor amargo ayuda a abrir la mente, ya que se compone de los elementos básicos de aire y éter.

Cualquier sabor en exceso es tamásico o entorpecedor. Esto es particularmente cierto con el sabor dulce, el cual es pesado en la naturaleza. Todos hemos experimentado el efecto de pesadez al comer demasiados dulces. Los carbohidratos complejos son mejores para la mente que los azúcares sin refinar. Porque los azúcares puros estimulan de manera excesiva el páncreas, ya que requieren que trabaje duro para mantener bajos los niveles de azúcar cuando éstos entran al torrente sanguíneo, y luego cuando dejan la sangre, lo hacen trabajar duro otra vez para mantener los niveles de azúcar arriba. Esto puede causar cambios de humor y desequilibrios emocionales. Debido a que el sabor dulce es Sáttvico o promotor del amor, nos arraigamos a él para compensar la falta de amor en nuestras vidas.

Comer en exceso es tamásico mientras que comer ligero es Sáttvico; aun así, comer ligero puede ser rajásico si no ingerimos la comida adecuada para conectar la mente a la tierra. El sobrepeso es un estado tamásico que causa torpeza y pesadez en la mente, mientras que un peso bajo es rajásico y promueve la hipersensibilidad y la hiperactividad.

Dietas rajásica y tamásica

Los alimentos rajásicos y tamásicos perturban u opacan la mente produciendo malestar y enfermedad. Debemos comprender esto con el fin de evitarlos. Los alimentos rajásicos son picantes, salados y amargos en exceso, como por ejemplo, los chiles, el ajo, la cebolla, los vinos, los encurtidos, el exceso de sal, mayonesa, crema agria y vinagre. También, los alimentos de temperatura muy caliente son rajásicos. Usualmente la comida rajásica se toma con bebidas estimulantes (rajásicas) como el café o el alcohol. Se pueden comer en circunstancias rajásicas, como cuando estamos en un apuro, perturbados o agitados.

La comida tamásica es rancia, vieja, recalentada, artificial, demasiado frita, grasosa o pesada. Incluye toda la comida "muerta", carne y pescado, en particular puerco, grasas y órganos animales. También, tienden a ser tamásicos: los alimentos enlatados y artificiales, el exceso en la ingesta de grasas, aceites, azúcares y pasteles, el azúcar y la harina blanca tienen un efecto obstructivo o tamásico a largo plazo (aunque a corto plazo la azúcar blanca es rajásica), la comida demasiado fría también es tamásica y debilita el fuego digestivo.

La comida rajásica causa hiperactividad e irritabilidad, aumenta las toxinas en la sangre y promueve la hipertensión. Perturba los sentidos y provoca que las emociones fluctúen. En cambio, los alimentos tamásicos causan hipoactividad, letargo, apatía, exceso de sueño y acumulan flema y materiales de desecho. Por lo que entorpecen los sentidos y mantienen las emociones fuertes y resistentes.

La dieta sáttvica para los tres humores

La dieta sáttvica puede modificarse para un mejor efecto de acuerdo a los tres humores biológicos de Vata, Pitta y Kapha. Por eso, uno debe seguir la dieta que corresponde a su tipo constitucional, haciendo hincapié en aquellos artículos que son sáttvicos y evitando los que son rajásicos o tamásicos.[57] Así, mediante un régimen alimenticio que combine el aumento de Sattva junto con la reducción del humor biológico personal, la dieta se convierte en una poderosa herramienta para mejorar la salud. Para los problemas psicológicos específicos deben prescribirse dietas más especializadas.

(Vea el apéndice para información específica sobre los tipos de comida sáttvica).

Hierbas

Las hierbas son la medicina principal de la Madre Naturaleza y nos brindan su energía curativa para mantener nuestro sistema en equilibrio. Ayurveda es principalmente una medicina a base de hierbas y los libros ayurvédicos explican en detalle las cualidades y energías de las mismas.[58] Aquí nos centraremos en cómo este tipo de plantas se pueden utilizar de una manera sencilla en relación con la mente. Las hierbas afectan la mente de forma más directa que los alimentos, pero son más suaves y seguras en acción que los medicamentos químicos. Pueden ser herramientas muy importantes para la curación mental. Si bien todas las hierbas tienen algún efecto sobre la mente, algunas son nervinas y poseen una acción especial en el cerebro y en el sistema nervioso.

Las hierbas funcionan cuando son usadas por un período de tiempo, aunque más corto que el de los alimentos. Puede necesitarse hasta un mes para que se manifieste el efecto de hierbas suaves, en particular, el de aquellas usadas para efectos nutritivos. A excepción de las que son estimulantes fuertes (como el ma huang o la cayena) las cuales tienen un efecto inmediato.

Las hierbas en la psicología ayurvédica

La psicología integral de Ayurveda destaca en primer lugar una dieta adecuada. Encima de esto, las hierbas especiales son útiles, por no decir indispensables. La dieta tiene un papel general y proporciona la base sobre la cual las hierbas pueden trabajar. Sin la dieta adecuada, incluso las mejores hierbas estarán limitadas en lo que puedan hacer. Las hierbas se usan para afinar una dieta y para conseguir acciones terapéuticas más fuertes en menos tiempo.[59] Para comprender el punto de vista ayurvédico, es necesario entender los efectos de los seis sabores en la mente.[60]

Los seis sabores y la mente

Sabor amargo

El sabor amargo está compuesto de los elementos aire y éter que son los mismos elementos que predominan en la mente. Las hierbas amargas abren la mente, hacen a la conciencia más sensible y aumentan su capacidad funcional. Tienen un efecto refrescante, tranquilizante, separador y expansivo en la mente.

Aquellos que sufren de torpeza mental, pesadez, calor y toxicidad deben usar más el sabor amargo. Sin embargo, el sabor amargo no debe ser utilizado por aquellos que sufren de hiperactividad, agotamiento nervioso, debilidad o desarraigamiento. Es más para usos a corto plazo o en pequeñas dosis. Los nervinos amargos típicos incluyen la betónica, la manzanilla, el gotu kola, el lúpulo, manduka parni, la pasiflora y la escutelaria.

Sabor picante

El sabor picante está compuesto de los elementos fuego y aire y activa estos en la mente. Al ser el más caliente de los sabores, es el mejor para incrementar Tejas y la inteligencia. Las hierbas picantes estimulan la mente y promueven la circulación en el cerebro. Ayudan a desarrollar la claridad, la percepción y la capacidad de razonamiento.

Las hierbas picantes son buenas para quienes sufren de torpeza mental, depresión, congestión y falta de motivación. Por lo general, deben evitarlas aquellos que sufren de ira, insomnio, inquietud, o hiperactividad. A menudo trabajan mejor en combinación con tónicos dulces, los cuales cimentan y estabilizan sus efectos.

La mayoría de las hierbas picantes sirven como estimulantes nerviosos, estas abren la mente y los sentidos, aclaran la mente y los senos nasales, alivian el dolor de cabeza, los espasmos musculares y la neuralgia. Algunos nervinos son más estimulantes que otros, en especial aquellos que ayudan a limpiar los senos nasales. Las hierbas típicas de este tipo son: albahaca, laurel, cálamo, alcanfor, cardamomo, eucalipto, hisopo, menta, pimienta larga, romero, azafrán, salvia, hierbabuena, tomillo y gaulteria.

Aunque la mayoría de las hierbas picantes son estimulantes, algunas tienen naturaleza tranquilizante o sedante. Estas son a menudo fuertes y tienen un sabor a tierra. Son particularmente buenas para Vata. Entre estas se encuentran: asafétida, ajo, nardo jatamamsi, nuez moscada, valeriana y sandalia de la virgen.

Existen ciertos estimulantes nervinos clasificados como sabor picante debido a los alcaloides especiales que contienen. Estas hierbas nos ayudan a permanecer despiertos y concentrados, pero también pueden irritar los nervios. Son útiles en forma limitada en condiciones de depresión o apatía, pero pueden agravar el insomnio, la inquietud y la ansiedad, e incrementar la debilidad nerviosa. Las hierbas de esta categoría son el café, la damiana, la efedra, el ma huang, el té y el yohimbe.

Sabor dulce

El sabor dulce se compone de los elementos tierra y agua. Se utiliza con propósitos calmantes, nutritivos o de arraigo a la tierra para la mente y nervios, y puede tener efectos rejuvenecedores. Estas hierbas no suelen ser muy dulces en sabor, sólo ligeramente. Quienes sufren de congestión o depresión deben evitar los tónicos nervinos dulces debido a que estos aminoran y consolidan nuestra energía. Los tónicos nervinos más importantes son ashwagandha, bala, vidari, gokshura, regaliz, semillas de loto, semillas de sésamo, shatavari y semillas de zizyphus.

Sabor salado

El sabor salado se compone de los elementos agua y fuego. Lo que le da propiedades sedativas y aumenta la conexión a tierra. No es un sabor común de las hierbas sino de las algas y conchas marinas. Se utiliza, en primer lugar, para las condiciones de debilidad nerviosa o hiperactividad que son condiciones esenciales de Vata. Ayurveda contiene preparaciones especiales de varias conchas de mar y coral. Algunas de las sales nervinas calmantes y minerales son la sal negra, el polvo de concha de caracol (shankha bhasma), las algas marinas, el polvo de concha de ostras (mukti bhasma), el polvo de perlas (moti bhasma), el polvo de coral rojo (bhasma praval) y la sal de roca.

Sabor astringente

El sabor astringente está compuesto de tierra y aire. Es poco utilizado con propósitos nervinos, pero puede ayudar a sanar el tejido nervioso y a detener los espasmos. Hay pocos nervinos especiales que ayudan a calmar y curar la mente. Tales nervinos astringentes son el laurel, el incienso, el haritaki, la nuez moscada, la mirra y el guggul.

Sabor agrio

El sabor agrio se compone de tierra y fuego. No es muy usado con propósitos nervinos pero es un estimulante suave y puede ayudar a contrarrestar la depresión y el mareo. Sustancias agrias como el alcohol y el vinagre ayudan a extraer los alcaloides en algunas hierbas y son la base de vinos y tinturas herbales. Entre los nervinos agrios encontramos el amalaki, el limón, el tamarindo y el vino.

Nervinos tónicos y purificadores

Las hierbas trabajan como agentes nutritivos y purificadores en dos niveles principales. Los agentes nutritivos son tónicos que se acumulan en los tejidos. Estas hierbas contienen principalmente los elementos tierra y agua, como la comida, pero de un tipo sutil o predigerido. Los agentes purificadores son desintoxicantes que facilitan los procesos naturales de limpieza, como el sudor o la orina. Por lo general, estas hierbas predominan en los elementos fuego, aire y éter.

Las siguientes son las principales acciones purificadoras que las hierbas pueden tener sobre el sistema nervioso:

Expectorantes y descongestionantes: Son hierbas que despejan la mucosa (kapha) de la cabeza, la cual obstruye el funcionamiento del cerebro y los sentidos, ayuda a abrir los canales de los nervios y los senos paranasales y alivia el dolor. Entre estos están el laurel, cálamo, alcanfor, canela, eucalipto, jengibre, menta, pimienta larga y la gaulteria.

Alternativos y antipiréticos: Éstas promueven la circulación de la sangre, reducen el calor y las toxinas del cerebro. También pueden promover la micción, lo cual ayuda en la limpieza del sistema nervioso a través de la sangre. Las hierbas típicas incluyen gotu kola, manduka parni, pasiflora, sándalo, escutelaria, guggul y mirra.

Sedantes: Son las que poseen propiedades específicas para el dolor y contrarrestan las condiciones de vata alto: insomnio, ansiedad, miedo y dolor. Entre éstas se encuentran: asafétida, ajo, jatamansi, la sandalia de la virgen, el shankha pushpi y la valeriana.

Los agentes tónicos y rejuvenecedores dan fuerza a nuestros órganos internos, tejidos, sistemas y energías. Son aquellos que fortalecen el cuerpo en su conjunto o la fuerza vital, y mejoran la mente de manera indirecta. Algunos son tónicos específicos para la mente. A continuación, se presentan algunas de las hierbas tónicas principales en diferentes niveles.

Tónicos para los humores biológicos:

Vata: amalaki, ashwagandha, bala, ajo, regaliz, shatavari, vidari

Pitta: amalaki, gel de aloe, bala, gotu kola, coral rojo, regaliz, semillas de loto, shatavari

Kapha: gel de aloe, ashwagandha, helenio, ajo, guggul, mirra, pimienta larga, shilajit

Rejuvenecedores de la mente: cálamo, gotu kola, manduka parni, shankha pushpi

Ingesta de hierbas

Pueden utilizarse para tratar dolencias leves y como tónicos generales para la mente. Para ello, su dosificación debe ser cerca de un gramo de polvo o una cucharadita de la hierba cortada y tamizada por cada taza de agua, tomada dos o tres veces al día. Las dosis altas de hierbas o de gran alcance deben ser recetadas por un profesional. La acción de éstas varía en función del medio en el cual se toman (anupana). A continuación, enumeramos los medios más importantes y comunes:

Ghee: Es mantequilla clarificada. Se hace cocinando mantequilla (de preferencia cruda y sin sal) a fuego lento hasta que las grasas de la leche se depositen en el fondo y el líquido de encima quede claro. El ghee es un excelente vehículo para tomar las hierbas nervinas, además alimenta el tejido nervioso y guía los efectos de las hierbas sobre él. Se toma con hierbas tónicas para mejorar sus propiedades nutritivas y con hierbas amargas para fortalecer sus efectos refrescantes.

Miel: La miel tiene propiedades descongestionantes, expectorantes y nutritivas. Ayuda a despejar la cabeza, la mente y los sentidos. Es un buen vehículo para tomar nervinos picantes o especiados como el laurel, el cálamo, el jengibre o la pimienta larga.

Leche: Tomar una hierba en una decocción de leche aumenta tanto sus propiedades tónicas como las calmantes. Un cuarto de cucharadita de nuez moscada, tomada en una taza de leche tibia, junto con un poco de ghee, es un sedante suave y relajante. Una cucharadita de ashwagandha con un poco de nuez moscada en una decocción de la leche es un buen tónico nervino. La gotu kola preparada en leche es un tónico herbal suave. Sin embargo, debemos tratar de obtener leche de buena calidad, cruda si es posible.

Tinturas

Las hierbas en tintura debido a las propiedades del alcohol, las cuales son sutiles y penetrantes, tienen una actividad más directa en el cerebro (el alcohol aumenta sus efectos anti-kapha). Por lo general se utiliza una mezcla mitad alcohol puro y mitad agua destilada. De esa forma, el alcohol sólo extrae los elementos fuego, aire y éter que lo componen. Es mejor para acciones estimulantes y desintoxicantes, pero no para acciones tónicas. Puede ser evaporado para aquellos que deseen evitarlo.

Las hierbas y la nariz (Nasya)

Una de las mejores maneras de llevar los efectos de las hierbas al cerebro y sistema nervioso es aplicándolas a través de la nariz. Hay varias maneras de hacerlo:

1) Aromaterapia e incienso (examinados en un capítulo aparte).

2) Aplicación de aceites en la nariz:

El aceite de ajonjolí se puede poner en la nariz para una acción calmante y nutritiva. El ghee es especialmente bueno para calmar los nervios y para contrarrestar las alergias. El coco se puede utilizar de una manera similar: aplique unas gotas de estos aceites con un gotero mientras la cabeza está inclinada o ponga un poco de aceite en la punta de su dedo meñique y aplique con cuidado dentro de la nariz.

3) Inhalar los polvos de diferentes hierbas:

Inhalar polvo de cálamo es una de las mejores maneras de abrir la cabeza y los senos paranasales, estimular el flujo de sangre al cerebro y llevar agudeza a la voz y los sentidos.

Ponga un poco de la hierba en polvo en el exterior del dedo índice e inhale cerrando el orificio nasal opuesto con un dedo de la otra mano.

Masaje con aceite

El masaje con aceite (abhyanga) es una terapia ayurvédica importante no sólo para condiciones físicas sino también psicológicas. Este tipo de masaje es relajante para la mente, nutritivo para el corazón y fortalece los huesos y nervios. Todos debemos recibir masaje con aceite de forma regular como parte de un régimen de vida saludable y para tratar diversas enfermedades.

Los aceites se deben aplicar tibios y se debe dejar durante un rato (por lo menos quince minutos) para una absorción apropiada. Después se puede tomar una ducha o un baño de vapor para remover el exceso de aceite. Para hacer esto más fácil, se puede aplicar y frotar un polvo (por ejemplo de cálamo) para absorber el exceso de aceite.

Aceite de ajonjolí: Es específico para bajar vata alto e incrementar Ojas. Fundamenta y nutre la mente. Así, las hierbas anti-vata como ashwagandha, cálamo, nirgundi, hinojo o jengibre se pueden cocinar en él para darle más fuerza.

El aceite de ajonjolí se puede aplicar a la cabeza, al pelo, la espalda o los pies con fines calmantes, especialmente por la noche. Este se debe dejar por lo menos quince minutos, tras lo cual se puede enjuagar durante una ducha caliente. Para todas las personas que sufren de dolor y ansiedad, el masaje regular con aceite de ajonjolí es una necesidad.

Aceite de coco: Es específico para bajar el pitta alto, siendo refrescante y relajante para la mente, los nervios y la piel. Las hierbas anti-pitta, en particular el brahmi (gotu kola) trabajan bien preparadas en este aceite. El aceite de coco puede aplicarse en la cabeza, el cabello y las aberturas sensoriales (como los tambores del oído y las fosas nasales) así como usarse como aceite de masaje general.

Aceite de mostaza: Es específico para bajar el kapha alto. Calienta, estimula y mejora la circulación. Ayuda a limpiar los canales de los pulmones y la cabeza y es bueno para la torpeza mental y la depresión. Puede ser utilizado como un aceite de masaje general o para cubrir ciertas regiones como los pulmones.

Pancha Karma

Pancha Karma es el principal método ayurvédico de purificación física. Debido a la naturaleza sutil de sus procesos, penetra profundamente en el sistema nervioso. Es útil para los problemas psicológicos causados por los excesos de los tres doshas. Sin embargo, también puede ser útil para los problemas psicológicos causados por factores internos, emociones y karma. Consta de cinco prácticas de purificación principales:

1) Emesis terapéutica para eliminar el exceso de Kapha: recomendado para manejar la depresión, el dolor y el apego.

2) Purgación terapéutica para eliminar el exceso de Pitta: recomendado para manejar la ira.

3) Enemas terapéuticos para eliminar el exceso de Vata: trata el miedo, ansiedad, insomnio, temblores, trastornos del sistema nervioso.

4) Limpiezas nasales que limpian la cabeza de toxinas: recomendado para los dolores de cabeza, alergias, insomnio.

5) Limpieza de la sangre para eliminar la sangre tóxica, por lo general anti-Pitta[62].

Para que estos procedimientos funcionen de manera adecuada, los doshas deben primero ser llevados a los sitios desde los cuales pueden ser eliminados del cuerpo: kapha al estómago, pitta al intestino delgado y vata al intestino grueso. Esto requiere de un período, por lo general un mínimo de siete días, de masaje con aceite diario (snehana) y terapia de vapor (svedana). El masaje con aceite y la terapia de vapor aflojan las toxinas en el tejido más profundo y permiten que fluya de regreso al tracto gastrointestinal para su eliminación. Pancha Karma se encuentra disponible en una serie de clínicas ayurvédicas en Occidente. Puede ser buscado por aquellos que requieran una limpieza tan profunda.

13. Terapias sutiles: colores, gemas y aromas

En el siguiente capítulo se presentarán los tratamientos sensoriales más importantes del Ayurveda. Debido a que la mente se alimenta de la percepción sensorial, al alterar nuestros estímulos sensoriales, podemos cambiar nuestro estado mental y emocional. Pruebe algunas de estas sugerencias usted mismo y vea cómo puede mejorar lo que piensa y siente al estar simplemente abierto a diferentes impresiones sensoriales.

Terapia de Colores

¿Cómo sería la vida sin color? Tal vez ningún otro potencial sensorial afecta (o colorea) nuestra percepción de manera tan inmediata. Pues es una poderosa herramienta para atraer nuestra atención, darle forma a nuestro estado de ánimo y para comunicar nuestras emociones. Éste atrae y atrapa la mente orientándola en una dirección particular. Siendo así, la terapia de colores es uno de los tratamientos sensoriales principales para toda sanación mental y espiritual. Pues es la base de la terapia de las gemas, la cual dirige el color en un nivel sutil u oculto. También, los colores pueden ser combinados con el mantra, las formas geométricas y otras terapias sensoriales para un efecto acrecentado.

Nosotros asimilamos el color por medio de la luz absorbida a través de los ojos. Este proporciona la nutrición para la mente y la fuerza vital, vitalizando la sangre y aumentando nuestra capacidad de percepción. El color es la cualidad sensorial correspondiente al elemento fuego, por lo que los colores brillantes despiertan nuestra motivación o nuestra ira. Puede ser utilizado para regular el elemento fuego a nivel sutil, fortalecimiento la circulación y la digestión mental. Afecta a todos los otros elementos y este se puede utilizar para armonizarlos. Sin color, la vida es inimaginable y todas las acciones nos colorean de una u otra manera.

Nosotros no sólo absorbemos los colores, sino que también producimos colores tanto en el cuerpo como en la mente. Físicamente, el cuerpo tiene su pigmentación y su tez los cuales revelan nuestro estado de salud. En el proceso de la enfermedad, surgen decoloraciones en la piel como la ictericia, palidez, sarpullidos, o manchas cafés o negras. Del mismo modo, cuando la mente está alterada produce decoloraciones de varios tipos. Estos pueden ser en forma de malos sueños, imaginaciones dañinas, o en general, tonos emocionales poco armoniosos como la ira, la ansiedad y el apego. El contrarrestar estas decoloraciones internas con los colores armoniosos nos devuelve a la salud y al bienestar. Los colores incorrectos trastornan la actividad mental y los colores adecuados la restauran.

Los colores y los humores biológicos

La forma más sencilla de usar la terapia del color se relaciona con respecto a los tres humores biológicos. En este sentido, los colores son como las especias, en las cuales también predomina el fuego.

Vata

Este tipo de humor se desenvuelve mejor con colores que son cálidos y húmedos, suaves y relajantes, opuestos a las cualidades de su carácter frío, seco, ligero y de hiperactividad. Esto se consigue mediante la combinación de colores cálidos como el oro, rojo, anaranjado y amarillo con colores húmedos y tranquilos, como el blanco o como los tonos blanquecinos de verde o azul.

Los colores excesivamente brillantes, como los amarillos, rojos o morados llamativos, agravan la sensibilidad nerviosa de los tipo Vata. Los contrastes de color demasiado fuertes estimulan excesivamente Vata, como el rojo contra el verde o el negro. Demasiados colores oscuros como el gris, negro o marrón pueden llegar a desvitalizar a Vata, aunque bajo ciertas condiciones también pueden ayudar a darles una base firme. Los colores iridiscentes o del arco iris traen equilibrio para Vata siempre y cuando no sean demasiado brillantes. Los colores para Vata son mejor suministrados en formas y texturas que sean redondas, suaves, cuadradas o equilibrados, y no delgadas, estrechas, ásperas o fuertes. Generalmente a los Vata les va mejor con más color en sus vidas.

Pitta

Las personas Pitta se desempeñan mejor con colores frescos, suaves y relajantes, que se oponen a sus tendencias calientes, agresivas y ligeras. Se trata principalmente de blanco, verde y azul. Los tipos Pitta deben evitar los colores que sean calientes, cortantes o estimulantes, como rojo, naranja y amarillo.

Sin embargo, colores muy brillantes, como los matices en neón, tienden a trastornar a Pitta, incluso demasiado verde o azul. A los Pitta les va mejor con tonos suaves, como pasteles, o con colores neutros como el gris o el blanco. A los tipos Pitta les sienta bien tener menos color alrededor de ellos o la ausencia de color. Por ejemplo, meditar sobre una noche oscura estrellada es bueno para ellos. Sin embargo, deben evitar el color negro azabache, aunque el gris está bien. Los tipos Pitta deben evitar colores en formas angulares, agudas y penetrantes. Necesitan formas redondas y suaves. Por lo general, les sienta mucho mejor ser más moderados en su uso del color.

Kapha

A los Kapha les va mejor con los colores cálidos, secos y estimulantes para contrapesar sus propiedades de frío, humedad, pesadez y falta de movimiento. A los tipos Kapha les sienta bien los colores brillantes y los contrastes fuertes de colores. Les van muy bien los colores cálidos como el naranja, amarillo, dorado y rojo. Deben evitar el exceso del blanco o los tonos blancos de colores fríos como el verde o el azul, pero pueden utilizar estos (excepto el blanco) en tonos más lúcidos o brillantes.

Los tonos ricos, como los alimentos ricos, desequilibran a Kapha. Para los tipos Kapha, los colores deben ser brillantes, claros y transparentes, y no oscuros o profundos. Las tonalidades dulces deben evitarse, como el rosa o el azul claro. Las formas angulares y piramidales son buenas para Kapha, los cuales deben evitar formas redondas o cuadradas. A los Kapha les va mucho mejor con más color, siempre y cuando sea claro y luminoso.

Los colores y los Gunas

No sólo importa el color específico, también se debe considerar su cualidad de acuerdo a los tres Gunas. Este factor es importante para las condiciones psicológicas debido a que el color afecta a la naturaleza mental de manera aún más directa que los humores biológicos. Mientras que el color es una sustancia de curación útil, no debe ser usada en exceso. Esta puede energizar pero también puede traer el desequilibrio debido a su calidad básica de Rajas. Todos los colores deben ser de naturaleza sáttvica: sutiles, agradables, armoniosos, suaves y naturales. El uso moderado del color tiene un efecto calmante y no causa agitación.

Los colores rajásicos son brillantes, fuertes, llamativos y artificiales, como las luces de neón. Sus tonos son brillantes y penetrantes o metálicos. Sus contrastes son excesivos como las combinaciones de colores opuestos como rojo-verde o azul-amarillo. Los colores rajásicos estimulan en exceso e irritan la mente y los sentidos. Por lo que deben utilizarse con discreción, en particular para contrarrestar condiciones tamásicas.

Los colores tamásicos carecen de brillo y son oscuros, turbios, como un verde estancado o demasiado gris o negro. Vuelven la mente y los sentidos pesados, congestionados e inertes. Por esa razón deben evitarse, excepto para uso a corto plazo para las personas que son hiperactivos, porque tienen demasiado Rajas.

El blanco es el color propio de Sattva, cuya naturaleza es la pureza. El rojo es el color de rajas donde predomina la pasión. El negro es el color de Tamas que se encuentra en el imperio de la oscuridad. Sin embargo, todos los colores tienen matices que pueden pertenecer a cualquiera de los tres Gunas. Además, sus combinaciones pueden producir un efecto que puede aumentar cualquier Guna.

El color y Tejas

Los colores trabajan sobre todo en Tejas, la esencia vital de fuego que brinda calor, valentía, audacia, compasión, perspicacia e inteligencia. Las tonalidades brillantes aumentan Tejas y las oscuras lo reducen. Así, los colores que son demasiado brillantes lo sobre estimulan y hacen que queme Ojas, volviéndonos apasionados, enojados, irritables o demasiado críticos. El uso adecuado de los colores equilibra a Tejas manteniéndonos con claridad y enfocados en nuestras acciones y percepciones.

Una de las maneras más fáciles para aumentar Tejas en sus cualidades sáttvicas es meditar sobre una llama de ghee o una luz dorada. Tejas se relaciona específicamente con el color azafrán (el color de las batas usadas por los Suamis Hindus) y puede ser estimulado por este también. El exceso de Tejas, como las condiciones de ira, pueden ser aliviadas por el uso del color azul cielo profundo o el blanco.

La aplicación de los colores

La terapia del color se puede aplicar a través de una fuente de color externa. La cual puede ser visualizada de manera interna en la mente y, la cual puede comenzar con la contemplación del color externo. Se pueden hacer lámparas de color mediante la colocación de vidrios de colores sobre un foco de luz. Es preferible una luz suave y se recomienda evitar bombillas fluorescentes o de neón. Los tonos deben ser suaves y armoniosos. El cuerpo como un todo puede ser bañado por la luz del color en particular o se puede bañar una parte específica del cuerpo, como poner una úlcera infecciosa bajo una luz de color azul oscuro. Con este fin, se pueden proporcionar luces más pequeñas o lámparas de enfoque amplio y estrecho.

El color puede ser aplicado por medio de la ropa que usamos, los colores de nuestra casa y los de nuestro entorno. Los colores aplicados en una sala de meditación son particularmente importantes. Podemos abrirnos a los colores de la naturaleza, como meditar sobre el azul del cielo o el agua azul, blanco como la nieve blanca o la luz blanca de la luna, o el verde de árboles y la hierba. Podemos meditar sobre las flores de diferentes colores: el blanco lirio, el rojo de la rosa o el hibisco, el amarillo del crisantemo o del girasol, el iris azul. La forma armoniosa de las flores ayuda con el efecto del color. Podemos meditar sobre las diversas formas de vidrios de colores, obras de arte, mandalas o manuscritos iluminados. Podemos meditar sobre el fuego y sus diversos colores o hacer varios rituales de fuego (homa o agnihotra).

Como regla general, las impresiones obtenidas a través de fuentes naturales son preferibles a las que son obtenidas por medios artificiales.

La terapia del color funciona mejor cuando visualizamos los colores en nuestras mentes. Luego de esto, podemos dirigir colores a las diversas partes de nuestro cuerpo, diferentes chakras o a nuestros ambientes mentales y emocionales, como por ejemplo, rodeándonos con una luz dorada.

La terapia del color se debe aplicar durante un período de tiempo para que pueda tener un efecto significativo. La exposición a fuentes externas de color se debe hacer quince minutos al día durante un período de un mes para tener el efecto adecuado. La visualización y la meditación sobre colores específicos deben ser por un período de tiempo similar. Al mismo tiempo, debemos evitar exponernos a los colores y las impresiones discordantes, como los colores rajásicos y tamásicos de la televisión y el cine.

Gemoterapia

Las gemas son más que bellas y maravillosas creaciones de la naturaleza. Su belleza refleja un poder sutil y una conexión con la mente y el cuerpo astral. Las ciencias védicas le adjudican una gran importancia a las gemas, en particular por sus propiedades curativas y energizantes. Las gemas se pueden usar para proteger y revitalizar a largo plazo tanto el cuerpo como la mente. Fortalecen nuestra aura y nos alinean con las fuerzas curativas de la naturaleza. Aunque Ayurveda utiliza gemas[63], desde el punto de vista védico, son comprendidas principalmente a través de la astrología.

Astrología y psicología

La astrología ha tenido tradicionalmente un aspecto médico y psicológico. La astrología védica se usa junto con Ayurveda para curar la mente. La carta natal astrológica revela la naturaleza y el destino del alma, no simplemente el estado del cuerpo o del ego. Por eso, el astrólogo también debe lidiar con problemas psicológicos. El conocimiento de Ayurveda puede ayudar en este proceso.[64]

La astrología védica emplea el mismo lenguaje de Ayurveda: los Gunas, Doshas, elementos y funciones de la mente. También, puede proveer una buena predicción del desarrollo de problemas psicológicos, así como sugerir medidas astrológicas (como mantras, gemas, rituales y meditaciones) para contrarrestarlos. La astrología aplicada de manera terapeutica es un tema en sí mismo.

En la astrología védica, las gemas están correlacionadas con los planetas y son utilizadas para equilibrar sus influencias en el tratamiento de trastornos físicos, mentales y espirituales. La gemoterapia es el principal método de tratamiento astrológico. Las gemas son usadas externamente como anillos o pendientes. Según el sistema védico, los dedos de la mano y los planetas se corresponden.

Dedo índice................... Júpiter

Dedo medio................... Saturno

Dedo anular................... Sol

Dedo meñique.................Mercurio

Utilizando gemas en los dedos apropiados, de acuerdo a su relación con los planetas, podemos fortalecer sus influencias. Para aquellos planetas que no rigen ningún dedo, se puede utilizar el dedo regido por otros que le sean familiares, por ejemplo: Venus es amigo de Saturno y Mercurio, la Luna es amiga del Sol y de Júpiter, Marte es amigo del Sol y de Júpiter. Siempre es mejor colocar las gemas de manera que realmente entren en contacto con la piel.

En Ayurveda también se pueden ingerir ciertas preparaciones de gemas con fines similares. Sin embargo, para uso interno, las gemas son tratadas de forma especial mediante complejos procesos para hacerlas seguras y no tóxicas para el cuerpo físico. Las preparaciones de éstas se utilizan actualmente en medicinas ayurvédicas. Si bien no están disponibles en los Estados Unidos, podemos tomar tinturas de gemas que en realidad no implican la ingestión del mineral.

Las tinturas de gema, al igual que las tinturas de hierbas, son preparadas poniendo en remojo la gema por un período de tiempo, generalmente unas dos semanas, en una solución de alcohol de 50-100%. Las piedras duras como el diamante o el zafiro pueden remojarse hasta por un mes (de una luna llena a la siguiente). Las gemas que generalmente son suaves y opacas, como las perlas y el coral, se remojan por periodos de tiempo más cortos o en soluciones más suaves.

Colores planetarios

Cada planeta proyecta un color del rayo cósmico creativo. También podemos utilizar la terapia del color a lo largo de las líneas astrológicas para equilibrar los efectos de los planetas.

Planeta	Color
Sol	rojo brillante
Luna	blanco
Marte	rojo oscuro
Mercurio	verde
Júpiter	amarillo, oro
Venus	transparente, colorido
Saturno	azul oscuro, negro
Rahu	ultravioleta
Ketu	infrarrojo

Las gemas y los planetas

Las correspondencias védicas clásicas entre: las piedras preciosas más importantes y las gemas sustitutas, los planetas y su utilización como remedios psicológicos, son los siguientes:

Planeta	Gemas Preciosas	Gemas Sustitutas	Remedios
Sol	Rubí	Espinela, granate, piedra del sol	Autoestima, energía, liderazgo
Luna	Perla	Piedra de luna, perlas cultivadas	Calma la mente y emociones, da amor y paz
Marte	Coral rojo		Fortalece la voluntad y la vitalidad
Mercurio	Esmeralda	Peridot, turmalina verde, circón verde, jade	Da equilibrio mental, juicio y percepción

Júpiter	Zafiro amarillo	Topacio amarillo, citrino	Sabiduría, fuerza, creatividad
Venus	Diamante	Zafiro blanco, circón claro, cristal de de cuarzo blanco, coral blanco	Da sensibilidad, amor e imaginación
Saturno	Zafiro azul	Amatista, lapis lázuli	Da desapego, paciencia e independencia
Nodo norte (Cabeza de dragón)	Granate hessonita (grossularite dorada)		Da percepción clara, buen juicio y pensamiento sabio
Nodo sur (Cola de dragón)	Ojo de gato (crisoberilo)		Da perspicacia, enfoque y concentración

Urano, Neptuno y Plutón no fueron conocidos por los antiguos. Plutón parece relacionarse con las piedras oscuras como el coral negro y el ónix. Neptuno tiene mucho en común con los ópalos, en particular, los de tipo iridiscente. Urano tiene mucho en común con las piedras azul oscuro de Saturno como la amatista.

Debido a que la mayoría de las piedras preciosas de los planetas son muy caras, se pueden utilizar piedras menos costosas como sustitutos. Como el coral rojo no es caro, no es necesario sustituirlo. Por lo general, se necesita al menos un quilate (de piedra de buena calidad) para las gemas principales, siendo preferible tres quilates. Para las piedras preciosas secundarias, lo mínimo son tres quilates, cinco es lo preferible, y diez o más es lo mejor si serán utilizadas como pendiente.

El uso de gemas en Ayurveda

Mientras que las gemas tienen una acción sobre el cuerpo físico, su acción principal es sobre la fuerza vital. No todas se relacionan fuertemente a uno de los humores biológicos. Muchas, como remedios sutiles, pueden ayudar a equilibrar los tres humores. También podemos dirigir o equilibrar su acción sobre los humores de acuerdo al metal en que las coloquemos (el cual sirve como vehículo). Para su uso en la psicología, las gemas son remedios a largo plazo que ayudan a equilibrar la mente y el campo astral.[65]

Las piedras preciosas sustitutas poseen las mismas propiedades que las principales pero en menor grado. Las gemas más caras deben ser utilizadas como anillos de dos o más quilates. Las menos caras o sustitutas son mejores de cuatro en adelante (y se pueden utilizar piedras más grandes, especialmente para los colgantes o collares).

Preparaciones de minerales y gemas

Ayurveda utiliza una serie de preparados minerales especiales (rasas y bhasmas). Estos consisten en varios minerales, algunos de los cuales son tóxicos cuando no están preparados y dispuestos para su uso interno por medio de preparaciones especiales. Para algunos minerales, la preparación es relativamente simple, pero para otros se requiere un proceso farmacéutico muy complejo.

Estos se utilizan con frecuencia en aquellas condiciones que involucran la mente y el sistema nervioso, incluyen minerales y metales como el oro, la plata, el estaño, la mica, el bórax, el hierro, el plomo, el azufre, el mercurio; y joyas como el cristal de cuarzo, el diamante, la perla, el coral, la esmeralda y el rubí. Su uso queda fuera del alcance de este libro, pero son importantes para el tratamiento ayurvédico de la mente. Los metales y minerales tienen una acción más fuerte y directa en la mente que las hierbas, pero tienen que estar preparados de manera adecuada.

Aromaterapia

¿Alguna vez ha estado alterado o angustiado y a continuación percibió el aroma de una fragante flor o incienso, y luego notó cómo su estado de ánimo mejoró, al menos temporalmente? El uso de aceites aromáticos e incienso para calmar la mente y promover la meditación es bien conocido. Los aromas tienen un gran poder para estimular, calmar o sanar. Quizás no hay nada mejor que una fragancia para cambiar rápidamente nuestro entorno inmediato, afectándonos a un nivel físico. Los aromas correctos promueven la calma y nos ayudan a soltar los pensamientos negativos y las emociones que nos perturban.

La aromaterapia consiste en el uso de aceites aromáticos para promover el proceso de curación. Incluye el uso de incienso, esencias florales y aceites esenciales. Se trata de una terapia complementaria e importante de Ayurveda utilizada principalmente para tratar la mente. Ayuda a la concentración y a la meditación, calma las emociones, relaja los nervios y mejora la paz de la mente. Aquí sólo hay espacio para introducir este tema tan importante.

La fragancia es la calidad sensorial que pertenece al elemento tierra. Ésta, por sí misma, compone el elemento sutil de la tierra. A través del uso correcto de las fragancias podemos purificar el elemento tierra y abrir sus potenciales más altos ayudándonos a olvidar las implicaciones terrenales que pesan tanto en nuestras mentes. Al relacionarnos con las fragancias del elemento tierra, como alimentos sutiles, podemos nutrir y fundamentar el cuerpo sutil (o cuerpo de impresiones). Aunque los aromas predominan en la tierra, estos contienen aspectos de todos los elementos y estimulan todos los sentidos sutiles. El aceite aromático adecuado trae influencias astrales favorables, como aquellas de los dioses y ángeles, en nuestro campo psíquico y mejoran nuestro ambiente psicológico.

Las sustancias aromáticas tienen un efecto armonizador sobre la mente, ayudan al equilibrio de los tres humores y las tres esencias vitales de Prana, Tejas y Ojas. Fortalecen el sistema inmunológico, ayudan a contrarrestar las bacterias y los virus y remueven el aire estancado. Ayudan a limpiar las emociones negativas y los patógenos astrales (incluyendo los pensamientos negativos de los demás). También, aumentan las emociones positivas como el amor, la alegría y la felicidad y refuerzan nuestra motivación, determinación y creatividad. Mejoran nuestra capacidad para la recepción, la percepción y el discernimiento.

Los aceites aromáticos contienen y nos imparten grandes cantidades de Prana (fuerza de vida cósmica). Limpian y abren los canales permitiendo la circulación de energías en el sistema nervioso, los sentidos y la mente. Sirven como agentes catalizadores para promover el movimiento correcto de la fuerza vital en todos los niveles. Ya que toda enfermedad implica alguna perturbación u obstrucción de la fuerza vital a través del prana, los aromas ayudan a tratar todas las enfermedades. No obstante, utilizados en exceso, los aceites aromáticos pueden agravar los humores (aunque menos que las hierbas).

Incienso

Los aceites aromáticos pueden utilizarse para hacer incienso. Este suele ser el método más sencillo de aromaterapia y el más común en los libros de Ayurveda. Todas las formas de incienso pueden ser utilizadas para la aromaterapia. Los aromas derivados de las resinas, cortezas o ramas de los árboles (como el cedro, el enebro o la artemisa) pueden ser quemados directa o indirectamente (como en el carbón para resina) como incienso. Otros aceites aromáticos requieren un procesamiento especial para convertirlos en incienso.

El incienso se puede utilizar de varias maneras. Podemos inhalarlo directamente para un efecto más fuerte o podemos simplemente utilizarlo para purificar y embellecer nuestro aire y medio ambiente. El residuo del incienso crea una película protectora en un nivel sutil que persistirá mucho después que el olor se haya dispersado.

Algunas hierbas aromáticas pueden ser quemadas especialmente en diferentes lugares del cuerpo. Este es el método común de moxibustión en la medicina china, que utiliza la artemisa generalmente quemada en un trozo de jengibre fresco. Ayurveda utiliza la cúrcuma y el cálamo de manera similar. El aceite esencial de la planta es capaz de penetrar por el poder del calor.

Uso

Por lo general, los aceites aromáticos son aplicados externamente. También se pueden ingerir, pero sólo si se diluyen de manera correcta. Sin embargo, nunca se debe ingerir el aceite esencial puro de una planta. Una cucharadita de casi cualquier aceite de ese tipo, incluso de la menta, es suficiente para quemar y causar un agujero en el estómago, lo que puede ser fatal. Los aceites esenciales son volátiles, irritantes y destruyen las membranas mucosas. No deben colocarse directamente sobre las membranas mucosas o en los ojos.

Externamente, los aceites aromáticos se pueden colocar en sitios especiales en la piel. La mayoría de estos están en la cabeza, como el tercer ojo, la parte superior de la cabeza (sede del chakra de la corona), las sienes (para dolores de cabeza), la raíz de la nariz (para problemas de sinusitis), detrás de las orejas o en el cuello: lugares donde pueden ser percibidos fácilmente.

Se puede poner una gota del aceite en el dorso de la mano o en la muñeca y oler periódicamente. Se puede utilizar el aceite puro o se puede diluir en alcohol, agua o un aceite más pesado, como el de coco o ajonjolí. El polvo de hierbas puede ser mezclado con agua y aplicado como pasta, como la pasta de sándalo colocada en el tercer ojo o la pasta de jengibre en las sienes.

Otros puntos importantes son el corazón, en particular el centro del pecho o el centro de la espalda, la región del tórax (para trastornos pulmonares), el plexo solar (para trastornos digestivos o para fortalecer la voluntad), el ombligo y el punto del centro sexual por debajo del ombligo (para la debilidad sexual). No podemos oler el aceite en esos lugares, pero sí afectará nuestros órganos, sistemas o chakras por su naturaleza penetrante. Ayurveda reconoce varios puntos sensibles (marmas), principalmente en estas áreas del cuerpo, las cuales pueden ser tratadas a través de la aromaterapia.

Internamente, los aceites se derivan indirectamente de los tés herbales, tomados de las partes de las plantas que contienen los aceites, como las flores o las hojas. Los aceites esenciales se pueden hacer en tinturas de alcohol, de las cuales se pueden tomar de 10 a 30 gotas con agua tibia. Las hierbas aromáticas también pueden tomarse en forma de polvo (aunque en forma de polvo su tiempo de almacenamiento no puede ser muy largo).

Ingeridos en el medio adecuado, los aceites aromáticos estimulan la mente y el sistema nervioso a través de la lengua y el sentido del gusto. Por esta razón, lo mejor es saborear las hierbas y mantenerlas en la boca por un minuto antes de tragarlas. De esta manera, las hierbas aromáticas pueden trabajar directamente sobre el Prana en la cabeza, al igual que cuando se inhalan.

Fragancias florales y aceites especiados

Los aceites aromáticos son, en esencia, de dos tipos básicos: fragancias florales y aceites especiados. Las fragancias florales, como la rosa o el jazmín, son por lo general de sabor dulce y energía refrescante. Algunos son agridulces, como el jazmín o el crisantemo. La gran mayoría de las fragancias florales disminuyen Pitta y Kapha, pero aumentan Vata. Ambos tipos elevan las emociones y alegran el corazón estimulando su chakra. Aumentan ojas, la reserva de energía subyacente del cuerpo y la mente, aunque de manera leve. Muchos de ellos, como el jazmín y la gardenia, fortalecen el sistema inmunológico y en su acción limpiadora tienen propiedades antibióticas naturales. Las flores son una parte importante de la terapia para equilibrar Pitta, ya que reducen las emociones calientes como la irritabilidad y la ira y despejan de la cabeza el calor y el fuego.

Los aceites picantes como el de canela o almizcle, suelen ser picantes en sabor y cálidos en energía. Disminuyen Kapha y Vata, pero pueden incrementar Pitta. Despejan la cabeza, los senos paranasales y los pulmones, estimulan la mente y los sentidos e incrementan Tejas, la claridad y el poder de percepción. Mejoran la función nerviosa y muchos son analgésicos (detienen el dolor), como el alcanfor y la menta. Ayudan a abrir el tercer ojo, activan los sistemas circulatorio y digestivo, y despejan los canales. Estos aromas son una parte importante de la terapia para equilibrar Kapha.

Los aromas picantes solamente, como el alcanfor o la salvia, son los mejores para Kapha; aquellos que son picantes y dulces, como la canela, el jengibre o el cardamomo, son los mejores para Vata. También existen algunos aceites picantes y amargos, como el ajenjo y el vetiver que son buenos para pitta, y con frecuencia poseen propiedades refrigerantes (son refrescantes en extremo).

Dado que los aceites aromáticos son ligeros y fuertes en aroma: su exceso puede agravar Vata. Lo cual puede causar sensaciones de mareo, poca conexión a la tierra e hipersensibilidad. Aun así, son buenos para Vata, pero sólo en la dosis correcta y no demasiado alta.

Aceites para los tres humores biológicos

VATA: los aceites cálidos y agradables pero no muy estimulantes son la mejor opción. Los aceites con fuerte sabor picante como el almizcle o la canela se equilibran con los aceites dulces y calmantes como el sándalo o la rosa. Los mejores aceites son los de sándalo, flor de loto, incienso, plumería, canela y albahaca. Estos son buenos para condiciones Vata de miedo, ansiedad, insomnio o temblores.

PITTA: los aceites frescos y agradables son los mejores, sobre todo las esencias florales, aunque algunas especias frescas o los aromáticos amargos son útiles. Los mejores son los de madera de sándalo, rosa, vetiver, hierba de limón, loto, lavanda, lirio, azafrán, champak, gardenia, madreselva e iris. Éstos son buenos para las condiciones Pitta de irritabilidad, ira o conflicto mental.

KAPHA: los aceites picantes y calientes son los mejores. Estos incluyen aceites esenciales y resinas como alcanfor, canela, heena, clavo, almizcle, salvia, tomillo, cedro, incienso y mirra. Estos son buenos para las condiciones Kapha de apego, depresión y estancamiento mental. Las flores dulces como la rosa o el jazmín deben evitarse, así como el mucho consumo sándalo, debido a que pueden incrementar Kapha.

14. El poder curativo de los Mantras

El sonido tiene un poder tremendo para condicionar nuestra conciencia para bien o para mal. De hecho, la mayoría del condicionamiento ocurre a través del sonido, en particular de las palabras, de la cuales deriva la educación que estructura nuestra mente. Ya se trate de palabras o de música, ningún otro potencial sensorial tiene tal capacidad de afectarnos. El sonido mueve la mente y el corazón, influenciándonos a nivel subconsciente, consciente y superconsciente. Puede llegar muy adentro y tocar nuestros deseos y aspiraciones fundamentales.

Nuestro condicionamiento no es más que los patrones de sonido a los que hemos acostumbrado a nuestras mentes. Para reprogramar la mente, para eliminar su condicionamiento negativo y reemplazarlo por uno que sea beneficioso (esencia de la curación psicológica) el uso terapéutico del sonido es la herramienta principal. Un mantra no es sólo una herramienta sensorial para la curación de la mente mediante el poder del sonido y su vinculación con el significado y el sentimiento, sino que también afecta a la naturaleza propia de la mente y es parte de la misma.

Los seres humanos somos criaturas con habla y nuestras palabras son los principales medios de comunicación y expresión. Asimismo, las palabras que asimilamos nos relacionan con los patrones psicológicos de los demás y con los deseos colectivos de la sociedad. También, nuestras palabras sacan las energías e ideas latentes de la psique, y a través de ellas, nuestras mentes se unen y se transmite todo tipo de información sobre como proceden las acciones de la vida.

El sonido es un sentido/cualidad que pertenece al elemento éter, el elemento semilla del cual proceden los otros elementos. A través del sonido, todos los elementos y sentidos pueden ser armonizados y controlados. El sonido es la base de nuestra esclavitud hacia el mundo exterior, así como el medio para liberarnos de ella. El sonido controla la conciencia, la cual se moldea a sí misma en la forma de sonidos articulados o palabras. Ya que el éter está basado en la forma en bruto del sonido y la conciencia (que es como el espacio), consiste en la forma sutil del sonido, la cual es pensamiento o significado.

El habla impregna todos los elementos: los órganos de los sentidos y las funciones de la mente. No hay nada que contactemos con la mente o los sentidos que no podamos expresar a través del habla. Esta facultad es el gran poder de la mente de expresarse, es el poder del conocimiento para revelar lo que sabe. Así, el habla impregna el universo, que a su vez es la manifestación de la palabra divina.

Las distintas formaciones de sonido conforman las diferentes funciones de la mente. La vibración sonora de las impresiones y la información constituyen la mente exterior (manas). La vibración sonora abstracta de conocimientos, principios e ideales sostiene la inteligencia (Buddhi). La vibración sonora de nuestros más profundos sentimientos e intuición constituye la mente interior o conciencia (Chitta). La fuente fundamental de sonido es el corazón espiritual o el centro de la conciencia, nuestro verdadero Ser (Atman) a partir del cual el sonido eterno o palabra divina surge. Cambiar nuestros patrones de sonido cambia la estructura vibratoria de nuestra conciencia.

Mantra

Hay muchas maneras de utilizar el sonido en la curación, desde la consejería, que es en gran parte verbal, hasta la música. Sin embargo, en la curación de Ayurveda, la terapia de sonido más importante es el Mantra. Mantra significa "aquello que salva" y "Trayati" significa la mente, Manas. El mantra es la herramienta ayurvédica más directa y principal para la curación de la mente, desde sus capas más profundas a la superficie de sus acciones.⁶⁶

Los mantras son sonidos o palabras especialmente energizadas. Pueden ser simples sonidos individuales como OM o frases especiales u oraciones entonadas o cantadas de varias maneras. Los mantras se repiten de forma regular con el fin de potenciarlos y convertirlos en herramientas de transformación psicológica.

Todo condicionamiento a través de palabras es un tipo de mantra. Cualquier palabra clave o frase que repetimos, memorizamos y mantenemos en lo más profundo de nosotros mismos es una especie de mantra. Cuando repetimos un pensamiento de ira u odio hacia otra persona es un mantra oscuro o tamásico. Cuando repetimos nuestros deseos para el éxito y logro es un mantra rajásico o perturbado. Estos mantras no curan la mente sino que perpetúan sus patrones de ignorancia y agitación.

Para lograr una verdadera curación de la mente se requieren mantras sáttvicos cuyo objetivo es disolver el ego y promover la auto-conciencia. Estos mantras nacen del amor y la búsqueda de la sabiduría. Un mantra real es muy diferente a la utilización de palabras para influir inconscientemente en nuestra conducta, como lo son la publicidad o la propaganda, las cuales promueven la ignorancia y el apego (Rajas y Tamas). No se trata de una forma de auto-hipnosis sino una manera de quitar el condicionamiento de la mente, rompiendo los sonidos y patrones de pensamiento inconscientes, para cambiarlos por aquellos que reflejan la verdad y una energía superior.

Algunos se preguntarán, ¿no todo condicionamiento de la mente es incorrecto? ¿No deberíamos tener como meta eliminar el condicionamiento de la mente por completo? Esto es un error y no puede ser logrado porque la mente, como una entidad orgánica, requiere el condicionamiento correcto al igual que el cuerpo. Por esa razón, el cuerpo requiere un régimen específico que se adquiere con el tiempo, la forma de comer, el ejercicio y el sueño adecuado. En cuanto a la mente, ésta también necesita un régimen de toma de impresiones, ejercicio mental y descanso. Pero si no somos capaces de dar el acondicionamiento adecuado a la mente, entonces sólo le damos el condicionamiento incorrecto. En última estancia, lo no-condicionado es la meta, pero esto existe en el "verdadero uno mismo" más allá del complejo cuerpo-mente. Para lograr esto, el complejo cuerpo-mente se debe poner primero en la condición sáttvica adecuada. Una mente no condicionada, como un cuerpo no condicionado, simplemente estará fuera de control.

Mantra y conciencia

Mantra significa "el instrumento de la mente" o "lo que protege a la mente." El control mental y el desenvolvimiento de sus poderes ocultos (siddhis) surgen a través del poder del mantra. Mantra es el método principal de tratamiento de la conciencia (Chitta) y es útil para la curación de todos los niveles de la mente interna y externa. Puede modificar o alterar las tendencias e impresiones asentadas profundamente. Por esta razón, es el principal tratamiento ayurvédico para la curación de trastornos psicológicos y también puede ser muy útil para los problemas físicos.

El mantra nos permite cambiar el patrón vibratorio de nuestra conciencia. Es un método directo para hacer frente a la mente. Los métodos basados en la dieta, las hierbas, las impresiones e incluso el apoyo psicológico, a pesar de ser útiles, son indirectos o externos. Puede ser mucho más útil cantar un mantra con regularidad que analizar nuestros problemas psicológicos, porque el mantra cambia la estructura energética de la mente lo cual disuelve el problema, mientras que pensar en el problema puede reforzarlo. El mantra cambia la energía del campo mental de una manera positiva. Es muy diferente del análisis que, mediante el examen de los patrones de la negatividad y la forma en que estos empezaron a serlo, no puede alterarlos en absoluto.

Hay un patrón de sonido de fondo para nuestra conciencia. Puede ser una canción que acabamos de escuchar o la memoria de un evento doloroso o agradable. Algunos movimientos de sonido ocurren siempre dentro de nosotros. Al igual que el ritmo de la música, determinan el ritmo de nuestra conciencia. Por medio del uso consciente del sonido se puede cambiar el sonido de nuestra conciencia para que apoye nuestro conocimiento.

Nuestra conciencia consiste en hábitos y tendencias profundamente arraigados. Estas son las costumbres en el campo de nuestra conciencia creadas por la actividad mental repetida (Samskaras). El mantra nos permite allanarlas. Cuando repetimos un mantra durante un largo periodo de tiempo este crea una energía que puede neutralizar las cicatrices causadas por nuestra actividad mental distraída y crear una memoria más poderosa para anularlas.

Nuestros recuerdos son las vibraciones del sonido sutil que retenemos en nuestra conciencia. La memoria en el sentido psicológico, es el registro interno de las heridas y temores: es sonido sin digerir. Esta memoria se confunde con el sonido dejado por una cicatriz en la mente, y es una vibración que no puede ser asimilada en la estructura del campo mental, pero permanece y produce cambios que alteran la percepción o conducen a una acción equivocada. Los recuerdos y su dolor son patrones de sonido restringidos que pueden ser neutralizados con los mantras correctos, los cuales proyectan una energía de sonido contraria que rompe el estancamiento.

El sonido y la emoción

Cualquier sensación que tomemos como algo personal, nos guste o no, produce una emoción que puede ir desde el miedo hasta el deseo o del amor hasta el odio. El sonido, como potencia sensorial primaria, genera las emociones más fuertes. Cada emoción crea un tipo particular de sonido. Así, las emociones más intensas, por lo general, demandan sonidos más fuertes; cantamos de alegría, gritamos de rabia, lloramos de pena, gemimos de dolor y gritamos de miedo o dolor extremos. Por ejemplo, quienes mueren de manera violenta, primero gritan en voz alta reflejando la agitación de la fuerza vital interrumpida prematuramente. El sonido es un vehículo para la emoción que puede reforzarla o liberarla.

El sonido de nuestras palabras contiene una fuerza emocional y transmite un mensaje de emoción. Narra cómo nos sentimos y revela nuestra condición psicológica subyacente. Esto puede ser diferente del significado real de lo que decimos. Por ejemplo, las aparentes declaraciones de amor pueden ocultar resentimiento o las declaraciones de felicidad pueden ocultar pesar o autocompasión.

Las emociones negativas no son más que cierta energía de la fuerza vital, la cual está atrapada por nuestro proceso de conciencia auto-centrada. Debemos aprender a liberar la energía ligada al interior de las emociones. Si éstas son negativas deben su existencia al mal uso de la energía de la conciencia, que consiste en fijar nuestra atención en los nombres y formas del mundo exterior, perdiendo la pista del gran campo de la existencia. Por eso, para liberar las emociones negativas es necesario detener el proceso que las produce. Esto significa recuperar nuestra energía de atención y utilizarla en forma creativa y consciente en el presente.

Los mantras, a través de su energía sonora, producen una cierta fuerza emocional o fuerza del sentimiento. Por medio de estas energías podemos llegar a ser conscientes de nuestras emociones, ya que con el mantra podemos ejercitarlas, aprender a jugar con éstas y a dominarlas, las cuales son las fuerzas cósmicas de expresión. Podemos aprender a experimentar creativa y conscientemente la ira, el miedo, la alegría o la tristeza tal cual lo hace un actor. Podemos energizarlas y gradualmente combinarlas entre sí, hasta que la mente regrese a su estado original de sentimiento puro.

Mantra y respiración

Prana, la fuerza vital, es la vibración del sonido primordial detrás del universo. Hay un sonido detrás de la respiración, que es en sí mismo "sonido no-manifestado". Nuestras palabras son creadas por la exhalación. Por eso, combinar el mantra con la respiración es una manera poderosa de cambiar la energía de la mente. Nuestros trastornos emocionales están vinculados con los movimientos erróneos de la fuerza vital. Usar juntos el mantra y el Pranayama los elimina (ver sección sobre Pranayama, en particular el Pranayama So'ham).

El mantra y la meditación

La mayoría de nosotros fracasamos en la meditación porque no hemos preparado de manera adecuada el campo mental. La meditación en el verdadero sentido, prestando atención completa al objeto de nuestro interés, requiere que tengamos la mente en calma y la atención controlada. Condicionados como estamos en esta era moderna de entretenimiento, indulgencia sensorial y pensamiento ansioso, esto es algo que no tenemos. El mantra es la manera de preparar el campo mental para la meditación: elimina las Rajas y Tamas en la mente y de esa forma la meditación, que requiere Sattva para proceder correctamente, pueda ocurrir.

El mantra proporciona un vehículo para avanzar en la meditación. De lo contrario, los patrones de pensamiento distraído perturban la mente. El mantra da energía a la meditación. Tratar de poner la mente directamente en blanco o en estado de silencio puede no ser más que poner nuestra atención en nuestro subconsciente, donde sus tendencias más oscuras pueden infligirnos dolor adicional. El mantra sirve como un bote que nos lleva a través del océano del inconsciente. La meditación preparada con uno de éstos es más fácil, más segura y más potente que tratar de meditar directamente. Una vez que el mantra impregna el subconsciente, éste apoyará la meditación proporcionando una mayor eficacia.

El perfil energético del sonido

Los sonidos causan efectos fisiológicos y psicológicos específicos. Así como el clima caliente o frío afectan nuestro cuerpo de una manera determinada, también lo hacen los diferentes sonidos y la forma en que los repetimos. Sin embargo, los efectos de los factores externos sobre nuestro cuerpo son más fáciles de observar que los efectos del sonido. Por otra parte, al igual que algunas personas prefieren el calor mientras que otras prefieren las condiciones de frío, los efectos de sonido, aunque objetivos, están sujetos a diversas interpretaciones subjetivas. Una vez que conocemos el perfil energético de los sonidos podemos aplicarlos terapéuticamente como el uso de hierbas y alimentos.

Los mantras son como Asanas para la mente, porque le dan plasticidad y adaptabilidad. Éstos ejercitan la energía mental y dan equilibrio y estabilidad a la mente. Así como las Asanas controlan el cuerpo y el Pranayama la respiración, así el mantra controla la mente. El mantra mantiene la fuerza y la integridad de nuestro campo mental y sustenta la correcta circulación de las energías en él. Esto reduce nuestra vulnerabilidad a los condicionamientos externos, la cual, después de todo, se basa en gran medida en los nombres.

La terapia utiliza principalmente lo que llamamos "bija mantras" o sílabas semilla. Estos sonidos son primordiales y subyacen en los diversos patrones de sonido del lenguaje ordinario. Aunque suenen sencillos y puedan ser fácilmente repetidos, son reflejos de una energía primordial que no se puede agotar.

Terapia de mantra

Los mantras son la parte más importante de la terapia espiritual y mental del Ayurveda. Se utilizan para corregir los trastornos psicológicos y psíquicos, los cuales son un desequilibrio de energía en el campo mental. Un mantra con la energía opuesta se emplea para neutralizarla, pues son herramientas efectivas para la corrección de los desequilibrios mentales: son fáciles de usar y no requieren de una tediosa y dolorosa deliberación acerca de nuestra condición.

Los mantras ayudan a equilibrar los humores biológicos de Vata, Pitta y Kapha, y sus contrapartes sutiles de Prana, Tejas y Ojas. Ayudan a armonizar la conciencia, la inteligencia y la mente. También ayudan a eliminar las impurezas sutiles de los nervios y los canales sutiles (nadis). Por último, refuerzan la concentración y el pensamiento creativo.

Aplicación de mantras

Los mantras pueden ser utilizados por el sanador para energizar el proceso de curación o por el paciente para incrementar su propia sanación. Los mantras pueden funcionar como canales para infundir la fuerza cósmica de vida en nuestros métodos curativos. Los cuales confieren espíritu a las formas que ofrecemos, permitiendo un proceso de sanación verdaderamente integral.

Los mantras ayudan a purificar la sala de tratamiento. El mantra OM es eficaz para la creación de un espacio de sanación. HUM es bueno para disolver las energías negativas que pueden existir en la sala de tratamiento. RAM se puede utilizar para llevar la luz divina y la fuerza cósmica de vida a la sala de curación. Estos mantras pueden ser cantados mentalmente por el sanador en el paciente para ayudar a limpiarlo a nivel psíquico. Mantras como KRIM o SHRIM se pueden utilizar para energizar el poder curativo de las hierbas o medicamentos.

Para los trastornos mentales o nerviosos es importante que el paciente cante el mantra adecuado, por ejemplo, SHAM alivia el dolor, los temblores y la agitación nerviosa; HUM restaura la función nerviosa, contrarresta la parálisis y mejora la expresión y SOM ayuda a reconstruir el líquido cefalorraquídeo y nutre profundamente la mente.

Los mantras deben pronunciarse de manera correcta, lo que puede requerir instrucción personal. Esto debe hacerse con cuidado, como un ritual sagrado y no como un simple pasatiempo. Para ser eficaz, un mantra debe repetirse un mínimo de cien veces al día durante un período de al menos un mes. La magia del mantra sólo surge después de haberlo repetido durante algún tiempo. Por lo general, un mantra no se vuelve completamente poderoso sino hasta que se ha repetido por lo menos cien mil veces cada sílaba del mantra.[67]

Los mantras se pueden repetir, no sólo durante la meditación, sino también durante cualquier momento del día en que la mente no esté ocupada. Es bueno repetir mantras antes de dormir para promover un descanso y sueño adecuado, y por la mañana después de despertarse para promover la actividad mental saludable durante el día. Los períodos prolongados de repetición de mantras se pueden llevar a cabo como un ayuno mental o para despejar la conciencia. Repetir un mantra durante un período prolongado da un baño de mantra para la mente y borra de ella los pensamientos e impresiones negativos. Es lo mejor que hay para limpiar la mente, que de otra manera estaría muy sucia con sus muchos pensamientos egocéntricos, como para concentrarse en cualquier cosa. Es improbable que una mente que no se ha limpiado a través de mantras tenga claridad para la paz psicológica, mucho menos para el crecimiento espiritual.

Mantras primordiales

OM: el más importante de todos los mantras, representa la palabra divina en sí misma. Sirve para energizar y dar poder a todas las cosas y todos los procesos. Por lo tanto, todos los mantras comienzan y terminan con OM. Ya que despeja la mente, abre los canales y aumenta Ojas. Es el sonido de afirmación que nos permite aceptar quiénes somos y abrirnos a las fuerzas positivas del universo. OM es el sonido de Prana y el de la luz interior que lleva nuestra energía hacia arriba de la espina. Despierta la fuerza de vida positiva (Prana) necesaria para que ocurra la curación. Abre todos los potenciales de la conciencia.

RAM: un excelente mantra para atraer la luz de protección y la gracia de la divinidad. Da fuerza, calma, descanso, paz y es especialmente bueno para las condiciones de Vata alto y para los trastornos mentales, incluyendo el insomnio, las pesadillas, el nerviosismo, la ansiedad, el temor excesivo y el miedo. Fortalece y refuerza Ojas y el sistema inmunológico.

HUM: un excelente mantra para ahuyentar las influencias negativas que nos atacan, ya sean patógenos causantes de enfermedades, emociones negativas e incluso magia negra. Es también el mejor mantra para despertar el Agni, ya sea como el fuego digestivo o como el fuego de la mente. Es bueno para quemar toxinas sean físicas o psicológicas y para la limpieza de los canales. Aumenta Tejas y las facultades perceptivas de la mente (buddhi) dando control sobre nuestra naturaleza de anhelos. Está consagrado a Shiva, el dios de la transformación, y es el sonido de la ira divina.

AIM: un buen mantra para mejorar la concentración, el pensamiento correcto, las facultades racionales y para mejorar el habla. Despierta y aumenta la inteligencia (Buddhi), particularmente en su función creadora y expresiva (coordinación Buddhi-Manas). Es útil en los trastornos mentales y nerviosos, para la restauración de los poderes del habla y la comunicación, y para permitir que el proceso de aprendizaje continúe. También, ayuda en el control de los sentidos y la mente. Es el sonido sagrado de la diosa de la sabiduría Sarasvati.

SHRIM (pronunciado 'shriim'): un mantra importante para promover la salud general, la belleza, la creatividad y la prosperidad. Shrim fortalece el plasma y los fluidos reproductivos, nutriendo los nervios e incrementando la salud y la armonía en general. Da refinamiento y sensibilidad a la mente, ayudándonos a rendirnos ante la verdad.

HRIM (pronunciado 'hriim'): mantra de la limpieza, la purificación y la transformación. Da energía, alegría y éxtasis, pero inicialmente causa expiación y realineamiento. Ayuda en cualquier proceso de desintoxicación. Es el mantra principal de la Diosa o Madre Divina y concede todas sus bendiciones.

KRIM (pronunciado 'kriim'): da la capacidad de trabajo y acción, y añade potencia y eficacia a lo que hacemos. Mejora nuestra capacidad de hacer cambios positivos en la vida. Es bueno para cantar al mismo tiempo que se hacen los alimentos o las preparaciones a base de hierbas ya que les permite trabajar mejor.

KLIM (pronunciado 'kliim'): da fuerza, vitalidad sexual y control sobre la naturaleza emocional. Incrementa Kapha y Ojas. Nos aterriza y da equilibrio. También promueve las habilidades artísticas y la imaginación.

SHAM: un mantra de paz que se puede utilizar en general para promover la calma, el desprendimiento y la satisfacción. Es bueno para los trastornos mentales y nerviosos de carácter rajásico: para el estrés, la ansiedad, las emociones perturbadas, los temblores, la agitación y las palpitaciones. Es particularmente útil en trastornos crónicos degenerativos del sistema nervioso.

SHUM: incrementa la vitalidad, la energía, la fertilidad y el vigor sexual. Ayuda con los poderes creativos y artísticos de la mente.

SOM: aumenta la energía, la vitalidad, la alegría, el placer y la creatividad. Aumenta Ojas y fortalece la mente, el corazón y los nervios. Es bueno para las terapias de rejuvenecimiento y tonificación.

GAM: da conocimiento, inteligencia, habilidad matemática y científica, lógica, habilidades verbales, estabilidad mental, paciencia y resistencia. Proporciona Ojas a la mente y fortalece el Buddhi.

HAUM: da fuerza, poder, sabiduría, trascendencia y transformación. Aumenta Prana y Tejas. Es también un mantra de Shiva.

Los mantras y los elementos

Los cinco elementos y sus respectivos órganos sensoriales y de acción son purificados, fortalecidos y armonizados por sus respectivos mantras. Estos se refieren a los diferentes chakras (véase el siguiente cuadro).

Mantra	Chakra	Elemento	Órgano sensorial	Órgano de acción
LAM	Raíz	Tierra	Olfato	Órganos de eliminación
VAM	Sexual	Agua	Gusto	Órganos reproductivos
RAM	Ombligo	Fuego	Vista	Pies
YAM	Corazón	Aire	Tacto	Manos
HAM	Garganta	Éter	Audición	Habla
KSHAM	Tercer ojo		Mente-espacio	Mente
OM	Cabeza		Espacio de conciencia	Conciencia

En cada caso, el sonido 'a' es corto. Estos mantras también fortalecen los sistemas que gobiernan.

Mantra y tejidos corporales

Hay mantras similares que se relacionan con los siete tejidos (dhatus) del cuerpo físico y pueden ser utilizados para fortalecerlos.

Una vez más el sonido 'a' es corto. Si un determinado tejido es deficiente se puede utilizar el mantra respectivo para incrementarlo. Si un determinado tejido es inestable el mantra puede estabilizarlo. El mantra SHAM calma la mente a través del fortalecimiento del sistema nervioso. El mantra SAM calma la naturaleza emocional mediante el fortalecimiento de los tejidos reproductivos.

1) Plasma, Aire...................... YAM
2) Sangre, Fuego.................... RAM
3) Músculo, Tierra.................. LAM
4) Grasa, Agua...................... VAM
5) Hueso............................. SHAM
6) Nervioso......................... SHAM
7) Reproductivo.................... SAM

Mantras, formas y colores

Los mantras se pueden combinar con formas y colores para añadirles eficacia. Las principales formas utilizadas reflejan los cinco elementos. Los mantras aumentan los elementos involucrados y disminuyen las cualidades opuestas.

1) LAM............ Tierra...... Cuadrados amarillos
2) VAM............ Agua........ Media luna blanca
3) RAM............ Fuego...... Triángulo rojo que apunta hacia arriba
4) YAM............ Aire........ Estrella de 6 puntas de color de humo
5) HAM............ Éter........ Círculo de color azul oscuro
6) KSHAM...... Mente....... Punta de color azul oscuro

Para el desarrollo de la estabilidad mental, la calma emocional y para promover la actividad constructiva, se debe meditar en un cuadrado amarillo en el chakra de la raíz o de la tierra en donde el mantra LAM está resonando.

Para el desarrollo de la receptividad, la creatividad, la armonía emocional y la capacidad de absorber influencias positivas, se debe meditar sobre una media luna blanca en el chakra del sexo o en el agua donde el mantra VAM está resonando.

Para el desarrollo de la voluntad, la aspiración, la valentía y vitalidad, se debe meditar en un triángulo rojo en el chakra del ombligo o de fuego donde el mantra RAM está resonando.

Para el amor, la devoción y la compasión, se debe meditar sobre una estrella de color gris humo de seis puntas en el chakra del corazón o del aire en donde el mantra YAM está resonando.

Para el espacio mental, el desapego, la pureza y la sabiduría, uno debe meditar en un círculo azul en la garganta o chakra del éter en donde el mantra HAM está resonando.

Para el desarrollo de la concentración, la percepción y la visión, uno debe meditar sobre una estrella de color azul oscuro o el punto en el chakra del tercer ojo o la mente en el que el mantra KSHAM está resonando.

Mantras y Yantras

Los mantras se pueden utilizar con contrapartes geométricos determinados llamados Yantras. Estos pueden ser útiles en trastornos psicológicos. Sin embargo, este es un tema más técnico y no hay espacio en este libro para entrar en él.[68]

Entre los diversos Yantras, la estrella de seis puntas, una combinación de triángulos hacia arriba y hacia abajo, es el más armónico. El Sri Yantra o Sri Chakra es el más complejo y estimulante de todos los Yantras. Estos se manejan de manera más específica en un acercamiento Tántrico.

Mantras y los humores biológicos

VATA: los mantras para Vata deben ser tibios, suaves, relajantes y calmantes. Los tipos Vata no deben cantar en voz alta o durante demasiado tiempo ya que esto puede tener un efecto agotador sobre su energía. Después de unos minutos de cantar en voz alta se debe hacerlo en silencio.

Demasiado OM no siempre es bueno para Vata ya que tiende a aumentar el espacio o éter en la mente, que de por sí ya es demasiado alto. Por lo general, RAM es el mejor mantra para ellos, porque calienta, calma y protege. HRIM también es calmante y da energía a sus corazones sensitivos.

PITTA: los mantras para Pitta deben ser frescos, relajantes y calmantes. OM es excelente en este sentido, también AIM, SHRIM y SHAM, porque enfrían la mente, las emociones y los nervios, respectivamente.

KAPHA: los tipos Kapha tienen buenos resultados cantando en voz alta y por mucho tiempo. Los mantras para ellos deben ser cálidos, estimulantes y activos. HUM es excelente, también OM y AIM que expanden la conciencia y la percepción.[69]

Mantras y Conciencia

Los mantras ayudan en todas las funciones de la mente.

Mente exterior (Manas)

Los mantras predominantes en Tierra, Agua y Ojas, como KLIM o SHRIM, fortalecen la mente externa. Decirlos y cantarlos es importante en este nivel, al igual que repetirlos en voz baja.

Inteligencia (Buddhi)

Los mantras predominantes de Fuego y Tejas son buenos para la inteligencia, como son los zumbidos o HRIM. Meditando sobre el significado de los mantras nos lleva a un nivel de inteligencia interior.

La conciencia (Chitta)

Los mantras predominantes de Aire, Éter y Prana son buenos para nuestra conciencia más profunda, en particular OM. HRIM es un mantra específico para Chitta ya que ayuda a abrir y limpiar el corazón, la sede de Chitta. La repetición a largo plazo de los mantras es importante, sobre todo durante el sueño o momentos de ocio durante el día. Éstos alcanzan el nivel más profundo de nuestra conciencia sólo cuando se ven de forma automática en la mente, incluso en el estado de sueño. Así, el mantra debe seguir nuestra respiración y movimiento.

Precaución

Los mantras se deben utilizar para propósitos espirituales y de sanación y no para promover nuestros deseos o para hacer daño a los demás. Requieren que sigamos un buen régimen ético en la vida. Después de los mantras se debe practicar la meditación y antes de estos es bueno estudiar algunas enseñanzas espirituales. El mantra es una herramienta para energizar la mente y no debe utilizarse como un sustituto para el pensamiento real o para escapar de nuestros problemas. Tiene que ser integrado en un enfoque global o no nos proporcionará beneficios.

Shiva, el dios de los Yoguis

Parte IV

APLICACIONES ESPIRITUALES DE LA PSICOLOGÍA AYURVÉDICA: LOS CAMINOS DEL YOGA

El bienestar mental y emocional no es un fin en sí mismo: es el comienzo de la vida espiritual. Además, la vida espiritual contiene muchas herramientas para aumentar nuestra felicidad y paz psicológica. En esta sección, vamos a mostrar cómo estas prácticas espirituales son relevantes desde una perspectiva psicológica. Aquellos que tienen una formación en Yoga encontrarán el enfoque yóguico explicado y aplicado desde una perspectiva ayurvédica.

Específicamente, examinaremos los métodos del Yoga y el modo en que se relacionan con la psicología, sobre todo desde la perspectiva ya mencionada. El primer capítulo, trata de los antecedentes del Yoga y sus prácticas externas, su fundamento ético y sus disciplinas de Asana y Pranayama, las posturas de Yoga y los ejercicios de respiración. El segundo capítulo, se refiere a las prácticas internas y más profundas del Yoga. En esta parte, exploramos cómo Yoga, en el verdadero sentido, nos lleva de la psicología ordinaria a la psicología espiritual, más allá de nuestros problemas ordinarios para resolver el problema fundamental de la vida: cómo ir más allá de todo sufrimiento.

15. Terapias espirituales

Aplicaciones espirituales de la psicología

La psique (mente) tiene sus raíces en el espíritu (el Ser). La espiritualidad es la esencia de la psicología, la cual de otra manera permanecería superficial y limitada. La felicidad verdadera y el bienestar solamente se consiguen en nuestra conciencia interior y en nuestra alma inmortal, no en el mundo exterior siempre incierto. Por esta razón, Ayurveda nos dirige siempre hacia el Yoga y sus prácticas de meditación. Sin embargo, hoy en día el término espiritualidad es usado a la ligera y puede significar cualquier número de cosas. La espiritualidad en el sentido de Yoga y Ayurveda es la intención de unirse uno mismo con Dios o con el Ser superior. Ésta incluye la actividad religiosa común basada en la fe, el ritual y la oración, pero sólo como parte inicial de una búsqueda interior para la autorrealización a través de la meditación. La vida espiritual se vale de dos factores principales: devoción a Dios y autoconocimiento.

La devoción es la actitud fundamental del alma, nuestro amor espontáneo por el Divino Padre y Madre del universo. La búsqueda del autoconocimiento es la máxima orientación de la inteligencia, el intento de conocer nuestra verdadera naturaleza aparte de nuestra cambiante identidad externa. De estos dos factores, la devoción es más importante porque es la base del autoconocimiento, que de otro modo permanecería únicamente en lo personal o conceptual. La práctica de la devoción es el néctar que puede curar todos los males. Sin ella, la psicología es seca, personal e intelectual. Con ella, la psicología se convierte en arte, alegría y asombro.

La devoción y el lugar de Dios

¿Cómo puede haber un sistema de curación que no reconozca a Dios y trabaje para mejorar nuestra relación con nuestro Creador? Ayurveda hace hincapié en la importancia de Dios (Ishvara), el creador o señor cósmico de quien se origina este universo como la fuente última de la sanación. Dios es el aspecto manifiesto de la Divinidad o el Absoluto (Brahman) que rige la creación del espacio-tiempo. Desde un punto de vista védico, Dios es una realidad interior, es nuestro propio guía interno, y ponerse en contacto con él es la clave para encontrarnos con nuestro Ser interno, fuente de bienestar y felicidad.

Dios, como el Ser Supremo, obviamente no está limitado a una forma en particular. Dios no es simplemente "Él". Él (Ishvara) es también Ella (Ishvari). Su contraparte femenina es su poder creador y salvador, la gracia Divina o Shakti. Dios no es solamente femenino y masculino, sino también todo lo animado e inanimado, existente en toda la naturaleza, incluyendo animales, plantas, rocas, planetas y estrellas. Él es, a la vez, personal e impersonal, sin forma y contenido en todas las formas.

Dios es el ser que trabaja a través de la Inteligencia Cósmica, la cual es su mente. Respeta la inteligencia y está siempre abierto a nuestra comunicación y preguntas. A través de la meditación con mente y corazón abierto nos contactamos con él. Mientras que existamos en el reino de la manifestación, estamos bajo sus leyes y debemos rendirle homenaje. Sintonizarnos con su voluntad nos eleva hasta la cima del mundo natural, desde el cual podemos fácilmente acceder a una conciencia trascendente. La voluntad Divina es la voluntad por la verdad y el desarrollo de la conciencia. Ayuda a todos los seres en su desarrollo interno, independientemente de los nombres y formas que este desarrollo requiera.

La importancia de la devoción

La mayoría de los problemas psicológicos se deben a una falta de amor en la vida. El amor es la fuerza que hace que valga la pena vivir, da color, profundidad y calidez, nos permite sentir de manera intensa y nos hace sumamente felices. El amor depende de la relación. Todos buscamos la felicidad a través de las relaciones. Estar aislado causa dolor. Relacionarse y unirse a otros nos trae alegría. Sin embargo, cuando limitamos o personalizamos nuestras relaciones, ello nos causa aislamiento y nos trae sufrimiento. Nos unimos con una persona o grupo y nos separamos de otros, quienes se convierten en nuestros enemigos.

El deseo es un estado de necesidad, un deseo de ser amado. Es un estado vacío y necesidad, que busca ser satisfecho desde el exterior. El amor es un estado de plenitud, es la capacidad de dar. Es un estado total y desbordante cuyo poder reside en el interior y trasciende en nuestro contacto con cualquier ser humano. La verdadera pregunta que debemos hacernos no es *dónde encontrar el amor*, sino *cómo dar amor*. Si nos esforzamos por dar amor, entonces el amor vendrá a nosotros porque lo vemos como algo inherente en nosotros. Pero si buscamos el amor en el exterior, entonces huirá de nosotros porque lo estamos viendo como algo que no nos pertenece.

La mayoría de nosotros busca el amor en el exterior: en parejas sexuales, familiares y amigos. Buscamos ser amados de una manera personal en lugar de ser amados de una manera universal. Esto sitúa al amor en la distancia, en un objeto o persona diferente de nosotros mismos a quien debemos ganar con el fin de conseguir que nos ame. Podemos siempre buscar el amor pero nunca guardarlo. Semejante amor se nos escapa porque no es intrínsecamente nuestro, sino que depende de las circunstancias de nuestras relaciones, las cuales siempre están cambiando.

La razón por la cual nuestras relaciones humanas son un problema hoy en día es nuestra falta de devoción. Buscamos una satisfacción en las relaciones con nuestros semejantes que sólo es posible obtener a través de nuestra relación con lo Divino. Nuestra relación real, que es eterna, es con lo Divino. Nuestras relaciones humanas son sólo manifestaciones temporales de una más profunda. A menos que tengamos una relación adecuada con la Divinidad, con la conciencia universal o la verdad, no seremos capaces de relacionarnos de una manera adecuada con la vida o con nosotros mismos.

Hoy en día hay una búsqueda de relaciones primarias o duraderas. Todas las relaciones humanas son secundarias, porque están delimitadas por el tiempo y desaparecerán. Solamente se convierten en relaciones primarias cuando vemos a Dios dentro del otro. Sin un reconocimiento del Ser eterno detrás de todas las relaciones, no puede haber satisfacción en ninguna relación. Nacemos solos y morimos solos y nunca seremos uno con otro, física o mentalmente, excepto por breves momentos.

Aún así, nunca estamos realmente solos. A pesar de que nacemos y morimos en un solo cuerpo, dentro de nosotros está la conciencia del universo entero, por lo que deberíamos elegir mirar dentro de nosotros. Podemos encontrar todos los mundos y todos los seres dentro de nosotros mismos. Una relación verdadera consiste en ver lo Divino en los otros y en toda la vida. Requiere que nos relacionemos con nuestro origen verdadero, con nuestros padres reales, el Divino Padre y Madre del universo, y no solamente con cuerpos y formas externos.

La falta de devoción es la raíz de todos los problemas psicológicos. Por otra parte, una persona que tiene devoción no puede tener problemas psicológicos de carácter significativo porque el Divino nunca está ausente, nunca falta y nunca se aparta de él.

La renuncia

No podemos resolver nuestros problemas psicológicos a través de nuestro propio poder personal. Nuestros obstinados esfuerzos por controlar y manipular nuestro destino nos han llevado a un estado de estrés y agitación del cual buscamos alivio. Si hubiéramos podido resolver nosotros mismos nuestros problemas, sin duda lo habríamos hecho hace mucho tiempo. No es de gran importancia entender los detalles de nuestros problemas psicológicos. El egoísmo, que es la falta de devoción, y la búsqueda del amor en el exterior nos deja secos y descontentos internamente.

Debemos aprender a renunciar a nuestros problemas personales, de manera que no puedan aferrarse a nosotros. Nuestros problemas personales son meras manifestaciones del Ser. No existe una solución para ellos dentro del reino del Ser. Sólo renunciando a este Ser desaparecerán los problemas causados por él. La renuncia es la clave para esto. Después de todo, no somos responsables de cómo funcionan nuestros cuerpos, del paso del tiempo o del maravilloso orden del universo. Si no hubiera un poder supremo que guía, no podríamos ni siquiera respirar. Así que dejemos de fingir que estamos a cargo de las situaciones o que tenemos la capacidad de cambiarlas. Permitámonos entregarnos al Poder que está siempre en control de todo, el cual es el amor que reside en lo más profundo de nuestro propio corazón.

Entregarse es la forma más rápida de ir más allá de todos nuestros problemas. Sin embargo, esto no es rendirse ante una persona o creencia. Es entregarse a la beneficencia y a la conciencia inherentes a la vida que todos podemos sentir cuando estamos libres de motivos egoístas. Esto brinda una ganancia plena. Sin embargo, la entrega por lo general requiere de una forma. Puede que tengamos que rendirnos a la voluntad divina por medio de un amigo, un maestro, o Dios en alguna de sus formas. El saludo hindú "Namasté" en sí mismo significa: "hago reverencia a nuestra entrega a la Divinidad en ti".

La compasión

La devoción y la compasión son dos lados de la misma capacidad elevada de sentir, la cual es el uso correcto de la emoción. Debemos sentir devoción por lo Divino y por aquellos individuos que encarnan cualidades divinas, como nuestros guías espirituales. Debemos sentir compasión por todas las criaturas, en particular por aquellas que son menos afortunadas que nosotros.

La compasión, sin embargo, no es lástima, una emoción debilitante y arrogante. La compasión es acompañar en el sentimiento a alguien o tener un sentimiento común respecto a otro como si fuera de nosotros. No se trata meramente de ayudar a otros, sino de reconocer que los sufrimientos y alegrías de los demás son también nuestros.

Sin compasión por otras criaturas, la devoción a Dios puede convertirse en una fantasía personal. La devoción hacia Dios significa sentir compasión por todas las criaturas, incluyendo aquellas que adoren a Dios de maneras diferentes o que no lo hagan en absoluto. La compasión es un reconocimiento de la presencia Divina en todos los seres. Por otra parte, sin la devoción, la compasión tiende a volverse arrogante. Nosotros, como individuos, no podemos salvar el mundo particularmente si no nos hemos salvado ya a nosotros mismos. Tratar de ayudar a otros sin antes conocernos a nosotros mismos es como tratar de salvar a otras personas en el agua mientras nos ahogamos.

Sin embargo, sea cualquier etapa de la vida en que nos encontremos, siempre podemos dar servicio a otros, reconociendo las limitaciones de lo que conocemos y permitiendo que la gracia superior trabaje a través de nosotros. La forma más elevada de compasión es también la devoción. Es buscar el descenso de la gracia Divina para el beneficio de todos.

Formas de devoción

Dios o el Creador es el maestro principal, el gurú supremo y también el médico o sanador original de todo el universo. Podemos reconocerlo en cualquier forma que queramos, ya que él toma una forma que sea apropiada para el individuo. Sin embargo, no encontraremos la curación interior sin su gracia.

El Divino puede ser adorado con diferentes nombres y formas. De hecho, debemos honrar a Dios en una forma personal, de lo contrario nuestra relación con él no será directa. Debemos elegir la relación con lo Divino que nos resulte más fácil de seguir: padre, madre, amigo, hermano, hermana o amado. La madre, siendo la relación principal y más íntima de todas, es generalmente la más fácil.

Quizás la mejor manera de adorar a Dios es en la forma femenina de la Divina Madre. Ella contiene dentro de sí todo el amor, la belleza, la alegría y la gracia. Su poder trabaja a través de la Naturaleza, como la gran belleza y gozo de la creación y como la fuerza evolutiva que nos lleva a buscar el crecimiento espiritual. Dios también puede ser visto como el Padre Divino y la Naturaleza como la Madre Divina. La naturaleza en este sentido no es la materia bruta, sino la inteligencia creativa que la guía y le da forma.

La devoción hacia Dios es parte de la búsqueda para saber quiénes somos en realidad y qué es Dios. Una vez obtenemos el conocimiento de nuestro Ser interno, trascendemos a la Naturaleza y a Dios (el Creador) como realidades fuera de nosotros mismos. Nos convertimos en uno con lo Divino y con la conciencia pura detrás del universo.

El desarrollo de la devoción

La mejor manera de desarrollar la devoción es elegir una forma particular de Dios para adorarla. La devoción resulta más fácil si se comienza usando una forma. Después de todo, la base del funcionamiento de nuestra mente y sus problemas es el apego a la forma. Hay ciertos indicadores que podemos seguir. Lo principal es tener una forma específica de lo Divino que adoremos con regularidad.[70]

1. Elija una relación particular con Dios para cultivar, como: padre, madre, amado o amigo; como el creador, el protector o

el destructor del universo, cualquiera que sea más cercano a su propio corazón.
2. Elija una forma particular para adorar, como: Shiva, Krishna, Buda, Cristo, Kali, Tara, Kwan Yin o la Virgen, lo que resulte más inspirador. Esta forma puede ser una imagen de Dios, masculino o femenino, o la de un gran maestro o avatar. La figura de un gran gurú o maestro también puede ser utilizada.
3. Tome el nombre Divino o mantra de la forma de la Divinidad elegida como: Om, Ram, Namah Shivaya, Hare Krishna y así sucesivamente.
4. Realice rituales diarios, ofrendas y oraciones a la Deidad elegida. Medite en la Deidad como su verdadero Ser.

Rituales

Los rituales son importantes para consagrar nuestras prácticas de curación. En sí mismos, son prácticas de curación importantes y parte de la terapia espiritual de Ayurveda. Nos ponen en un estado de ánimo apropiado para recibir las energías de nuestra conciencia más profunda. Los rituales son la base de la mayoría de las prácticas devocionales, las cuales deberían, sin embargo, ir más allá de dichas prácticas, hasta llegar a la meditación.

Los rituales son importantes en el tratamiento psicológico ya que llevan al cuerpo y a los sentidos del paciente hacia el proceso de curación. Sirven para ofrecer impresiones positivas para nutrir y sanar la mente. Los rituales de fuego[71] son muy útiles. En estos, la negatividad psicológica se ofrece al fuego Divino para su purificación. La tradicional puja Hindú o el culto devocional consiste en ofrendas para los cinco sentidos: un aceite fragante, como el de sándalo, para la tierra, comida líquida para el agua, una lámpara de *ghee* para el fuego, incienso para el aire y una flor para el éter. Es un ritual bien organizado para purificar el cuerpo y la mente. Los rituales son las prácticas devocionales básicas. Debemos ofrecerlas a Dios en cualquiera de las formas que hayamos elegido para adorarlo. Estos sientan la base para todas las demás prácticas.

La oración y el Mantra

Las oraciones son súplicas de ayuda, amor o guía a la Deidad. Debemos aprender a comunicarnos con Dios, quien, después de todo, es nuestro propio Ser interno. Debemos desarrollar una línea de comunicación, no sólo con Dios, sino con toda la creación, que honre la conciencia Divina inherente en todo lo que existe. Podemos orar al Divino y pedir ayuda para hacer frente a nuestros problemas psicológicos o físicos. Dios nunca rechaza una petición sincera pero no responde a los deseos del ego.

La Deidad también posee un nombre o un mantra. El nombre es el factor más importante en el culto devocional. Debemos recurrir a la repetición del Nombre Divino siempre que nuestras mentes estén inquietas o agitadas. Si hacemos del Nombre Divino nuestro compañero constante, realmente nada en la vida nos podrá inquietar. Debemos mantener con constancia el Nombre en nuestra mente, y repetirlo siempre que podamos. No obstante, debemos llamar al Divino sin segundas intenciones. Dios o la Verdad no existen para nuestro beneficio personal, sino para el bien de todos, donde también reside aquello que es mejor para nosotros.

Como primer paso, debemos meditar sobre la forma de la Deidad, pero también debemos esforzarnos por ver esa forma en todas partes. Debemos aprender a verla en los demás, en el mundo de la Naturaleza y en nosotros mismos. Deberíamos comenzar a hablar con esta forma y a buscar su guía. Como segundo paso, tratar de comprender la forma y lo que ésta significa en un nivel interior.

Junto con la forma de las deidades en la tradición Hinduista y Budista, se representa un patrón de energía, Yantra o mandala, como Sri Yantra (refiérase a la ilustración). Uno puede meditar en estos Yantras. También pueden ser utilizados varios símbolos.

Las deidades y la psicología

La psicología moderna tiende a considerar la adoración de deidades como primitiva o psicológicamente ingenua, pero en realidad es el producto de una profunda psicología espiritual. Las Deidades pueden energizar los grandes arquetipos y las fuerzas cósmicas dentro de nuestra propia psique, los cuáles son los únicos que tienen poder sobre los niveles más profundos de nuestras conciencias: el instintivo y el intuitivo.

Las deidades Yóguicas son personificaciones de las grandes fuerzas de la conciencia, las cuales tienen una contraparte psicológica y otra cósmica. El uso de deidades iracundas puede ayudarnos a superar la ira y las emociones negativas, ya sea la nuestra o la de otros. El uso de deidades benéficas o pacíficas puede ayudar a calmar nuestra mente, a promover la satisfacción y a despertar nuestros poderes espirituales y creativos más profundos.

El Hinduismo emplea diversas deidades que representan diferentes poderes de la mente cósmica. Para tratar los trastornos psicológicos, en general, la deidad principal en el Ayurveda es el Señor Shiva, la personificación de la Divinidad Suprema (Mahadeva). Shiva significa paz y adorarlo nos concede paz mental. Shiva tiene el poder de controlar todas las fuerzas negativas en la mente y gobernar sobre todas las fuerzas elementales y sombras del pasado que nos puedan perturbar. Él puede neutralizar toda la negatividad. Podemos adorarlo a través de la repetición de su mantra:

Om Namah Shivaya! Om, ¡Reverencia a Shiva!

Podemos, simplemente, repetir el nombre Shiva una y otra vez. O podemos sólo repetir su mantra semilla SHAM, el cual es el sonido raíz de la paz.

Para lidiar con la ira, podemos acudir al Señor Shiva en su forma de Rudra, quien controla la ira Divina. Para lidiar con el miedo, podemos adorar a la Diosa Kali, quien nos libra del tiempo y la muerte, lo que más tememos. Para tratar el apego, podemos meditar sobre la Diosa Lakshmi, quien guarda toda la beneficencia como fruto de la devoción. Para el amor y la alegría podemos propiciar al Señor Krishna, la encarnación del amor Divino y la felicidad. Para desarrollar valentía, podemos honrar al Señor Rama, quien representa a la valentía Divina.

Ganesha, el Dios con cara de elefante, otorga los poderes de la inteligencia constante, el pensamiento calmado y el buen juicio. Él ayuda a desarrollar nuestra inteligencia (Buddhi) de la manera apropiada. Hanuman, el Dios mono y devoto de Rama, nos concede el poder de la fuerza superior de la vida (Prana) que eleva la mente e incrementa nuestra devoción. Todas las deidades del Hinduismo tienen su uso psicológico. Estos son sólo algunos ejemplos para dar una idea de su aplicación psicológica.[72]

El Budismo, en particular el Budismo Tibetano, tiene deidades similares llamadas Bodhisattvas.[73] Las deidades de muchas religiones antiguas, como los antiguos griegos, egipcios y babilonios, fueron utilizadas de una manera similar. Por ejemplo, el griego Apolo, como el Dios Védico Sol, era adorado para desarrollar los poderes de la inteligencia, la creatividad y la iluminación. Este es un tema complejo en sí mismo y su importancia no debe subestimarse.

La devoción sin forma

Algunas personas no se sienten atraídas a ninguna forma de culto por lo que prefieren adorar al Divino sin forma. Una manera de hacer esto es relacionarse con Dios como padre, madre, amado o señor, pero sin ninguna forma para ello. Mientras que la devoción puede no requerir una forma, es imposible sin una relación con lo Divino. Esto, por lo general, requiere el uso de varios nombres de la Divinidad o mantras.

Otra manera de desarrollar la devoción sin forma es reverenciar cualidades Divinas como la verdad, el amor, la paz y la alegría. Estas pueden ser meditadas o convertidas en nombres Divinos.

Cualesquiera que sean las cualidades en la vida que honremos, estas serán las que creemos en nosotros mismos.

Por lo general, lo mejor es combinar ambas: la devoción orientada a una forma y la devoción sin forma ya que ambas se complementan. Ver con forma lo que no tiene forma, es el camino más alto, el cual es ver a Dios en la Naturaleza y en la humanidad. Aquellos que son devotos de Dios en una forma en particular, deben aprender a ver la Divinidad en todas sus formas. Aquellos que son devotos de lo Divino sin forma, deben también ver el mundo en Dios.

Desarrollando la compasión

La mayoría de nuestros problemas personales desaparecen cuando tomamos en cuenta los grandes problemas del mundo. En realidad, ninguno de nosotros tiene problemas personales. Sólo tenemos nuestra propia forma personal del problema humano, la cual es básicamente el problema del ser separado. Existen varias prácticas que podemos hacer para desarrollar la compasión.

> Rezar oraciones diarias o cantos por la paz del mundo y el alivio del sufrimiento de todas las criaturas, tales como: "Que todos los seres sean felices. Que todos los seres estén en paz. Que todos los seres estén libres de enfermedad. Que ninguna criatura sufra ningún dolor."
>
> Comprometerse o contribuir en algún tipo de servicio desinteresado, el cual puede ser educacional, curativo, político o ecológico.

La devoción y la mente

Por lo general, a la gente altamente intelectual no le gusta la devoción, porque la ven como una forma de debilidad emocional. Sin embargo, la devoción es la verdadera savia que revitaliza la mente. Si no somos devotos de nada, entonces la mente se volverá vacía, seca y auto-destructiva. Incluso si somos muy sabios o inteligentes, la devoción es esencial. Para utilizar una metáfora, la mente es como una mecha, el conocimiento es la llama, pero la devoción es el aceite que alimenta la mecha. Sin la devoción, el conocimiento, incluso aquel de tipo espiritual, simplemente quemaría la mente.

El conocimiento de sí mismo

La psicología verdadera, o el conocimiento de la psique, significa conocerse a uno mismo. Pero, ¿quiénes somos? ¿Somos meramente este cuerpo, esta mente, la criatura de este nacimiento en particular? ¿Es conocernos a nosotros mismos, conocer las particularidades de la química de nuestro cuerpo, el patrón de nuestros recuerdos, nuestro condicionamiento social, o algo aún más profundo?

Toda la psicología es un intento por conocer quiénes somos realmente, pero los distintos sistemas de la psicología tienen concepciones muy diferentes del yo. La mayoría acepta la validez del ego (el yo-soy-el-cuerpo), la identidad de este nacimiento, en particular como nuestro verdadero Ser. Ayurveda ve mucho más allá de esto y llega hasta nuestra identidad en la conciencia inmutable que trasciende el cuerpo y la mente.

El conocimiento de propio Ser significa comprender todo el alcance de nuestro ser. Esto no es sólo el cuerpo físico, sino también la mente y el alma individual que permanecen de nacimiento en nacimiento. El conocimiento verdadero del Ser significa entrar en contacto con el propósito de nuestra alma en la encarnación. ¿Qué está buscando lograr nuestra alma en esta vida que le ayude a lo largo de su viaje hacia la Divinidad?

El conocimiento del propio Ser implica conocimiento cósmico. Funcionamos a través de las grandes fuerzas de la Naturaleza, las cuales son de nuestra atención más profunda. Conocernos a nosotros mismos es conocer al universo, no como un fenómeno físico, sino como una obra de la conciencia. Todo lo que vemos, desde hermosas montañas hasta hechos criminales, es un aspecto de nosotros mismos. A menos que comprendamos esto dentro de nosotros mismos, permaneceremos ignorantes de lo que realmente somos.

El auto-conocimiento es la forma superior de conocimiento. Es la base de todas las otras formas de conocimiento. Es el único medio a través del cual se puede conocer todo lo demás. Para descubrirlo, debemos regresar la mente a su origen y educarla de nuevo para que pueda ver al mundo, no como una realidad externa, sino como una revelación interior. El mundo exterior existe para la experiencia interior y para el auto-conocimiento. Cuando nos acercamos de manera directa y con una mente clara a cualquier cosa de la Naturaleza, nos damos cuenta que en el nivel más profundo es intrínsecamente una con nuestra propia conciencia. Nos vemos a nosotros mismos en la Naturaleza y a la Naturaleza en nosotros mismos. Esta es la revelación de nuestro Ser superior.

Desarrollando el auto-conocimiento

Para desarrollar el auto-conocimiento debemos aprender a observarnos, lo cual requiere meditación. No debemos aceptar la idea condicionada del ego acerca de quiénes somos, sino sumergirnos profundamente en nuestra mente y ver cómo estamos conectados con toda la existencia. Debemos trazar nuestro sentido del yo, el Yo-soy, de regreso a su origen en el corazón espiritual. También, debemos aprender quiénes somos, no sólo lo que nuestro nombre o trabajo son, sino la naturaleza de nuestra conciencia libre de todos los factores condicionantes externos.

El pensamiento siempre se compone de dos partes: el "yo" y lo que se identifica con él, como: "yo soy esto" o "esto es mío". El sujeto, o "Yo", está conectado o identificado con un objeto. Todos nuestros problemas vienen de la parte relacionada con el objeto, la cual está limitada por el tiempo y el espacio. Tenemos un problema con ser esto o aquello, o para conseguir esto o aquello, pero no tenemos un problema con ser. Ser no es difícil para nadie, es lo dado y lo auto-existente. Por eso, sólo cuando somos esto o aquello es cuando surgen los problemas.[74]

El regreso al "Yo soy" puro es la raíz de toda la paz y la felicidad. La psicología debe ayudarnos a entender las capas externas de nuestro ser, los impulsos físicos, vitales y mentales, no atraparnos dentro de ellos, sino armonizarlos para que nuestro ser más profundo pueda surgir y pueda funcionar a través de ellos.

El auto-conocimiento requiere una mente serena y equilibrada (Sáttvica). Si sufrimos de trastornos psicológicos, generalmente es más fácil desarrollar la devoción primero, o tratar con los aspectos externos más accesibles de nuestras vidas, como cambiar nuestra comida e impresiones. No es realista decirle a alguien que está pasando por una crisis emocional severa, que simplemente debe meditar, ser desapegado o ponerse en contacto con el Ser superior. Necesitan algo más práctico, pero al mismo tiempo es importante dirigirlos gradualmente en dirección a la meditación. Por esta razón, el auto-conocimiento pertenece más bien al camino espiritual que al tratamiento psicológico. Sin embargo, en última instancia el auto-conocimiento es la única manera de ir más allá de todo sufrimiento, el cual viene de no saber quiénes somos realmente.

16. El método de ocho partes de Yoga
Parte I
Prácticas externas:
Vida Dhármica, Asana y Pranayama

El sistema principal de Yoga

Toda la vida es Yoga, lo que significa unificación. Todos luchamos, de acuerdo a nuestro entendimiento, por convertirnos en uno con lo real, lo bueno y con la fuente de la felicidad. Toda vida individual tiene como objetivo, consciente o inconscientemente, la reintegración con la Vida Cósmica. Todos estamos tratando de ampliar nuestras fronteras y aumentar nuestras conexiones con el fin de encontrar plenitud y paz. El Yoga no es un nuevo camino a seguir, sino una manera de tomar conciencia de los impulsos originales de la vida. El Yoga es el movimiento y la evolución de la vida misma.

Los problemas psicológicos surgen en última instancia por una aplicación errónea de la energía de la conciencia. En lugar de unirnos con la eterna realidad interior en donde encontramos la alegría duradera, nos apegamos a objetos externos transitorios cuyas fluctuaciones traen dolor. La práctica de Yoga, o la integración interna, revierte todos los problemas psicológicos fusionando de nuevo la mente con su fuente inmutable de conciencia pura, en donde reside la paz perfecta. Por esta razón, Yoga es una parte integral e importante del Ayurveda (la ciencia de la vida) ya que aporta de manera particular al tratamiento de trastornos psicológicos.[75]

Los *Yoga Sutras*[76], el texto clásico principal sobre Yoga, define esta disciplina como "el proceso de calmar las operaciones de la conciencia." Una vez más, el término para conciencia o mente es Chitta, refiriéndose a todos los potenciales conscientes e inconscientes del pensamiento. Calmar significa eliminar todos los condicionamientos negativos alojados en la mente y en el corazón. Para lograr la calma completa se requiere control de las diferentes funciones de la conciencia a través de la inteligencia, la mente y el ego, junto con el desprendimiento de la fuerza vital y el cuerpo físico. Esta es una definición más profunda a diferencia de la idea común de Yoga, tan explotada hoy en día, la cual apenas abarca el ejercicio y el alivio de estrés. Las normas para el desarrollo yóguico, también pueden tratar los desequilibrios psicológicos, estas son:

1) La conciencia (Chitta) debe estar calmada y vacía.

2) La inteligencia (Buddhi) debe ser reorientada y agudizada.

3) La mente (Manas) y los sentidos deben ser controlados e interiorizados.

4) El ego (Ahamkara) debe ser disuelto.

5) La fuerza vital (Prana) debe ser equilibrada y fortalecida.

6) El cuerpo debe ser purificado.

Estos diferentes procesos van de la mano, si falta alguno, los otros no pueden tener éxito. Hemos discutido estos factores en diferentes capítulos del libro. En este capítulo los resumiremos y profundizaremos en ellos.

1. Calmar nuestra conciencia más profunda

Nuestra conciencia más profunda guarda diversos traumas emocionales y dolores que nos perturban, la mayoría de los cuales permanecen ocultos o reprimidos. Estas perturbaciones deben ser calmadas y liberadas. Debe llevarse la paz al núcleo de la mente. Esto requiere vaciarla de sus contenidos, de los hábitos profundamente arraigados, de las tendencias y apegos, renunciando al miedo, la ira y el deseo en todos sus niveles. Sin embargo, la mente es por naturaleza tranquila y pura. Sólo tenemos que permitirle volver a su estado natural, el cual es estar libre de influencias externas perturbadoras.

2. Reorientar y agudizar nuestra inteligencia

La inteligencia debe ser redirigida de su orientación inicial al mundo sensorial externo para enfocarse en el mundo interior de la conciencia. Debemos aprender a discernir lo eterno de lo transitorio, lo real de lo irreal, nuestro Ser verdadero de la masa de las apariencias del ego. Esto requiere percibir los tres Gunas, aferrándose a Sattva y descartando a Rajas y Tamas. Esto es también una llave para vaciar la conciencia. Sólo a través de la reorientación de la inteligencia podemos dirigir nuestra conciencia más allá de los contenidos de la misma, los cuales están limitados por el tiempo.

3. Controlar la mente

Debemos controlar nuestra mente y sentidos, para dejar de ser atraídos hacia el exterior en busca de satisfacción externa. Esto requiere cultivar el auto-control, el carácter y la fuerza de voluntad. Mientras la mente trae impresiones externas a la conciencia, ésta no puede vaciarse a sí misma. Del mismo modo, mientras vemos hacia afuera a través de la mente, no podemos redirigir nuestra inteligencia al interior.

4. Disolver el ego

La raíz de toda expansión de la conciencia consiste en disolver el ego o el sentido del Ser separado, lo cual es limitante y aislante. El Ser separado crea un vacío interior que buscamos llenar por medio de lo externo. Provoca juicios equivocados a través de los cuales creamos dolor y sufrimiento. Mientras estemos atrapados en el ego, no seremos capaces de controlar nuestra mente, nuestra inteligencia permanecerá en lo externo y nuestra conciencia interna se mantendrá en un estado de confusión. Para ello, es necesaria la abnegación, la entrega a Dios, y el despertar de nuestro ser interior y del sentido del alma.

5. Equilibrar y fortalecer la fuerza vital

Nuestro Prana o energía vital, se vuelve limitada por los apegos y las implicaciones que nos perturban. Para liberar la mente, este Prana debe ser liberado también. Nuestra fuerza vital (Prana) debe ser liberada de su obsesión por los objetos externos, que la fragmentan y dispersan. De lo contrario, nuestra mente será arrastrada hacia afuera y la energía de nuestra atención se perderá. Sin la vitalidad adecuada no podemos hacer nada, y ciertamente no podemos controlar la mente y los sentidos. Esto requiere conectarse con saludables fuentes internas y externas de vitalidad, a través de la mente, los sentidos, la respiración y el cuerpo.

6. Purificar el cuerpo

El cuerpo debe ser limpiado de toxinas y excesos de los humores biológicos de Vata, Pitta y Kapha. Un cuerpo débil o tóxico derribará la mente y debilitará su fuerza vital. El cuerpo es el depósito de nuestras acciones y guarda los efectos de ellas a largo plazo. No podemos ignorar su papel al trabajar con la mente o con nuestra conciencia profunda.

Las ocho ramas del Yoga: Ashtanga Yoga

El Yoga clásico ofrece un enfoque (Ashtanga) de ocho ramas para lograr su objetivo de reintegración. Estas ocho "ramas" no son simplemente pasos o etapas, a pesar de que siguen una cierta secuencia: son como las extremidades del cuerpo o las partes de una casa. De esa manera, cada una tiene su propio rol, pero no todas son igualmente importantes. Examinaremos las ocho ramas del Yoga como tratamientos psicológicos y mostraremos cómo las diversas terapias analizadas en el libro se relacionan con ellas.

LAS OCHO RAMAS DEL YOGA

1. Yama: reglas de conducta social
2. Niyama: reglas de conducta personal
3. Asana: posturas físicas (orientación correcta del cuerpo)
4. Pranayama (control de la respiración): uso correcto de la fuerza vital
5. Pratyahara: control de la mente y los sentidos
6. Dharana: concentración (control de la atención)
7. Dhyana: meditación (reflexión apropiada)
8. Samadhi: absorción (unión correcta)

Los dos primeros pasos (Yama y Niyama) constituyen el fundamento ético de la vida humana, los principios de conducta social y personal. Sin ellos no tendremos los fundamentos para un crecimiento saludable. Constituyen las reglas básicas del "Dharma" o la vida apropiada.

Los cinco primeros pasos (Yama, Niyama, Asana, Pranayama y Pratyahara) son llamados "ayudas externas" en los YOGA SUTRAS.

Armonizan los aspectos externos de nuestra naturaleza: el comportamiento, el cuerpo, la respiración, los sentidos y la mente. Los últimos tres pasos (Dharana, Dhyana y Samadhi) son llamados "ayudas internas". Son la parte central del Yoga, tal como se contempla en el proceso de la meditación. Juntos son llamados Samyama o concentración, la capacidad de convertirse en uno con los objetos de nuestro conocimiento. Sin embargo, Pratyahara puede ser incluido con las ayudas internas y eso haremos en este libro.

La fundación Dhármica de la vida humana

De acuerdo con los sabios védicos, la vida debe basarse en el Dharma para que logremos algo real o duradero. Dharma es la ley natural trabajando detrás de este universo consciente. Dharma incluye nuestro Dharma social, o responsabilidades sociales, y nuestro Dharma individual, nuestras responsabilidades personales. Descubrir nuestro propio Dharma significa aprender lo que es apropiado para nosotros individualmente de acuerdo a nuestro papel en la sociedad, etapa de la vida y desarrollo espiritual.[77] Dharma es la base necesaria para que el Yoga proceda de manera genuina.

Yama: la primera rama del Yoga

Muchas personas en Occidente consideran que el Yoga es una práctica personal o incluso una auto-preocupación. En realidad, en el verdadero sentido, Yoga requiere un alto grado de responsabilidad social y un comportamiento ético definido por los cinco Yamas o normas de conducta. Los Yamas son las principales actitudes que se necesitan para establecer una relación correcta con el mundo exterior.

1) No violencia (Ahimsa)
2) Veracidad (Satya)
3) Control de la energía sexual (Brahmacharya)

4) No robar (Asteya)

5) No posesividad (Aparigraha)

El primero y más importante de los Yamas es la no violencia: no desear dañar a ninguna criatura con el pensamiento, palabra o acción. La no violencia es la actitud más importante para lograr una buena relación con el mundo y para prevenir que energías negativas entren a nosotros. La violencia es el mayor factor de distorsión en la vida. Desear dañar a los demás es la causa principal de los disturbios mentales ya que introduce una energía de violencia en la mente donde puede alimentar la distorsión y resultar en acciones equivocadas.

La veracidad nos mantiene en armonía con las fuerzas de la verdad en el mundo que nos rodea y nos aleja de las influencias de la mentira y la ilusión. Nos da paz mental y equilibrio y nos permite descubrir lo real. La veracidad significa hacer lo que decimos y decir lo que hacemos. La mentira, el engaño, el disimulo y la deshonestidad distorsionan la mente y nos guían hacia juicios equivocados. La no violencia y la veracidad deben ir juntas. La veracidad no debe ser dura o violenta. La no violencia no debe estar separada de la verdad, o será simplemente apaciguamiento o aplacamiento. Debemos decir la verdad pero de la manera más agradable posible.

El sexo es la energía más poderosa que nos conecta con el mundo y es la fuente principal de la mala conducta en la vida. Sin el control de nuestro impulso sexual, viviremos en dolor y conflicto. El control de la energía sexual, la más poderosa de las fuerzas vitales, nos aleja de enredos emocionales innecesarios y acumula la energía interna necesaria para llevar la mente a un nivel superior de conciencia. Los desequilibrios mentales siempre implican una distorsión de la energía sexual, que es la energía raíz de los sentidos y la mente. La energía sexual descontrolada o mal dirigida distorsiona nuestras funciones físicas y mentales. Además, conduce a una pérdida enorme de energía, así como a confusiones profundamente arraigadas.

No robar significa no tomar lo que por derecho le pertenece a los demás. Esto incluye, no sólo la propiedad de otros, sino también su trabajo o cualquier crédito que les sea debido. Establece nuestra correcta relación con otras personas y nos mantiene libres de la envidia y los celos. No robar no es sólo una simple cuestión de evitar el robo, se requiere honestidad sobre lo que somos y lo que hemos hecho, así como no tomar lo que no es nuestro por derecho. Lo que hayamos tomado de otros nos trae decepción, corrompe la mente e inhibe nuestra comprensión real.

No posesividad significa no estar apegado con las cosas externas, aun con lo adquirido justamente. Requiere no sentir que somos dueños de las cosas, sino que somos los custodios de recursos que pertenecen a todos. Este principio significa la simplicidad material y el no ansiar comodidades materiales. La no posesividad nos da libertad en el mundo. Es una práctica particularmente importante para el afluente mundo moderno, en donde tenemos tantas posesiones y donde buscamos la riqueza y la prosperidad. Lo que creemos que nos pertenece en realidad nos posee.

No posesividad no necesariamente significa que tengamos que regalar todas nuestras posesiones, pero sí significa que no debemos acumular cosas innecesarias. Tener demasiadas cosas crea muchas preocupaciones, para lo cual la única solución es renunciar a ellas. Hay muchas consecuencias psicológicas negativas de tener demasiadas posesiones. Estas incluyen la sospecha y el apego, que hacen la mente pesada y autoprotectora.

El no robar y la no posesividad van de la mano. Las posesiones incorrectas, ya sean materiales o mentales, al igual que la gravedad, nos mantienen presionados y atados a los objetos implicados. A menos que cambiemos nuestro entorno material y nuestra actitud mental hacia él, no seremos capaces de cambiar nuestros pensamientos. Debemos purificar nuestro entorno a fin de interiorizar la mente. Tener demasiadas o inadecuadas posesiones crea una fuerza psíquica negativa que impide la expansión de nuestra conciencia. A través de estas prácticas Yóguicas, ya no crearemos un entorno material limitado alrededor de nuestra conciencia.

Si no tenemos una relación honesta, veraz e imparcial con el mundo y con otras personas, no podemos tener armonía de cuerpo y mente. La conducta social incorrecta es la base de la mayoría de las enfermedades psicológicas y de muchas de las físicas. Una conducta social correcta es una herramienta importante para el tratamiento de todas las enfermedades. Antes de mirar hacia adentro para tratar la mente o desarrollar nuestra conciencia, debemos crear la base de una relación correcta con el mundo que nos rodea, no sólo en nuestros pensamientos, sino en nuestras acciones.

Niyama: la segunda rama del Yoga

Las normas de conducta personal Yóguica se refieren a las prácticas cotidianas de nuestro estilo de vida. Estas son las principales disciplinas o regímenes que debemos seguir para que nuestra conciencia evolucione. Los cinco Niyamas son:

1) Satisfacción (Santosha)

2) Pureza (Shaucha)

3) Estudio de las enseñanzas espirituales (Svadhyaya)

4) Auto-disciplina (Tapas)

5) Entrega a Dios (Ishvara pranidhana)

Como primer paso debemos estar contentos. Esto significa encontrar la felicidad dentro de nosotros mismos y no en nuestra relación con lo externo. Mientras estemos insatisfechos y distraídos, no tendremos paz y coherencia para mirar hacia adentro. Yoga no es un movimiento de la mente perturbada en busca de entretenimiento, sino un movimiento de la mente en calma buscando la verdad interior.[78] Debemos procurar la satisfacción mediante el cultivo de fuentes internas de creatividad y conciencia. Esta es otra clave para la paz mental.

La pureza y la limpieza son las prácticas básicas que debemos seguir en la vida. Debemos limpiar el cuerpo con una dieta vegetariana apropiada y el ejercicio correcto, también, limpiar la mente a través de las impresiones, emociones y pensamientos adecuados. La falta de limpieza a nivel psicológico causa tantos problemas mentales como no asear el cuerpo causa problemas físicos. Estas impurezas mentales incluyen la preocupación, los chismes, la imaginación perturbada y los celos.

El estudio de las enseñanzas espirituales significa examinar las enseñanzas que nos ayudan a entender quiénes somos y la naturaleza del universo en que vivimos. Para ello necesitamos una genuina o iluminada enseñanza espiritual basada en la obra de los sabios auto-realizados. Las enseñanzas espirituales introducen pensamientos más elevados en la mente y nos enseñan un lenguaje mediante el cual podemos entender nuestra propia conciencia superior. El auto-estudio incluye la repetición de mantras, la cual nos ayudará a avanzar hacia nuestra mente más profunda. No es un estudio intelectual, sino que requiere la contemplación de aquello que examinamos. Debemos estudiar las grandes verdades espirituales en nuestra propia vida y persona, para ver como creamos nuestro destino.

La autodisciplina es necesaria para lograr algo significativo, ya sea en las artes creativas, los deportes, los negocios o en la práctica espiritual. Tenemos que aprender a coordinar y dirigir nuestras acciones de manera significativa hacia una meta superior o ideal. Esto significa que debemos estar dispuestos a sacrificar lo que no es útil a nuestra meta, como las implicaciones superficiales y las distracciones. La autodisciplina es necesaria para controlar la mente. Yoga, como todas las grandes empresas, requiere esfuerzo y dedicación o no podremos avanzar muy lejos en él.

Por último, nunca debemos olvidar honrar a los grandes poderes del universo. Debemos reconocer y entregarnos interiormente a la inteligencia que guía este vasto cosmos, sin la cual no podríamos ni siquiera respirar. Esto significa honrar a Dios, a la vida universal, a los amigos y maestros, que nos guían y ayudan. Mientras estemos abiertos a esa ayuda y orientación, no podremos sufrir de la soledad y enajenamiento que provocan tantos problemas humanos.

Si nuestro estilo de vida no refleja esos principios de verdad, es probable que seamos propensos a los disturbios psicológicos. Sin embargo, estas disciplinas deben ser cultivadas a diario a través del tiempo. Sus resultados no se manifiestan de la noche a la mañana. Tenemos que construir una base cuidadosa de conducta correcta, para conseguir estabilidad en nuestra vida y mente. La conducta social y personal correcta apoya el buen funcionamiento de todos los aspectos de nuestra conciencia. Esto ayuda particularmente en la correcta orientación de la inteligencia, pero también ayuda a controlar la mente y los sentidos, y a la vez purifica el cuerpo. Sin este fundamento Dhármico es probable que no perdure lo que construyamos en la vida.

Las disciplinas externas del Yoga

Sobre esta base Dhármica podemos comenzar con las prácticas externas del Yoga. Estas consisten en la reorientación del cuerpo y de la fuerza de la vida de acuerdo a los principios yóguicos. Se compone de dos partes, Asana y Pranayama, la tercera y cuarta rama del Yoga.

Asana: la tercera rama del Yoga

Asana consiste en la realización de posturas físicas que liberan la tensión y el estrés corporal. Las posturas correctas aumentan la fuerza vital y calman la mente, la cual se bloquea y se estresa por una postura incorrecta. Las Asanas también ayudan a equilibrar los humores biológicos que se acumulan en diferentes partes del cuerpo. Pueden apuntar a ciertos órganos o puntos débiles, y mediante una mejor circulación promueven la curación en esas áreas.

Asana, en un sentido amplio, comprende todos los ejercicios correctos, incluyendo más modalidades de actividad, como correr o caminar. El cuerpo necesita cierta cantidad de ejercicio para un funcionamiento adecuado. La falta, el exceso o la actividad incorrecta, pueden agravar o causar problemas psicológicos. Cualquier ajuste psicológico requiere, por lo general, cambiar nuestra forma de ejercitarnos o mover nuestros cuerpos.

Asana, en el sentido más específico, se refiere a posturas sentadas para la meditación, que son las Asanas principales mencionadas en los textos yóguicos. Para cualquier auto-examen real de conciencia, debemos ser capaces de sentarnos quietos, cómodos y con la columna vertebral erguida. Esto permite el flujo ascendente de energía por el cual la mente puede vaciarse a sí misma y abrir las capas más profundas de la conciencia.

Las Asanas específicas, incluidas las posturas donde no se está sentado, también pueden ayudar a sacar a la luz pensamientos reprimidos y facilitar su liberación, si la mente está preparada para tratar con ellos. La práctica de Asanas puede ayudar a liberar la tensión psicológica a través de la liberación de los bloqueos físicos y pránicos que la sostienen. Hay mucha información sobre Asanas en varios libros de Yoga. No vamos a profundizar en ello aquí.

Pranayama: la cuarta rama del Yoga

Pranayama es normalmente llamada "control de la respiración". Se encarga de calmar el patrón alterado de la respiración que agita nuestra mente y sentidos. También incluye todas las formas de energizar la fuerza vital a través del cuerpo, los sentidos y la mente. No se trata de la supresión de la respiración, la cual sólo nos causaría la muerte, sino el desarrollo y la expansión de la energía vital más allá de sus limitaciones ordinarias. Así, Pranayama es un importante método ayurvédico para promover la curación en todos los niveles.

Puesto en términos simples, el Prana es nuestra energía, y en particular la que se deriva de la respiración. Si no tenemos suficiente energía, no podemos hacer nada en la vida, incluso cuando sabemos lo que debemos hacer. Si el cerebro no recibe el oxígeno adecuado, no tenemos la energía mental para crecer y cambiar. Perdemos el control de nuestras vidas y nos convertimos en víctimas de nuestro condicionamiento. Los viejos patrones del pasado dominan la mente y nos mantienen atrapados en sus recuerdos y apegos. Somos incapaces de responder creativamente al presente. En última instancia, el cerebro envejece y se atrofia, lo que finalmente resulta en la senilidad.

Pranayama proporciona esta energía necesaria para el cuerpo y la mente. Otorga poder a nuestros pensamientos e intenciones para lograr lo que realmente buscamos. A nivel psicológico, da la energía para investigar en el inconsciente y liberar la fuerza emocional y vital (Pránica) encerrada en ella. Cuando nuestras células cerebrales son inundadas con más Prana, fácilmente podemos desarrollar el conocimiento para enfrentar nuestros problemas psicológicos y encontrar formas creativas para ir más allá de ellos. A un nivel más profundo, Pranayama nos proporciona la energía necesaria para una verdadera meditación. Porque sin suficiente Prana la meditación sólo consistirá en girar alrededor de nuestros pensamientos o en poner la mente en blanco, lo cual no cambiará nuestra conciencia en absoluto.

Hay varios tipos de Pranayama, la mayoría de los cuales consiste en profundizar y extender la respiración hasta que nos conduzca a un estado de relajación energizada. Cuando la respiración está en paz, la fuerza vital se calma, descansan los sentidos, las emociones y la mente. Los movimientos perturbados de nuestros impulsos vitales dejan de inquietarnos con sus deseos y temores.

La mente y la respiración están unidas entre sí como un pájaro está unido a sus dos alas. El pensamiento se mueve con la respiración, y ésta con su movimiento genera el pensamiento. No podemos respirar sin el pensamiento o pensar sin la respiración. Por esta razón, la respiración se puede utilizar como una cuerda para atar la mente. Si nos concentramos en la respiración, la mente se interioriza. Es retirada de los sentidos y de su orientación a lo externo en el mundo exterior y gira hacia el interior. De esta manera, el Pranayama es uno de los mejores medios de Pratyahara o retiro de las distracciones sensoriales.

La conciencia de la respiración, sin embargo, no es un fin en sí mismo: es una puerta a los niveles más profundos de la mente. Mientras la mente se centra en la respiración, las capas más profundas de la conciencia se abren gradualmente, liberando el subconsciente y todo lo que está oculto en su interior. En tanto, la mente atrae más energía a través del Pranayama, surgen pensamientos más profundos, incluidas las cuestiones emocionales a las cuales tendremos que hacer frente a través de la meditación, ya que de otra manera su energía nos perturbará y nos impedirá ir más profundo.

Pranayama So'ham

So'ham es el sonido natural de la respiración. El sonido del aire que entra en las fosas nasales produce el sonido "ess". El sonido del aire empujado hacia fuera de la nariz produce un sonido "h". Obsérvelo usted mismo. La raíz "sa" en Sánscrito significa sentarse, existir, mantener, y por lo tanto, inhalar. La raíz "ha" significa dejar, abandonar, negar, y por lo tanto, exhalar. Sa significa Él o el Espíritu Supremo. Ham significa aham o "Yo soy". So'ham es el sonido natural de la respiración que proclama "Yo soy Él" o "Yo soy el Ser de todos los Seres." Este sonido nos lleva más allá de la mente a nuestra naturaleza más íntima como conciencia pura.

El Pranayama So'ham es fácil y natural. Uno no trata de manipular o controlar la respiración sino que simplemente se le permite profundizar por su cuenta, siguiendo el sonido actual de vuelta a la esencia de la conciencia.

Algunos grupos de Yoga usan Hamsa: en lugar de So'ham usan ham para la inhalación y sa para la exhalación. Esta es otra versión del mismo enfoque con los sonidos invertidos. So'ham trabaja para energizar la respiración a medida que aumenta su flujo normal. Por otra parte, Hamsa trabaja para aquietar la respiración, ya que contrarresta su flujo normal. So'ham es mejor para fortalecer la respiración y Hamsa para calmarla.

Los Nadis

El cuerpo sutil, como el físico, se compone de varios sistemas de canales llamados Nadis, que literalmente significa arroyos. Existen setenta y dos mil nadis. De ellos, catorce son significativos y tres son importantes para todas las prácticas de Yoga.

Sushumna: Es el nadi más importante y central, el cual corresponde al canal de la médula espinal en el cuerpo físico. Controla todas las funciones de los chakras que cuelgan de él como flores de loto. Los chakras, a su vez, gobiernan sobre la funciones del cuerpo-mente en su función ordinaria. Cuando su condición es despierta o abierta, traen consigo el desenvolvimiento de los estados superiores de conciencia y superconciencia. Sushumna es llamado Chitta-Nadi en la literatura yóguica, el canal de Chitta[79] o conciencia profunda. Es el flujo de energía del campo mental en sí mismo, la corriente de la conciencia.

Llevar nuestro Prana y nuestra atención al Sushumna es la clave para calmar la mente. Sushumna tiene la naturaleza del éter y está balanceado en términos de los humores biológicos y Pranas. Este se activa por Kundalini, o Prana Shakti, que es predominantemente fuego (Tejas). Al reunir la energía de la respiración, los sentidos y la mente en el Sushumna despierta el Kundalini. Esto requiere una tremenda concentración y desprendimiento con el fin de acumular nuestras energías. Nunca se debe intentar deliberadamente o por la fuerza, sino como parte de un proceso de profundización de la paz interior y la ecuanimidad. Kundalini es la fuerza para el desarrollo de niveles superiores de conciencia. Para manejarla adecuadamente se requiere primero un fundamento apropiado de Yamas y Niyamas.

Ida y Pingala: A la izquierda y a la derecha del Sushumna corren dos nadis importantes, cuyos movimientos se entrelazan formando una serie de ochos, uno arriba del otro como en un caduceo. Estos comienzan a partir de la base de la columna vertebral y se mueven de lado a lado, de chakra en chakra. El nadi de la izquierda termina en la fosa nasal izquierda, el nadi de la derecha en la fosa nasal derecha. Estos dos nadis gobiernan los demás nadis principales y son responsables del predominio del cerebro izquierdo y derecho. El nadi izquierdo o lunar domina la actividad del cerebro derecho que está orientado hacia los sentimientos. El nadi derecho o solar domina el cerebro izquierdo que está orientado hacia lo racional.

Ida es el nadi izquierdo o lunar que tiene la energía de la Luna. Es de color blanco, es femenino y tiene una naturaleza acuosa (Kapha): es fresco, húmedo y relajante. Ida literalmente significa comida, refrigerio e inspiración. Opera más durante la noche, promueve los sueños y el dormir. Físicamente, Ida sostiene los tejidos del cuerpo que son en su mayoría de agua (Kapha). Psicológicamente, promueve la emoción, la sensibilidad y la imaginación, las funciones de la mente externa.

Pingala, que significa rojo, es el nadi derecho o solar y tiene la energía del Sol. Es masculino, tiene naturaleza de fuego (Pitta), es caliente, seco y estimulante. Funciona más durante el día, promueve la vigilia y la actividad. Físicamente, el Pingala gobierna la digestión y la circulación. Psicológicamente, promueve la razón, la percepción, el análisis y la discriminación, funciones de la inteligencia (Buddhi).

Estos dos canales, de manera opuesta, se relacionan con el hemisferio izquierdo y derecho del cerebro. La gente que está dominada por el hemisferio derecho tiene el potencial de sentir e intuir de Ida, el nadi izquierdo lunar. La gente que está dominada por el hemisferio izquierdo tiene el potencial racional y crítico de Pingala, el nadi lunar derecho.

La respiración fluye principalmente en uno de estos dos canales, alternando cada pocas horas de acuerdo a factores de tiempo, medio ambiente, edad y constitución. Podemos determinar la condición física y psicológica de una persona a través de la observación de sus fosas nasales en funcionamiento en un momento dado. Cuando la respiración de lado derecho prevalece, es la naturaleza masculina, fiera, agresiva o lado racional la que predomina. Cuando la respiración de lado izquierdo prevalece, el lado femenino, húmedo, receptivo y sensible de nuestra naturaleza tiene dominio. Cuando el Prana o fuerza vital es equilibrado y la energía de los nadis solar y lunar igualada, la mente es llevada a un estado de paz o conciencia mayor.

Al igual que los canales de circulación en el cuerpo físico, los nadis pueden ser perturbados por el flujo incorrecto de energía a través de ellos. El exceso de flujo a través del nadi solar provoca hiperactividad de la mente y el cuerpo. Psicológicamente causa exceso de claridad, ira, disposición crítica y tendencia a la manipulación (desordenes de Tejas). A nivel físico causa insomnio, mareos, fiebre y sensaciones de calor en la cabeza (desordenes de Pitta).

El exceso de flujo a través del nadi lunar trae vulnerabilidad emocional, imaginación perturbada, y dominación de las fuerzas astrales. Físicamente provoca dormir en exceso, sueños, congestión y aumento de peso inusual (desordenes de Kapha).

El flujo en los nadis es perturbado por las emociones negativas, el egoísmo, la exposición a impresiones pobres y la digestión mental deficiente. Los factores físicos incluyen una dieta incorrecta, particularmente si es demasiado pesada o grasosa, alimentos como la carne, el queso, el azúcar o los aceites, la falta de ejercicio, la respiración superficial y el sexo en exceso. La supresión de las emociones es el factor principal para bloquearlos. Otros factores agravantes incluyen las drogas así como el ejercicio y las prácticas de respiración o meditación vigorosas. Estas crean toxinas que impiden o bloquean el flujo de energía en estos canales sutiles.

Respiración por fosas nasales alternadas

Una clave importante para la salud física y mental es mantener los nadis despejados y mantener un flujo equilibrado entre Ida y Pingala. También ayuda a equilibrar Prana, Tejas y Ojas y trata la mente y las emociones. La meditación, los mantras, la exposición a impresiones correctas, los remedios físicos como Asanas, el trabajo corporal, las hierbas y la dieta ayudan a limpiar los nadis. El Pranayama, sin embargo, es el método principal, particularmente la respiración nasal alternada, la cual es llamada nadi shodhana o "limpieza de los nadis."

Ya que la fosa nasal izquierda es lunar o predominantemente Kapha, promover la respiración a través de ella aumenta nuestros tejidos corporales, Ojas y nutre la mente exterior (Manas). La respiración con la fosa nasal izquierda contrarresta el insomnio, la ansiedad, la ira, la hiperactividad y la hipersensibilidad. El enfriamiento o Pranayama lunar es lo mejor para las constituciones Pitta y sus problemas de exceso de calor y agitación.

Ya que la fosa nasal derecha es solar o predominantemente Pitta, promover la respiración a través de ella aumenta Tejas, la ira, la motivación y el Buddhi (inteligencia). La respiración con la fosa nasal derecha contrarresta la mala digestión y circulación, la falta de motivación, la depresión, la pereza y la parálisis. Es bueno para los problemas de Kapha de peso y apego excesivo.

Aumentar la respiración a través de ambas fosas, de manera uniforme, calma Vata, incrementa el Prana y armoniza nuestra conciencia profunda (Chitta). También, contrarresta las condiciones Vata de miedo, ansiedad, indecisión y confusión. Pero para que sea eficaz debemos practicarla junto con una dieta rica y nutritiva, acompañada de un consumo apropiado de aceites y fluidos.

Pranayama ayuda en la conversión de los alimentos y agua, lo cual asiste a la constitución Vata a ganar más peso y nutrir el sistema nervioso, pero para lograr esto debe ser combinada con una alimentación y agua adecuada.

17. El método de ocho partes de Yoga
Parte II
Prácticas internas:
La meditación, el Samadhi y la transformación de la conciencia

Todos buscamos la felicidad sin reservas y una paz duradera en la vida. Sólo esto puede traer satisfacción a nuestras mentes y corazones. Sin embargo, lo que logramos en el mundo exterior nunca es suficiente, por muy buena que sean nuestras relaciones, nuestro éxito profesional o nuestros logros intelectuales. Siempre estamos buscando algo más grande, algo puro, perfecto o sagrado, intocado por las fluctuaciones y las imperfecciones del tiempo y de las circunstancias. Yoga nos enseña a darnos cuenta de esto. Vamos a examinar en este capítulo el secreto interior del Yoga.

Las prácticas internas de Yoga consisten en los cuatro niveles más altos de la práctica yóguica: Pratyahara, Dharana, Dhyana y Samadhi los cuales corresponden al proceso de retirar los sentidos, la concentración, la meditación y la absorción. A este nivel trabajamos directamente con la mente en sí, llegando hasta su grado más profundo y central en el corazón. Esto sólo es posible a partir de la fundamentación de las primeras etapas del Yoga, un estilo de vida ético (Yama y Niyama), el control del cuerpo (Asanas) y el control de la respiración y la fuerza vital (Pranayama). Por medio de esta fundamentación, podemos acceder a los misteriosos rincones del corazón, donde se ocultan tanto nuestro dolor como nuestra alegría, y comprenderlos.

Pratyahara: la quinta rama del Yoga

Pratyahara es quizás el aspecto menos comprendido de Yoga y sin embargo el más importante para cualquier tratamiento psicológico. A menudo se traduce como "retirar los sentidos." Más exactamente significa "retirar la distracción", que es desconectar la mente de los impulsos que se derivan de los sentidos. La distracción es nuestra vulnerabilidad frente a los estímulos externos, nuestra capacidad de ser condicionados por las presiones del medio ambiente.

Cada órgano sensorial tiene sus propios impulsos y su programación incorporada. Cada uno es como un niño revoltoso que exige nuestra atención y busca la gratificación. Cada órgano sensorial colorea la mente y trata de imponer sus gustos y disgustos. La conciencia del ojo nos impulsa a buscar sensaciones visuales placenteras y evitar las dolorosas. La fuerza vital o Prana en el ojo nos impulsa a promover acciones que proporcionan sensaciones visuales. El ego que opera a través del ojo trata de mantener nuestra atención en el mismo, y hacer que las sensaciones visuales sean la parte más importante de nuestra propia identidad. Ocurre lo mismo con otros órganos sensoriales y motores.

Los órganos motores, en particular los órganos del habla y los órganos reproductivos, son más difíciles de controlar que los órganos sensoriales. Los órganos motores tienen una mayor fuerza vital y más urgencia en su expresión. Son de una naturaleza más activa y exigen mucha atención. Sin embargo, los órganos motores sólo expresan lo que entra en ellos a través de los órganos sensoriales. También, podemos controlar los órganos motores a través del buen manejo de los órganos sensoriales.

Sin un control adecuado de los sentidos, la mente se fragmenta en cinco direcciones. Las fluctuaciones sensoriales, la cuales pueden llegar a ser muy grandes, mantienen la mente fuera de equilibrio y pueden conducir a problemas psicológicos y a la pérdida del autocontrol. Mientras seamos dominados por los sentidos, nuestra percepción de la gravedad se hallará fuera de nosotros mismos y no tendremos estabilidad interna o fuerza de carácter. Entonces, nos convertimos en una criatura del momento y reaccionamos a cualquier cosa que esté ocurriendo en nuestro alrededor.

Pratyahara es el control de los sentidos, lo cual incluye la administración correcta de las impresiones. Esto significa mantener nuestra mente al margen de los sentidos y en control del ingreso. No se trata de la supresión de estos, sino de su aplicación correcta: es decir, como instrumentos de conocimiento y no como jueces de lo que percibimos. Según Ayurveda, todas las enfermedades surgen por una mala utilización de los sentidos, la cual puede ser excesiva, deficiente o inadecuada. La manera en que los usamos determina la clase de energía tomada del mundo exterior, desde la comida hasta las emociones. Pratyahara incluye todas las técnicas sensoriales del Ayurveda, en particular las que hemos discutido en las condiciones de uso correcto de las impresiones, la terapia del color y el mantra.

Las técnicas de Pratyahara son principalmente de dos tipos: desconectarnos de los sentidos (como cerrar los ojos o los oídos) y el uso de estos mismos con atención en lugar de distracción. Cerrar las aberturas sensoriales es como una práctica de ayuno para el cuerpo. El ayuno de las impresiones permite que la capacidad digestiva de la mente se renueve a sí misma, de la misma manera, el ayuno de los alimentos permite que el cuerpo se limpie al digerir toxinas. También permite que se conozcan las impresiones interiores en forma de sonidos y luces. Esto se puede lograr con tan sólo cerrar los ojos o permaneciendo en un lugar oscuro y silencioso.

Pratyahara también se puede practicar durante la percepción sensorial. Esto ocurre cuando somos testigos de las impresiones sensoriales y nos detenemos en la percepción pura en lugar de reaccionar con gustos y disgustos. Esto requiere que dejemos de proyectar nombres y definiciones en nuestras impresiones y que veamos los objetos sensoriales por lo que son, una representación sensorial de energía. Una forma de lograr esto es no centrarse en los objetos mismos sino en las impresiones sensoriales: los sonidos y colores que los componen. Otra forma de hacerlo es mirar al espacio entre los objetos y no los objetos mismos. Tal vez lo más importante es meditar con los ojos abiertos mientras dirigimos nuestra atención hacia adentro.[80]

Pratyahara puede emplear objetos internos para dirigir nuestra atención lejos de los objetos externos. Los más importantes en este sentido son: el mantra y la visualización, los cuales dirigen la energía interna de los sentidos, que son esencialmente luz y sonido. De esta manera, la energía de los sentidos se usa de manera creativa en un nivel interior. Esto también ayuda a abrir las fuentes sensoriales interiores, a la luz y el sonido interior.

Pratyahara subsigue a Pranayama. En Pranayama recogemos la respiración y el prana. En Pratyahara tomamos este Prana concentrado y lo retiramos del campo de los sentidos y lo dirigimos hacia el campo de la conciencia. Podemos visualizar el proceso de retirar el Prana etapa por etapa, pasando por nuestras extremidades, órganos y mente, y asentándolo dentro del corazón.

Pratyahara es asistido por medio de la creación de un ambiente especial que proporciona diferentes y mejores impresiones. Puede tratarse de un retiro en un lugar apartado, como en una cabaña de montaña, donde la persona es extraída de las distracciones comunes. Puede implicar la creación de un altar o un espacio de sanación en el hogar, que de igual forma nos aleja de las impresiones ordinarias y nos desarrolla aquellas de naturaleza superior. Este tipo de espacio sagrado nos ayuda a aislarnos de la vulnerabilidad a las influencias externas. Los métodos Pratyahara son especialmente importantes para las personas que son hipersensibles y fácilmente influenciables e impresionables.

Pratyahara es el método principal para el fortalecimiento del sistema inmunológico mental y su capacidad para protegerse de impresiones, emociones y pensamientos negativos. Pratyahara es quizás el aspecto más importante del Yoga para los trastornos psicológicos ya que restaura la relación adecuada entre la mente y el mundo exterior. Este corta la recepción de las influencias negativas del exterior y abre la recepción de las influencias positivas desde el interior. Sella el campo mental a las energías negativas para que la sanación pueda ocurrir. La mayoría de las terapias sensoriales de Ayurveda caben principalmente en esta categoría, tal como discutimos sobre la ingesta apropiada de las impresiones y el uso de mantra, sonido y color.

Dharana: la sexta rama del Yoga

Dharana es la concentración o la atención apropiada, la cual es la capacidad de dar toda nuestra energía mental al objeto que estamos examinando. La calidad de nuestra atención en la vida determina nuestro estado de ánimo. La atención es el pilar central que sostiene nuestra mente y nuestro carácter: es la que brinda poder a todo lo que hacemos.

El problema está en que desperdiciamos nuestra atención enfocándola en el mundo exterior en busca de aprobación o placer. No se nos enseña a controlarla, sino más bien, a volvernos vulnerables a los condicionamientos sociales a través del sexo, la publicidad y el entretenimiento. La mayoría de los problemas psicológicos surgen de la falta de concentración, al permitir que nos gobierne alguna fuerza exterior, o alguna influencia subconsciente. Dejamos que otros nos digan quiénes somos, qué hacer y hasta qué pensar.

Las técnicas de Dharana consisten en diferentes métodos para hacer que la mente se enfoque en un solo punto. Entre estas se encuentra la concentración en los objetos particulares. Algunos de estos métodos son los mismos que los de Pratyahara. En Pratyahara el objetivo es negativo, es decir retirarse de la distracción sensorial, en cuyo caso, la naturaleza del objeto en sí no es importante. En Dharana el objetivo es positivo, es decir centrarse en el objeto en particular, en el que la naturaleza de este puede ser crucial. Por lo tanto, Pratyahara conduce a Dharana. El primero reúne la energía de la mente y el segundo la enfoca.

Los métodos simples de Dharana incluyen la contemplación de diversos objetos como una lámpara de ghee, una vela, una estatua, una imagen, o algún objeto de la naturaleza como el cielo, el mar, una montaña, un árbol o un arroyo. Los métodos internos de Dharana incluyen enfocarse en las luces y los sonidos interiores, o representaciones visuales de deidades, mantras y Yantras. El Dharana se puede practicar sobre los elementos, los chakras o los Gunas. Un Dharana sin forma se puede practicar sobre diversas verdades cósmicas, como concentrar la mente en la impermanencia de todas las cosas o en la unidad de toda la existencia.

Como parte de un tratamiento psicológico dichas técnicas de desarrollo de atención se pueden enseñar a los pacientes para ayudar al control mental y al desarrollo de la memoria. Esto incluye cosas sencillas, como la concentración en un solo objeto o el entrenamiento de la memoria para retener un pensamiento en particular. Incluso las matemáticas o el aprendizaje de una lengua puede ser utilizado de esta manera. Estos ayudan a entrenar la mente para que funcione de manera objetiva y para retirarla de la subjetividad emocional que nubla su función.

Dharana es la forma en que la mente (Manas) es controlada y que la inteligencia interior (Buddhi) es despertada. La mente al enfocarse tiene la capacidad de establecer metas, valores y principios. Nos conduce a la verdad. La clave de todo éxito es retomar el control de la mente y ser capaz de dirigirla a voluntad.

La técnicas de Dharana y Pratyahara

Las siguientes son algunas técnicas prácticas de Pratyahara y Dharana.

LA MEDITACIÓN EN LOS CINCO ELEMENTOS

El elemento éter: el cielo

Busque un área descubierta donde pueda tener una visión clara y sin obstáculos en el cielo. Allí, acuéstese sobre su espalda y mire hacia el cielo por lo menos durante veinte minutos, teniendo cuidado de no mirar cerca del sol. Medite sobre su mente como si fuera semejante al cielo. Cuando regrese a su percepción ordinaria, usted encontrará su campo mental purificado y renovado.

Se puede practicar el mismo método en la noche, preferiblemente una noche sin luna en una zona donde no hay ninguna interferencia de las luces de la ciudad. Se puede comenzar inmediatamente después de la puesta del sol y poco a poco ver salir las estrellas. Esto toma alrededor de dos horas. También, puede esperar hasta que el cielo esté oscuro y mirar las estrellas continuamente durante unos veinte minutos. Esto enfriará, calmará la mente y desarrollará mayores facultades perceptivas e intuitivas. Esta meditación se realiza mejor en el chakra del éter/garganta y ayuda en su desarrollo.

El elemento aire: las nubes

Busque un área descubierta donde pueda tener una visión clara y sin obstáculos del cielo, evitando mirar directamente al sol. Elija un día que esté en parte nublado, donde se puedan ver nubes tanto blancas como negras en su formación y movimiento. Medite sobre sus pensamientos y sentimientos como si fueran el movimiento de las nubes en el espacio infinito de la conciencia. Una vez más, tómese al menos veinte minutos. Esta meditación se realiza mejor en el chakra del aire/corazón y ayuda en su desarrollo.

El elemento fuego: una vela, lámpara de ghee o el fuego

Instale una vela o una lámpara de ghee en un altar o en un lugar especial en una habitación tranquila. Contemple la llama durante quince minutos. Procure no parpadear. Deje que vengan lágrimas a sus ojos si es necesario. Permita que su mente se funda junto con la llama. Vea la luz exterior como su luz interior.

En el caso de una fogata, mire en el fuego y ofrezca sus pensamientos y sentimientos negativos para la purificación. Deje que el fuego los purifique y los transforme en una energía positiva de amor y alegría para todo el universo. Esta meditación se realiza mejor en el chakra del fuego/ombligo y ayuda en su desarrollo.

El elemento agua: el océano, un lago o un arroyo

Encuentre un lugar donde usted tenga una buena vista del agua. Siéntese cómodamente y mírela. Deje que su mente se despeje y se funda en el agua, dejando que los movimientos de la mente sean como el movimiento de las olas o el flujo de la corriente. Haga esto, por lo menos, durante veinte minutos. Es mejor hacerlo en un día claro cuando el agua está transparente. Sienta su mente fresca y renovada y su corazón abierto y vibrante. Esta meditación se realiza mejor en el chakra del agua/sacral y ayuda en su desarrollo.

El elemento tierra: una montaña

Diríjase a la cima de una montaña o una colina, preferiblemente donde haya una vista de otros cerros o montañas. Siéntese y enfoque su mente en las faldas de las montañas cercanas o lejanas, también en los valles. Sienta la tierra dentro de usted. Siéntase tan firme y estable como una montaña, e igual de abierto al cielo. Siéntase uno con la naturaleza y por encima de todos los problemas pequeños de la humanidad. Haga esto por lo menos durante veinte minutos. Esta meditación se hace mejor con el chakra de la tierra/raíz y ayuda en su desarrollo.

OTRAS TÉCNICAS DE MEDITACIÓN

Los colores especiales

Contemple o visualice colores particulares como el azul oscuro, el naranja azafrán, el oro o el blanco. Esto se puede combinar con mantras o deidades. Revise la sección de la terapia del color para obtener más información.

El retrato de un gran maestro o una deidad

Medite sobre la imagen o estatua de una deidad o un gran maestro, tratando de ponerse en contacto con su espíritu y de establecer vínculos con su gracia y sabiduría. Permita que la figura se comunique con usted a través de la imagen. Memorice la enseñanza recibida y vea cómo se aplica a usted. Es importante poner la mente en un estado de silencio o receptividad. La imaginación no debe fomentarse.

Los mantras

Todo lo que se ha enseñado acerca del mantra nos será de utilidad aquí. Escoja un mantra y concentre su mente en él. Repita el mantra primero de manera audible durante cinco minutos, luego susúrrelo en voz baja durante diez minutos. Por último, repítalo mentalmente durante veinte minutos. Haga esto por la mañana y por la noche durante un mes, y vea cómo mejora su capacidad mental.

Los artefactos geométricos, Yantras y Mandalas

Concéntrese en un Yantra como el Sri Yantra. Visualícelo en su mente y memorícelo. Vea la vibración del mantra OM dentro de este. Hágalo como un mantra por lo menos durante un mes.

Los sonidos interiores

Cuando uno tapa sus oídos se pueden escuchar varios sonidos interiores. Algunos son producidos fisiológicamente, mientras que otros surgen de los niveles más profundos de la conciencia. Uno puede concentrarse en los sonidos y vibraciones que vienen a través de ellos. Estos sonidos se manifiestan como el océano, un tambor, una flauta u otro tipo de instrumento musical. Escuche los sonidos y trate de conectarse con las fuerzas superiores y las energías que se manifiestan a través de ellos.

La luz interior

Una luz se puede ver en la región del tercer ojo. Puede ser leve al principio, blanquecina o dorada o como una masa de metal fundido. Concéntrese en verla, no como un objeto externo, sino como una conexión con lo divino en su interior. Permita que esta bola de luz representando el poder de la conciencia cósmica venga hacia usted y se hunda con fuerza dentro de su corazón.

Las afirmaciones

Las afirmaciones implican retirar la mente de sus pensamientos ordinarios y concentrarla en una meta en particular. Sin embargo, debemos afirmar la verdad interior de nuestro ser y no tratar de potenciar nuestro ego o nuestra naturaleza deseosa. Debemos afirmar la plenitud de nuestra naturaleza interior y no los deseos de nuestra naturaleza exterior.

Para Pratyahara hay afirmaciones especiales como: "Estoy inherentemente libre de la necesidad de los placeres y los objetos externos en mi naturaleza y en mi conciencia pura." Una afirmación buena para los problemas psicológicos es: "Mi verdadero yo está por encima de la mente y sus problemas. Que vengan o vayan. Estos no me pueden afectar."

Para Dharana existen otras afirmaciones como: "En mi verdadero Yo estoy en control de mi mente y puedo concentrarla en lo que tengo que entender." Las afirmaciones también pueden ser una forma de Pranayama, buscando incrementar la fuerza vital, tales como: "Estoy en contacto con la fuerza vital cósmica, la cual me alimenta y me proporciona energía para todo lo que necesito hacer."

Dhyana: la séptima rama del Yoga

Dhyana es la meditación en el verdadero sentido de la palabra. Es la capacidad para mantener la atención a largo plazo sobre el objeto de nuestra observación. Dharana fija nuestra atención en un objeto determinado mientras que Dhyana la mantiene allí. El Dharana sostenido en el tiempo se convierte en Dhyana. Por lo general, Dharana debe continuar durante al menos una hora para que se produzca un verdadero Dhyana.

Una vez la mente es capaz de enfocarse en un objeto, automáticamente recibe el conocimiento del mismo. A cualquier cosa que le prestemos atención, gradualmente desplegará su significado para nosotros. Detenerse en dicho conocimiento es la meditación, pues no se trata simplemente de ilusiones, tampoco de estar sentados solamente tratando de controlar nuestros pensamientos (eso tan solo es un intento de meditar). La meditación se produce a través de la atención sostenida.

La meditación puede practicarse con o sin forma: lo primera nos prepara para la segunda. La meditación con forma emplea las mismas técnicas que Pratyahara y Dharana, manteniendo la mente en un objeto particular, pero por un período más largo. Cualquier objeto que atrae a la mente puede ser utilizado: una forma en la naturaleza, una deidad, un gurú, un Yantra o un mantra. Los estados sin forma de Dhyana incluyen la meditación sobre los principios de verdad, como "todo es el Ser", o meditar sobre el vacío que trasciende toda objetividad.

La meditación puede ser pasiva o activa. La pasiva implica la reflexión de la mente sobre un objeto, forma o idea. Esta crea una conciencia de testigo en la cual podemos observar sin predilección todos los movimientos de la mente. Esta proporciona el espacio donde nuestra conciencia interna (Chitta) se puede abrir; y uno mismo simplemente permanece en el estado de observador.

El Dhyana está compuesto por diversas formas de búsqueda a través de las cuales examinamos la verdad de las cosas usando la mente concentrada como instrumento. La introspección, tal como se explica en la sección del auto-conocimiento, es el método activo más importante de Dhyana. El Dhyana de manera activa estimula la inteligencia interior (Buddhi). En general, los métodos activos de la meditación son más fuertes que los pasivos, pero los dos van juntos. Con la meditación pasiva es fácil que la mente caiga en un estado en blanco o que quede atrapada en un cierto nivel. La exploración hace que la mente continúe por un camino más profundo. Las meditaciones activas y pasivas se pueden combinar, como cuando uno alterna la introspección con algo de contemplación pasiva. Cuando la mente se cansa de una, se debe practicar la otra. Si la mente se cansa de ambas, esta debe sujetarse a un mantra o volver a practicar Pranayama.

Los estados mayores de meditación implican ir más allá de todo pensamiento. Esto ocurre cuando la conciencia se vacía de su contenido a través de la comprensión de la naturaleza y el desarrollo de la misma. Pero la verdadera meditación (Dhyana) no puede ser alcanzada por una mente inquieta o alterada emocionalmente. Por lo que se requiere una concentración desarrollada de manera adecuada, y que se base en el control del cuerpo, los sentidos, la fuerza vital y la mente. Estos dependen de un predominio del Sattva Guna en nuestra naturaleza entera. Por esta razón, primero debemos purificar nuestra vida y mente. De lo contrario, tratar de no pensar y colocarnos en un estado en blanco es sólo dormir y nuestra conciencia no se está transformando. Por eso, no debemos contentarnos con cualquier estado mental sino tratar de ir a la raíz de nuestro ser.

Gran parte de lo que se llama la meditación hoy en día es más propiamente Pratyahara (como visualización) o Dharana (técnicas de concentración). En los trastornos psicológicos, dicha meditación es útil para calmar la mente. El alivio del estrés que da la meditación se ha investigado y validado en los últimos años. El estrés es una acumulación de tensión en la mente. La meditación, al ampliar el campo mental, lo alivia. Estas formas básicas de meditación como el mantra y los ejercicios de concentración son útiles para tratar problemas psicológicos, ya que cualquier persona las puede aplicar. Las formas más elevadas de meditación sólo son posibles para aquellos que ya han ido más allá de los problemas y apegos comunes, lo que no es fácil en este mundo moderno tan agitado.

La meditación sobre la muerte y el Ser inmortal

Una de las mejores meditaciones se enfoca en la muerte. Esto no es algo morboso, es simplemente afrontar la realidad última de nuestra vida. Esta meditación es muy curativa para todos nuestros problemas psicológicos que giran en torno a nuestros problemas personales transitorios.

Siéntese o acuéstese cómodamente. Imagine que su cuerpo se está muriendo. Retire la atención del cuerpo, sentidos y mente y póngala en su corazón. Imagine que usted es una pequeña llama en el corazón de esta gran ciudad del cuerpo. Ofrezca todos sus pensamientos y sentimientos en esa llama inmortal. Dese cuenta que la llama es el Ser Verdadero, el "Yo soy el que soy". Suelte todo lo demás. Báñese, purifíquese y transfórmese en esa luz pura de la conciencia. Vea todo el universo, todo el tiempo y el espacio dentro de ella.

Samadhi: la octava rama del Yoga[81]

Samadhi es la rama más alta y la ultima del Yoga. Es el aspecto central de la práctica yóguica. De hecho, el Yoga es definido en los Yoga Sutras principalmente como Samadhi.[82] El Samadhi es la capacidad de la conciencia para volverse una con el objeto de la percepción, a través del cual la naturaleza, la Realidad última, es conocida. Tal vez se puede traducir mejor como "absorción". Samadhi es la capacidad de fusionarse con las cosas en la conciencia y da alegría y realización última en la vida. Es la etapa más alta de la meditación que nos lleva a la naturaleza divina subyacente en todo. Es el resultado natural de las verdaderas meditaciones. La meditación sostenida resulta en el Samadhi.

El Samadhi es también de dos tipos: con forma y cualidad o sin forma al igual que la meditación. Los Samadhis preliminares implican percepción elevada, pensamiento profundo y contemplación (y a su vez, tienen forma o pensamiento). Los Samadhis superiores implican trascender el pensamiento a la conciencia pura sin tener los más altos pensamientos y experiencias. Sin embargo, es muy difícil si no imposible, llegar al Samadhi libre de pensamiento, sin haber desarrollado ya el Samadhi de pensamiento profundo y la introspección profunda. Una gran cantidad de contemplación profunda es necesaria para desarrollar el Samadhi. No es algo que viene en un día o incluso en un año y puede requerir décadas de práctica para que realmente se manifieste.

El poder abordar Samadhi en el sentido de Yoga no es algo posible para alguien cuya mente no está desarrollada o para alguien que sufre de desequilibrios psicológicos. Primero tiene que haber una limpieza psicológica, ya que de otra manera la mente no puede reflejar el estado de Samadhi sin distorsiones. En este sentido, la psicología ayurvédica sienta las bases para los Samadhis yóguicos.

El Samadhi es la forma principal en que nuestra conciencia interna (Chitta) se desarrolla. Esto ocurre a través de la función superior de la inteligencia (Buddhi). En Samadhi volvemos a esta conciencia de base (Chitta) y podemos percibir todas sus funciones. Por lo tanto, Samadhi nos ayuda a entender cómo funciona la mente y cómo cambiarla. El conocimiento obtenido de Samadhi agrega mayor profundidad a cualquier tratamiento psicológico. El conocimiento ayurvédico posee eficacia para el tratamiento de la mente debido a que nació originalmente del Samadhi, la realización de los antiguos rishis.

Los Samadhis menores y mayores

Todos estamos en la búsqueda de Samadhi o absorción de una forma u otra. No sólo existen los más altos Samadhis yóguicos si no también los Samadhis ordinarios. Nosotros sólo somos felices cuando estamos tan absortos en algo que nos olvidamos de nosotros mismos, porque el yo separado es el dolor. Los Samadhis son experiencias máximas en la que nos perdemos en el objeto de nuestra percepción. Los Samadhis menores incluyen momentos de inspiración, por ejemplo, absorción en la música o en una película o en una experiencia sexual.

Yoga enseña que hay cinco niveles diferentes de conciencia (Chitta):
1) Ilusoria (Mudha)
2) Distraída (Kshipta)
3) Imaginativa (Vikshipta)
4) Centrada en un solo punto (Ekagra)
5) Calmada (Nirodha)[83]

Los Samadhis existen en los cinco niveles de conciencia, pero el Yoga como una disciplina espiritual sólo se refiere a los Samadhis de los dos últimos niveles, que son puramente sáttvicos (espirituales) por naturaleza. Estos son alcanzados a través del desarrollo de nuestra conciencia más alta y están bajo el control de nuestra inteligencia más profunda. Son los Samadhis yóguicos mayores.

Los Samadhis de la mente centrada en un solo punto implican el uso de una idea o un apoyo, a partir de la contemplación de un objeto en la naturaleza hasta la reflexión sobre la naturaleza de la realidad última. Se centran en un objeto particular que puede ser externo o interno. Aquí la mente conscientemente se concentra en el objeto y su verdad cósmica subyacente es revelada. Los yoguis utilizan este tipo de Samadhi para descubrir los secretos del universo y la psique.[84] Se trata de una extensión de los métodos de Pratyahara, Dharana y Dhyana que ya hemos abordado.

El Samadhi de la mente calmada está más allá de todos los objetos y pensamientos, implica aquietar o silenciar nuestra conciencia en todos los niveles. Este tipo de Samadhi es necesario para trascender el mundo exterior y para la auto-realización. Por lo general, uno debe desarrollar el Samadhi de la mente centrada en un solo punto, con el fin de desarrollar los Samadhis de la mente silenciosa o calmada.

Los Samadhis menores o no yóguicos son de naturaleza transitoria y no pueden traer la paz permanente al campo mental. Estos se producen cuando la mente no purificada está bajo el dominio temporal de uno de los tres Gunas, y a través de esto se fusiona de nuevo en su núcleo (Chitta), que es el nivel de los Gunas. Cuando un Guna prevalece se da la absorción en ese Guna. Pero con el tiempo los otros Gunas deben imponerse y el Samadhi llega a su fin. Estos Samadhis menores están fuera del control de nuestra conciencia y dependen de las circunstancias. Tales Samadhis menores son las principales causas de trastornos mentales ya que propagan el apego y causan adicción a ellos.

Los Samadhis de la mente ilusoria

Los Samadhis de la mente ilusoria incluyen: el sueño, los estados de coma y los estados inducidos por el alcohol o las drogas. Son condiciones en que la calidad de Tamas o la apatía prevalecen. Aquí, la mente se absorbe en un estado en blanco en el que la conciencia del cuerpo se oscurece o incluso es anulada. Uno pierde el control de la mente y se absorbe en un estado inconsciente o sin sensaciones, o bien uno se absorbe en una sensación en la que no hay movimiento, como un borracho perdido en un estupor alcohólico que yace parcialmente consciente en el suelo.

Los Samadhis de la mente distraída

Los Samadhis de la mente distraída se producen cuando la mente está tan absorta en una actividad o sensación externa que se olvida de sí misma. Aquí la cualidad de Rajas o del movimiento enérgico prevalece. Este tipo de absorción se produce en la actividad sexual, en el deporte (como el disfrute de correr rápido) o en ver una película (a pesar de tener un elemento de Tamas y de ser principalmente un disfrute sensorial pasivo). La mente es calmada por el peso o la intensidad de los estímulos sensoriales. Esto ocurre cuando estamos absortos en nuestro trabajo, razón por la cual trabajar demasiado puede ser una adicción. Estamos tan perdidos en lo que estamos haciendo que nos olvidamos de nosotros mismos. Este estado de ánimo está detrás de la mayor parte de los logros de la vida ordinaria, en la cual nos imaginamos una meta para nosotros mismos y luego vamos tras ella. El logro de tales objetivos como la riqueza o la fama es un tipo de experiencia Samadhi, la absorción del éxito.

Los Samadhis de la mente distraída pueden ocurrir en un nivel negativo cuando la mente se vuelve absorta en un gran miedo o dolor. Cualquier emoción intensa, incluyendo la violencia, crea un drama en el cual se concentra la mente, una especie de Samadhi.

Los Samadhis de la mente imaginativa

Los Samadhis de la mente imaginativa se producen cuando la mente está tan absorta en sus propias proyecciones que se olvida de sí misma. Esto ocurre sobre todo cuando la cualidad de Sattva prevalece. Estos son los Samadhis de la mente inspirada o genio. Son semejantes las visiones de los artistas, las reflexiones de los filósofos y los grandes descubrimientos de los científicos. Esto incluye cualquier experiencia religiosa o mística de carácter transitorio y espontáneo.

Mientras Sattva prevalece en este Samadhi, Tamas y Rajas no han sido eliminados así que se imponen después de un período de tiempo. En este sentido, Yoga no aprecia a estos Samadhis creativos o intelectuales como lo último, a diferencia de la tendencia de la cultura intelectual de Occidente de glorificar el genio como el más alto carácter humano. Yoga está basado en Samadhis mayores y aunque se honran a estos Samadhis de la mente inspirada, se reconoce que estos no son suficientes para purificar la mente y en particular el subconsciente. Estos no pueden superar los Gunas de Rajas y Tamas los cuales volverán a llevar la mente hacia abajo y causarán dolor. Tales Samadhis inspirados son como una ventana a los Samadhis superiores pero no nos pueden llevar allí. Esto requiere más que el cultivo del intelecto, requiere una formación de tipo de Yóguico. No requiere de imaginación sino de la realización.

Existen los Samadhis de carácter mixto en los que los tres Samadhis menores se combinan porque los tres Gunas detrás de estos estados están siempre fluctuando. En general, los Samadhis de la mente distraída nos llevan a un estado tamásico, al llegar al agotamiento por ellos, parecido a como la alegría de correr una competencia nos conduce al placer del sueño profundo.

Los Samadhis menores incluyen todas las experiencias poderosas de la vida a la que nos volvemos adictos y nos causan dolor. La mente se queda atrapada en la influencia de estas experiencias culminantes o momentos de intensidad y estas a su vez sirven para distorsionar y darle color a la misma. No importa cuales, las experiencias que más impresionan la mente nos dan el mayor sentido de absorción o de pérdida de sí mismo, determinan nuestro estado el trasfondo de la mente y las condiciones externas que vamos a crear para nosotros mismos. Por ejemplo, la mente dominada por el placer del sexo, promoverá una conciencia y forma de vida que buscan sexo. Una mente dominada por la alegría de la inspiración artística buscará esta misma. Los trastornos mentales graves embarcan Samadhis menores más potentes.

Esquizofrenia

Por lo general, la esquizofrenia es un Samadhi de naturaleza inferior dominado por Tamas o por el engaño. La persona puede entrar en un trance, ver alucinaciones, oír voces u otros fenómenos ilusorios sensoriales en los cuales la oscuridad cubre la mente. La persona demente se absorbe en sus propias fantasías las cuales nadie más percibe.

Todos estos fenómenos no son simplemente aberraciones en el cerebro. Estos pueden incluir habilidades o sensibilidades psíquicas, pero están fuera de control en la persona. Por esa razón, puede llegar a estar conectada hasta el plano astral y perder el contacto con la realidad física. En estos casos, la mente entra en una absorción del tipo apático, o de mente en blanco, y a veces una entidad astral viene a usar la mente. Todos los trastornos mentales graves implican dichas posesiones por influencias o entidades, en las que perdemos el control consciente de la mente.[85]

Los Samadhis espirituales y no espirituales

Puede haber una combinación de Samadhis superiores e inferiores. Estas pueden incluir experiencias místicas de gran alcance o duración que se mezclan con el egoísmo. La persona tiene una experiencia profunda legítima, pero es "coloreada" por el ego. Sentimos que somos el avatar, Jesucristo, o alguna otra persona santa grande, o que Dios está dando una revelación especial a través de nosotros. Algunos de los cultos religiosos que han causado problemas en el mundo se basan en tales experiencias místicas las cuales eran auténticas pero de carácter mixto. Estar expuesto a una persona en tal Samadhi mixto puede ser muy perturbador sobre todo para los ingenuos o aquellos que no están preparados. La autenticidad de sus Samadhi nos hace creer las ilusiones de su ego.

Los Samadhis bajos son dirigidos externamente y son basados en el deseo. Los Samadhis mayores son producidos por la propia mente cuando ésta trasciende el deseo. Algunos Samadhis intermedios existen en tanto que hay deseo, pero son de naturaleza más sutil, tal como el que se puede experimentar en los viajes astrales, en los cuales podemos encontrar formas sutiles de disfrute en los mundos más allá del físico. Estos también están bajo el marco de los Samadhis de la mente enfocada, pero pueden ser de naturaleza mixta.

El Samadhi y el Prana

Un Samadhi de algún tipo se produce cuando la mente se absorbe completamente en el Prana o la energía vital y sus funciones. Nuestras funciones vitales atraen y sujetan a la mente. Por otra parte, es necesario el Prana adicional para mantener la mente, la cual es muy móvil, en cualquier condición de absorción. Si no tenemos la energía para concentrar la mente, esta se dispersará. En el Samadhi, la propia mente se absorbe en el Prana o la energía de una experiencia, lo cual deja una huella de gran escala en la psique. Sólo esas experiencias de gran alcance en donde hay una gran cantidad de Prana invertido pueden contener la mente. En este sentido, el Prana también es de tres tipos: sáttvico, rajásico y tamásico.

El Prana tamásico opera en los estados de sueño, estupor, coma o bajo la influencia de las drogas (los Samadhis de la mente perturbada). La mente se absorbe en este Prana tamásico y se siente tranquila. Sin embargo, los problemas no se resuelven sino que simplemente son cubiertos por la ignorancia.

El Prana rajásico funciona durante las actividades motoras, como comer, beber, eliminar, el sexo, durante estados de ejercicio como correr, el trabajo fuerte y durante las actividades sensoriales abrumadoras, tales como las experiencias de placer, dolor, alegría, tristeza, miedo o apego. Estos son los Samadhis de la mente perturbada.

En general, las experiencias Pránicas están dominadas y, por lo tanto, todas las actividades Pránicas poderosas tienen un efecto sobre el nivel de la mente rajásica. Cualquier función vital (prana) involucra al menos una absorción temporal de la mente, incluso comer o defecar. El Prana activo contiene la mente con el propósito de cumplir su función sin la interferencia de otras actividades. La mente se suspende hasta que el Prana alcanza el objetivo de su acción. Cuando Prana realiza una función vital, la mente debe ser puesta en pausa durante el tiempo que la función ocurre, incluso si es sólo un instante. Cada vez que Prana actúa, la mente se absorbe en cierto grado. Observe cómo su mente se interioriza, por lo menos un poco, durante la comida o cualquier otra acción vital.

El Prana sáttvico opera durante los estados de inspiración como inspiración artística, genio y cualquier tipo de idea o invención creativa de la comunidad desde científica hasta filosófica. Este sentimiento de inspiración en sí mismo es una forma de Prana. Es el resultado de invertir nuestra energía vital en un trabajo creativo. Hasta cierto punto, el Samadhi del Prana Sáttvico ocurre durante todas nuestras percepciones sensoriales, especialmente viendo y oyendo, porque la mente debe estar temporalmente absorbida en un estado de iluminación Sáttvico para que ocurra la percepción. Sin embargo, estos Samadhis sensoriales ocurren sólo por un instante y duran tan sólo un instante por lo que se pierden a menos que la mente sea ya muy sutil y pura.

Los Samadhis yóguicos exigen la energización especial de Prana para alcanzarlos y se producen cuando la mente y el Prana se unen conscientemente. Por esta razón, el Pranayama es muy importante en la creación de Samadhis yóguicos. Sin desarrollar un aumento de la energía del Prana, es muy difícil alcanzar estos Samadhis yóguicos. Prana y Chitta, la fuerza vital y nuestra conciencia más profunda, están relacionados, como ya hemos señalado en nuestra discusión de Chitta. No hay que olvidar el papel de Prana en el Samadhi, ya sea de una naturaleza superior o inferior.

El psicoanálisis a menudo falla porque no llega al nivel de prana y Chitta (la mente subconsciente en el que nuestras aflicciones mentales se presentan) y el Prana que estas contienen. Soltar el Prana detrás de nuestros estados psicológicos no es un ejercicio intelectual. Una de las mejores maneras de hacer esto es practicar Pranayama. Cuando se hace Pranayama, el subconsciente recibe energía y surgen los patrones arraigados. Si uno respira profundamente y conscientemente a través de estas aflicciones emocionales, estas son automáticamente liberadas, incluso si uno no examina las circunstancias externas que originalmente las produjeron. De esta manera Prana se puede utilizar para limpiar nuestra conciencia más profunda y nos conduce hacia estados superiores de absorción.

Samadhi y la psicología ayurvédica

La psicología ayurvédica examina los Samadhis inferiores o ilusorios y emplea sus métodos, desde la dieta hasta la meditación, para ayudar a eliminar su condicionamiento sobre la mente. Como los estados de Samadhi, su impacto en la psique puede ser muy grande y difícil de eliminar. La regla general es: sólo si se desarrolla un Samadhi mayor se pueden neutralizar los efectos del Samadhi menor. De hecho, todas las prácticas espirituales verdaderas desarrollan los Samadhis más altos (espirituales) para contrarrestar los Samadhis menores (del mundo) y sus apegos.

La práctica del Yoga desarrolla una forma superior de samskara (tendencia mental) con posturas, ejercicios de respiración, mantras y meditación para crear un estado de conciencia basada en el amor, la paz y la sabiduría. Sólo un samskara mayor o sáttvico puede contrarrestar los efectos de los samskaras menores, rajásicos y tamásicos. Esto por sí solo puede contrarrestar nuestras tendencias ordinarias con su huella de Samadhis menores basados en el deseo, la perturbación y la ilusión. Una vez se desarrollan samskaras mayores, estos conducen a la vida espiritual en el que se puede trascender incluso a un estado de conciencia pura.

Los trastornos mentales menores suelen involucran apego al Samadhi menor, como las adicciones al sexo, el alcohol o los alimentos. Hasta que la persona aprende un tipo más elevado de absorción, los samskaras de estos Samadhis menores se basarán la mente de nuevo a ellos y recrearán su comportamiento. Sin embargo, no siempre es posible llevar a las personas del Samadhi menor al superior. A veces es necesario proceder por etapas, desarrollando el Samadhi de la mente distraída para contrarrestar aquellos de la mente engañada y después desarrollar Samadhis de la mente imaginativa para hacer frente a los de la mente engañada.

Algunos de los Samadhis inferiores de la mente imaginativa o distraída pueden ser útiles en el tratamiento. Si una persona con trastornos emocionales pueden desarrollar la absorción de alguna actividad útil, esto puede ayudar a calmar la mente. Hacer que los pacientes participen en un programa con un poco de ejercicio físico intenso (desarrollo de un Samadhi de la mente distraída) y disfruten de la alegría de éste puede ayudar a luchar contra los problemas psicológicos. Del mismo modo, interesarlos en la expresión artística (Samadhi de la mente imaginativa) puede ayudarles aún más.

Ayudarle a una persona con perturbación psicológica a descubrir Samadhis más sanos es la clave para el tratamiento. Este es el propósito de las terapias psicológicas de Ayurveda, particularmente las terapias sensoriales sutiles, el mantra y la meditación. Tenemos que aprender los lugares apropiados para permitir que nuestras mentes se absorban. Estas deben ser influencias sáttvicas o la mente seguirá ignorante y perturbada. Tenemos que aprender a desarrollar la Samadhis superiores para que no estemos atrapados en los inferiores. Tenemos que aprender a desarrollar estados internos de absorción que sean duraderos, o nuestra mente deberá permanecer atrapada en absorciones externas y en el dolor producido cuando terminan.

Resumen del camino de Yoga de ocho partes

Las ocho partes del Yoga reflejan el proceso de funcionamiento de nuestra mente, el cual debe ser orientado correctamente para adquirir la paz mental.

1. En primer lugar, tenemos ciertos valores de conducta social que determinan cómo nos relacionamos con el mundo (Yamas). Lo más importante es la violencia que permitimos en nuestras vidas (Ahimsa), qué tan sinceros somos, cómo usamos nuestra energía sexual, qué posesiones tenemos a nuestro alrededor, y nuestros apegos más profundos. Éstos crean nuestra atmósfera psicológica.

2. En segundo lugar, estrechamente relacionados a las anteriores, están las reglas de nuestra conducta personal y nuestro estilo de vida (Niyamas). Tenemos una cierta manera de actuar en la cual encontramos nuestra alegría principal. Organizamos nuestra vida exterior de una manera determinada. Tenemos una cierta forma de mirarnos y conocernos a nosotros mismos. Seguimos una cierta disciplina o rutina. Tenemos un modo

particular de buscar ayuda o favores de los demás. Esto determina cómo vivimos.

Por ejemplo, si quiere ganar dinero, debe realizar su búsqueda de la felicidad en este objetivo. Como consecuencia, usted debe organizar su vida exterior y eliminar esas cosas que impiden el logro de la riqueza. Esto le da una cierta identidad o sentido de identidad. También crea una disciplina, como el trabajo en el mundo de los negocios. De igual manera, debe obtener la ayuda de los que pueden concederle lo que busca, como aquellos con posiciones de poder.

Cualquier cosa que decida hacer, incluso si es la búsqueda del placer, crea ciertos valores y disciplinas. Tenemos que renunciar una cosa para obtener otra. La vida siempre implica la elección y la acción siempre implica alguna metodología para lograr los objetivos que nosotros escogemos.

Esta orientación de estilo de vida básica subyace en nuestra psicología. Los valores y prácticas erróneas que surgen de ellos causan trastornos psicológicos. A veces, el valor es erróneo, como por ejemplo, tratar de hacer daño a otros. A veces el enfoque es erróneo, como la búsqueda del amor que nos pone en contacto con personas explotadoras. La mala orientación de la vida causa que la mente se exponga a los factores de perturbación y dolor. Sin embargo, independientemente del tipo de acción que aplicamos, se requiere una orientación básica de nuestras energías, desde realizar un viaje o planificar nuestra carrera profesional.

3. En tercer lugar, según nuestra orientación en la vida, hemos adquirido una forma de movernos haciendo que nuestro cuerpo mantenga una postura particular. La búsqueda del placer sexual nos lleva a utilizar el cuerpo de una manera, la búsqueda de la excelencia deportiva en otra y así sucesivamente. Ciertas formas de orientar al cuerpo aumentan el estrés y la tensión,

causan debilidad o enfermedad, o contribuyen de otras maneras a la angustia psicológica.

4. En cuarto lugar, tenemos una determinada manera de usar nuestra energía vital (Pranayama). Cualquier cosa que decidamos hacer dirige nuestro Prana hacia esa meta en particular. Hagamos lo que hagamos, estamos invirtiendo nuestra vitalidad en esa acción, que a su vez moldea nuestra vitalidad. Si estamos llevando a cabo actividades como el arte, deportes, negocios o la espiritualidad, cada uno hará una orientación particular de la fuerza vital.

5. En quinto lugar, tenemos una forma de enfocar nuestra mente y nuestros sentidos (Pratyahara). En cualquier momento dado hay innumerables impresiones sensoriales que entran en nuestra mente y debemos seleccionar unas pocas basándonos en las decisiones tomadas con nuestro comportamiento. Ya sea viendo la televisión, trabajando en el escritorio de nuestra oficina, o simplemente caminando por la calle, estamos ignorando ciertas sensaciones con el fin de centrarnos en las demás. Si las sensaciones en las cuales nos estamos centrando son perjudiciales (rajásicas y tamásicas), entonces la mente se distorsionará en el proceso.

6. En sexto lugar, debemos dirigir nuestra atención en una dirección específica (Dharana). Lo que decidimos hacer en la vida crea una cierta orientación y enfoque. No sólo elimina otros objetos de nuestra atención, sino que nos concentra en el objeto elegido. Si ese objeto o meta es malsano, nuestra energía mental se concentra de una manera dolorosa.

7. En séptimo lugar, tenemos ciertas cosas en las cuales reflexionamos profundamente (Dhyana): los objetos más constantes de nuestros pensamientos. Siempre estamos pensando en algo. Nuestros pensamientos circulan alrededor de los objetivos que buscamos, sean nuestros placeres básicos,

adquisiciones o logros. Si los objetos principales de reflexión son distorsionados, limitados o confusos, entonces el campo mental será igualmente distorsionado.

8. En octavo lugar, tenemos que absorber nuestras mentes en aquellas cosas que más buscamos. Esto ocurrirá en las experiencias culminantes (Samadhi) que vienen al final de nuestro esfuerzo. Incluso, el cumplimiento del objeto de placer, como el sexo o la comida, es la culminación de ciertos valores y disciplinas, y rara vez viene sin esfuerzo. Lo mismo aplica para otros objetivos de la vida. Sin embargo, si el objeto que buscamos es teñido por el deseo personal, nuestra absorción en éste es transitoria y nos deja con una sensación de vacío (por más contentos que estemos durante ese momento de absorción).

Yoga es una forma de hacer este proceso consciente, en el cual nos absorbemos en Dios o en nuestra verdadera naturaleza. Los trastornos psicológicos ocurren al hacer esto de manera incorrecta o inconsciente, con lo cual sólo logramos la absorción de malas influencias y nos hace perder poder sobre nuestra propia conciencia (perder nuestra paz interior). Una vez entendemos este proceso, ya no buscamos las cosas que nos traen sufrimiento. Esto requiere una verdadera comprensión de nuestra conciencia y de su funcionamiento. No podemos hacer esto sin comprender y aplicar los grandes principios del Yoga y Ayurveda.

¡Que usted proceda de forma rápida y sin obstáculos en este gran camino de la vida inmortal!

Yantra primario

APÉNDICE 1

Los siguientes cuadros no sólo proporcionan un resumen, sino un conocimiento más amplio de nuestra naturaleza psico-física y su rol en el universo mayor de la conciencia. Los temas tratados son los tres cuerpos, las cinco envolturas, los siete niveles del universo, los siete chakras, los cinco Pranas, un cuadro de las funciones de la mente (Chitta) y un diagrama de la evolución cósmica.

CUADRO A
LOS TRES CUERPOS

Nuestro verdadero Ser, cuya naturaleza es conciencia pura, está cercado por tres cuerpos o envolturas. Sólo el cuerpo burdo o físico es un cuerpo en el sentido ordinario de la palabra. El cuerpo sutil (astral) se construye a partir de las impresiones derivadas de la mente y los sentidos. El cuerpo causal se compone de nuestras tendencias más profundas contenidas en los tres Gunas de Sattva, Rajas y Tamas. El Ser interno es el cuarto factor que trasciende los tres cuerpos.

Cuerpo	Composición	Estado	Existencia	Guna
Burdo (físico)	Elementos burdos derivados de la comida	Despierto	Física	Tamas
Sutil (Astral)	Elementos sutiles derivados de las impresiones	Sueño	Astral	Rajas
Causal	Elementos causales derivados de los Gunas	Sueño profundo	Causal o ideal	Sattva
Transcendental Más allá del ser (Conciencia Pura)	Conciencia no modificada	Transcendental (turiya)	Absoluto no manifestado	Gunas

El cuerpo físico funciona durante la vigilia. Con este vivimos en un mundo de objetos físicos cada uno con su forma y lugar específico en el tiempo y en el espacio. Para que este cuerpo exista, tenemos que comer é ingerir los elementos burdos que lo componen.

El cuerpo astral funciona durante el sueño y el pensamiento inspirado. Está basado en nuestras propias impresiones. Define el tiempo y el espacio en lugar de ser definido por estos mismos. Es sostenido por las impresiones y los elementos sutiles, los cuales son su alimento. Está dominado por la mente emocional o la mente sensorial (Manas).

El cuerpo causal funciona durante el sueño profundo y la meditación profunda. Está basado en nuestra propia conciencia desprovista de objetos externos, percibidos o imaginarios. No se encuentra como una forma o impresión en el espacio y el tiempo, sino que existe como una idea que crea el tiempo y el espacio de acuerdo a sus cualidades. Es sostenido por los pensamientos y los elementos causales, los cuales son su alimento. Está dominado por nuestra conciencia más profunda (Chitta). Nuestro verdadero Ser y nuestro Ser inmortal van más allá de los tres cuerpos y los estados de conciencia. Sólo en esto se apoya nuestra liberación del tiempo y del espacio, el nacimiento y la muerte.

Los tres cuerpos y los trastornos psicológicos

Debemos determinar el nivel de nuestra naturaleza en donde nacen nuestros problemas psicológicos con el fin de tratarlos adecuadamente. Si la causa es física, como una dieta incorrecta, se debe tratar este nivel. Si la causa es astral, como malas impresiones, estas se deben cambiar para mejorar la condición. Si la causa es causal, como Rajas y Tamas profundamente arraigados en el alma, es difícil de corregir y sus causas pueden derivarse del karma de vidas pasadas. El tratamiento físico y astral ayudará de manera indirecta, pero es difícil llegar al nivel causal de manera directa, ya que esto requiere control de los cuerpos inferiores y la capacidad de meditar.

Los factores físicos de enfermedad, como la mala alimentación o agua, afectan el cuerpo astral de manera indirecta, conforme a las impresiones derivadas de estos. De la misma manera, las impresiones en el cuerpo astral afectan el cuerpo causal indirectamente de acuerdo a sus Gunas. Los tres cuerpos están involucrados de alguna manera, sea cual sea la condición.

En relación con la curación, nuestro mundo físico puede ser cambiado al alterar los objetos alrededor nuestro y en particular lo que ingerimos (alimentos, agua y aire). Nuestro mundo astral puede ser cambiado al alterar nuestras impresiones e ideas. Nuestro mundo causal se puede cambiar mediante la alteración de nuestras creencias y deseos más profundos (los Gunas a los cuales nos aferramos).

CUADRO B
LAS CINCO ENVOLTURAS Y LA MENTE

Los tres cuerpos forman cinco envolturas o capas de materia desde lo burdo hasta lo causal.

Capa	Envoltura	Función	Composición
Chitta (Conciencia o mente interna)	Anandamaya kosha de la dicha	Amor o aspiración espiritual	Samskaras (huellas a nivel de Gunas dejadas por los Tanmatras)
Buddhi (Inteligencia)	Vijnanamaya kosha de la inteligencia	Razón o discernimiento	Actividades mentales (Vrittis)
Manas (Mente externa)	Manomaya kosha sensorial	Adquirir datos sensoriales	Impresiones (tanmatras)
Prana (Fuerza vital)	Pranamaya kosha vital	Anima el cuerpo físico y astral	Cinco Pranas
Física	Annamaya kosha de la comida	Permite la encarnación	Cinco elementos

Los tres cuerpos constituyen cinco envolturas. La envoltura pránica intermedia entre el cuerpo físico y el astral; la envoltura de la inteligencia intermedia entre el cuerpo astral y el causal. Las tres funciones principales de la mente (Chitta, Buddhi y Manas) constituyen las tres envolturas más sutiles.

El campo de nuestra conciencia central constituye la envoltura de la dicha (Anandamaya Kosha) en la que tenemos nuestras más profundas alegrías y tristezas, nuestros karmas y Samskaras impresos en los Gunas. La conciencia es la dicha, donde predomina el amor o el deseo, y donde siempre se busca la felicidad y la alegría. Rige el estado del sueño profundo en el que todos los pensamientos e impresiones manifiestos desaparecen. Es aquí donde experimentamos la paz y la alegría.

El campo de la inteligencia constituye la envoltura de la inteligencia, donde llevamos nuestro conocimiento más profundo, los juicios y el discernimiento sobre la verdad. Esto nos permite el acceso a la envoltura de la dicha, si nuestra sabiduría es espiritual, o la cierra para nosotros, si nuestro conocimiento únicamente pertenece al mundo exterior. Aquí se llevan a cabo la mayoría de nuestras actividades mentales (vrittis), en particular aquellas que están relacionadas con la determinación de la verdad y la realidad.

El campo de la mente constituye la envoltura mental en la que tenemos diversas impresiones sensoriales y mentales. Estas nos permiten acceder a la envoltura de la inteligencia si las hemos comprendido y digerido, o la cierran si estamos atrapados en deseos externos.

El aspecto inferior de Pranayama kosha (tamásico) se convierte en los Pranas físicos. Su aspecto más alto (rajásico) se convierte en los Pranas sutiles y en las emociones (la mente y los sentidos) y constituye el cuerpo emocional. Del mismo modo, la envoltura de la inteligencia es de naturaleza dual: su función baja (rajásica) es el intelecto o el pensamiento dirigido hacia el mundo exterior, el intelecto trabaja junto con los sentidos y es parte del cuerpo astral; su función más alta (sáttvica) es la verdadera inteligencia, o el discernimiento dirigido hacia la parte eterna del cuerpo causal, la cual trasciende los sentidos.

CUADRO C
LOS SIETE NIVELES DEL UNIVERSO

El universo es una entidad orgánica o Persona Cósmica construida por la Inteligencia Cósmica. Este ocurre en diferentes capas: desde el Ser puro hasta la materia física. Las cinco envolturas corresponden a los primeros cinco niveles del universo.

1. MATERIA……………….....Anna

2. ENERGÍA. ……………….Prana

3. EMOCIÓN……………....Manas

4. INTELIGENCIA……… Vijnana

5. DICHA…………………. Ananda

6. CONCIENCIA……………..Chit

7. SER………………………… Sat

El ser y la conciencia, los dos últimos, no tienen envolturas ya que están más allá de toda manifestación. Son la realidad fundamental y la base de los otros principios, los cuales pueden ser vistos como una serie de círculos concéntricos (el físico se encuentra en el interior como el factor más limitado). Estos crean siete mundos o planos de existencia (Lokas).

Ananda (Dicha) es de naturaleza dual: su aspecto superior está más allá de la manifestación y su aspecto inferior es la fuente de la manifestación. Junto con los otros dos principios más altos, forma Satchidananda (Ser-Conciencia-Dicha) como la triple realidad trascendental de Brahman o Atman, el Absoluto o el Ser.

CUADRO D
LOS SIETE CHAKRAS

Los chakras son los campos de energía en el cuerpo sutil y gobiernan los elementos sutiles, los órganos sensoriales y de acción. Poseen campos de energía correspondientes en el cuerpo físico (los plexos nerviosos) que igualmente rigen elementos burdos, los órganos físicos sensoriales y los órganos de acción. Una tendencia del pensamiento de la Nueva Era es confundir la función externa o física de los chakras con su función interna o espiritual, que es muy diferente y sólo entra en juego durante las prácticas de meditación avanzada.

Elemento	Ubicación	Cualidad sensorial	Órgano sensorial	Órgano Motor
Conciencia	Cabeza	Sonido causal	Audición y habla causal	
Mente	Tercer ojo	Sonido sutil	Audición y habla sutil	
Éter	Garganta	Sonido	Oídos	Órgano vocal
Aire	Corazón	Tacto	Piel	Manos
Fuego	Ombligo	Vista	Ojos	Pies
Agua	Sexo	Sabor	Lengua	Órganos reproductivos
Tierra	Raíz	Olor	Nariz	Órganos de eliminación

La perturbación mental se refleja en desarmonías en los chakras respectivos y en sus funciones, junto con la inhabilidad que las funciones más altas del chakra entren en acción. Los cinco chakras inferiores en su función externa se relacionan con los órganos físicos sensoriales y motores. En sus funciones mayores o espirituales, estos despiertan los órganos sensoriales y motores sutiles correspondientes,

Apéndice 1

brindándonos la experiencia de los mundos sutiles y los estados superiores de la conciencia.

Los problemas psicológicos se relacionan con sus respectivos chakras y deprimen su función. La falta de control de los órganos sensoriales impide que sus respectivos chakras se abran y mantiene sus funciones débiles o trastornadas; por ejemplo, la actividad sexual excesiva debilita el chakra del agua y evita que se abra, mientras que el miedo el excesivo daña al chakra de la tierra. El control de los sentidos trae la energía de la conciencia hacia el interior para el desenvolvimiento de sus aspectos más elevados. Así, el papel del tercer ojo es crucial en este sentido, ya que a través de él los sentidos se concentran y se dirigen al interior.

La psicología ayurvédica equilibra a Vata, Pitta y Kapha en el cuerpo e incrementa Sattva en la mente para armonizar las funciones menores de los chakra inferiores, creando así las bases para la apertura de su mayor potencial. Tejas ayuda a abrir los chakras inferiores y corresponde a Kundalini. Ojas ayuda en el desenvolvimiento de los chakras superiores de la cabeza y el tercer ojo. Prana permite que el chakra del corazón (aire) se abra. El control de Manas nos da el control de los cinco chakras inferiores. El desarrollo del Buddhi permite que el tercer ojo se desarrolle. La limpieza de Chitta abre el chakra de la corona y el corazón espiritual más profundo. La disolución del ego (Ahamkara) es la clave para el proceso, porque el ego crea la constricción de la energía que impide que los chakras funcionen correctamente.

CUADRO E
LOS CINCO PRANAS Y LA MENTE

Prana está dividido en cinco Vayus de acuerdo con su movimiento y función.

Prana	Ubicación física	Función física	Función sutil
Vyana Vayu- Fuerza vital de difusión	Corazón y las extremidades, se extiende por todo el cuerpo	Movimiento y circulación	Circulación y expansión mental
Udana Vayu- Fuerza vital que se mueve hacia arriba	Garganta, parte superior del pecho	El habla, exhalación, crecimiento	Aspiración, entusiasmo, esfuerzo, crecimiento mental
Prana Vayu- Fuerza vital que se mueve hacia adentro	Corazón y cerebro	Tragar, inhalar, y percepción sensorial	Vigor mental y receptividad
Samana Vayu- Fuerza vital que equilibra	Ombligo	Digestión, metabolismo y homeostasis	Digestión mental y el homeostasis
Apana Vayu- Fuerza vital que se mueve hacia abajo	Debajo del ombligo	Eliminación, reproducción e inmunidad	Eliminación e inmunidad mental

Estos cinco Pranas son diversificaciones del elemento aire, su contraparte sutil (Tanmatra o la cualidad sensorial del tacto) y el Guna de Rajas. Los cinco Pranas son comunes a todos los elementos, los órganos, los koshas y las funciones de la mente. Estos sirven para energizar y conectar nuestras actividades en todos los niveles.

Prana trae vigor, Samana proporciona nutrición, Apana es responsable de la eliminación, Vyana regula la circulación y Udana provee para el esfuerzo y la capacidad de trabajo; por ejemplo, a nivel físico, Prana es el responsable del consumo de alimentos, Samana de digerirla, Vyana circula los nutrientes a todos los tejidos, Apana elimina el material de desecho de los alimentos y Udana nos permite utilizar la energía derivada de los alimentos para el trabajo físico.

En el plano de la mente, Prana es responsable del insumo de impresiones e ideas, Samana los digiere, Vyana circula esta información, Apana elimina el material de desecho (pensamientos y emociones negativas) y Udana nos permite hacer un trabajo mental positivo y esforzarnos.

A nivel general, Prana energiza a todos los koshas, Samana sostiene su relación, cohesión y equilibrio, Apana trae la energía por los koshas desde lo sutil a lo burdo, Udana trae la energía hasta los koshas desde lo burdo hasta lo sutil y, por último, Vyana da lugar a la circulación a través de los cinco koshas y es responsable de su diferenciación.

Los trastornos psicológicos y los Pranas

Los trastornos psicológicos implican desequilibrios en los Pranas o las energías que gobiernan la mente. En primer lugar, Prana se perturba al ingerir malas impresiones, emociones o pensamientos. En segundo lugar, Samana (o la digestión) se desequilibra a través de una mala ingesta y discriminación. A continuación, los otros tres Pranas se alteran: Apana provoca el aumento de los materiales de desecho en la mente, Vyana (la circulación) se ve deteriorada y provoca un estancamiento en nuestra conciencia más profunda, Udana (nuestra voluntad positiva) se debilita y no somos capaces de hacer los esfuerzos para cambiar o mejorar nuestra condición.

Prana Vayu es nuestra capacidad para absorber las impresiones y pensamientos positivos, así como la capacidad de la fuerza vital para controlar nuestro equilibrio. Cuando está perturbado, este nos impide introducir impresiones positivas y desequilibra todo nuestro equilibrio. Esta Prana guía está relacionadab con el Agni o el principio del fuego y junto con ella vitaliza la mente y los sentidos.

Apana Vayu es nuestra capacidad para protegerse de la negatividad y es la fuerza de gravedad en la mente. Cuando su función es trastornada, nos deprimimos o ingerimos las energías de estancamiento y decadencia. Es allí cuando pueden ocurrir flujos perturbados de la energía vital con dirección hacia abajo.

Samana Vayu, la energía vital que brinda igualdad, se debilita cuando la paz mental y la armonía son perturbadas. Esto, a nivel físico, trastorna el sistema digestivo y debilita la absorción, lo que permite la acumulación de toxinas. También causa congestión y apego psicológico, junto con la incapacidad de permanecer solo. Así, los problemas psicológicos graves pueden causar trastornos graves de Samana Vayu, incluyendo la alteración del sistema nervioso y el desequilibrio mental a largo plazo.

Vyana Vayu es la parte expansiva de la energía vital, responsable por el movimiento dirigido hacia el exterior y la actividad. Nos hace felices, independientes y amplios. Cuando está perturbada, causa temblores en el cuerpo y agitación mental. También causa alienación, aislamiento y nos impide llevarnos bien con otros.

Udana Vayu es nuestro entusiasmo ascendente, nuestra voluntad y motivación. Nos hace sentir eufóricos, orgullosos o exaltados. Se debilita con la depresión lo cual causa que nuestra energía no pueda subir, lo que la hace hundirse. La incapacidad para hablar o expresarnos indica que Udana Vayu está débil. Cuando este Prana está perturbado, se alteran los flujos de la fuerza vital hacia arriba, lo que causa la tos o el habla sin control. En exceso, nos hace vanos, dominantes e intolerantes.

Estos cinco Pranas son uno de los aspectos más profundos del pensamiento ayurvédico. Aquí sólo estamos haciendo una introducción de estos, pero su papel no debe ser subestimado. Se requeriría un libro completo para cubrirlos.

Apéndice 1

CUADRO F
CUADRO DE LAS FUNCIONES DE LA MENTE

Ser o Alma — Jivatman
Elemento — Aspecto etérico del éter y aire sutil
Guna — Condición no manifestada de los Gunas
Envoltura — Envoltura de la Dicha completamente activada
Funciones — Conciencia del ser
Sentido — Auto-realización
Estado de conciencia — Siempre atento
Estado del tiempo — Presente eterno
Reino de la naturaleza — Yogui o sabio
Naturaleza — Conocimiento puro

Conciencia — Chitta
Elemento — Aspecto de aire del éter y aire sutil
Guna — Fuente de los Gunas
Envoltura — Envoltura de la dicha en general
Funciones — Memoria, sueño, Samadhi
Sentido — Instinto, intuición
Estado de conciencia — Sueño profundo
Estado del tiempo — Pasado
Reino de la naturaleza — Planta (inferior), Dios o ángel (superior)
Naturaleza — Amor, deseo

Inteligencia — Buddhi
Elemento — Aspecto de fuego del aire y éter sutil
Guna — Sattva
Envoltura — Envoltura de la inteligencia
Funciones — Percepción pura, razón, determinación
Sentido — Órganos sensoriales, en particular la audición
Estado de tiempo — Presente
Estado de conciencia — Despierto
Reino de la naturaleza — Humano (sabio cuando está completamente despierto)
Naturaleza — Conocimiento, superior e inferior

Mente **Manas**
Elemento Aspecto de agua del aire y éter sutil
Guna Rajas
Envoltura Envoltura de la mente
Funciones Sensación, voluntad, imaginación
Sentido Órganos de acción, particularmente manos
Estado de tiempo Futuro
Estado de conciencia Sueño
Reino de la naturaleza Animal
Naturaleza Acción

Ego **Ahamkara**
Elemento Aspecto de tierra del aire y éter sutil
Guna Tamas
Envoltura Cuerpo físico
Funciones Sensación de sí mismo, sentido de posesión
Sentido Ser o ego
Estado de tiempo Pasado
Estado de conciencia Sueño profundo
Reino de la naturaleza Elemental
Naturaleza Ignorancia

APÉNDICE 2

Notas al pie

1. Esto se llama Yoga-chikitsa en sánscrito. Yoga como práctica espiritual se conoce como Yoga-sadhana.
2. Del mismo modo, los textos clásicos de Yoga emplean terminología ayurvédica para describir los efectos fisiológicos de las prácticas de Yoga.
3. Ayurveda, al igual que el Yoga, se basan en la filosofía Sankhya que se deriva de los Upanishads.
4. Esto sigue las atribuciones de los elementos y las capacidades sensoriales que señalamos más adelante en el libro.
5. Para más información sobre Prana, Tejas y Ojas, tenga en cuenta mi libro TANTRA YOGA Y LA DIOSA DE LA SABIDURÍA: Secretos Espirituales del Ayurveda[1], páginas 193-226. Incluye los signos y las condiciones de Prana, Tejas y Ojas altos, bajos o apropiados. Tiene una sección sobre cómo desarrollarlos y mantenerlos en equilibrio.
6. Para un examen más tradicional pero más complejo de los tipos mentales de Sattva, Rajas y Tamas en Ayurveda, tenga en cuenta el CHARAKA SAMHITA, SARIRASTHANA IV. 36-40.
7. La psiquiatría, con el uso de los medicamentos químicos, puede ser una terapia tamásica. Es principalmente útil en casos de un exceso de Rajas en el que el paciente puede causar daño a sí mismo o a otros. Las drogas pueden ser útiles a corto plazo en otras condiciones de Rajas alto como el dolor agudo o la ansiedad severa las cuales pueden requerir sedación fuerte. Debido a que las drogas son tamásicas por naturaleza, su efecto a largo plazo es inhibir Sattva. Deben usarse sólo como último recurso o como una medida temporal.
8. El psicoanálisis es generalmente una terapia rajásica. Nos lleva desde las emociones reprimidas (Tamas) a la libre expresión (Rajas). Sin embargo, no nos llevará hacia Sattva a menos que se agreguen terapias adicionales. El análisis debe conducir a la acción práctica. El exceso de análisis puede impedir que una persona realmente cambie, al igual que

---

[1] Título original en inglés: TANTRA YOGA AND THE WISDOM GODDESS: Spiritual Secrets of Ayurveda

pensar demasiado en un problema puede impedir que nos ocupemos de él.
9. El psicoanálisis moderno con sus métodos activos y comunicativos es, en esencia, un proceso rajásico. Su objetivo es romper y liberar los patrones emocionales reprimidos (tamásicos). El análisis ayuda a traer la mente desde un estado tamásico (reprimido) hacia uno rajásico (reflexivo, activo y motivado).
10. Lo que se llama karma yoga en sánscrito.
11. Esta actitud de testigo se llama Sakshi-bhava en sánscrito y es la base de la mayoría de las formas vedánticas de meditación.
12. Este es el Atman del pensamiento vedántico.
13. Según los YOGA SUTRAS III.33, la meditación sobre el corazón lleva al conocimiento de la mente.
14. Patanjali dice en el YOGA SUTRA I.2. "Yoga es el dominio de todas las operaciones de la conciencia (chitta)."
15. En la escuela budista Yogachara, esta conciencia más profunda se llama Alaya Vijnana o "la bodega de la conciencia" debido a que conserva todas las tendencias kármicas.
16. El Chit incondicionado reflejado en la materia (Prakriti o Maya) se convierte en chitta condicionado. Sin embargo, debemos señalar que en las enseñanzas budistas, como el Sutra del Lankavatara, el término chitta puede referirse a Chitta condicionado o Chit incondicionado. Este último se llama Chitta incondicionado o la naturaleza pura de la mente. La mente única del budismo (Eka Chitta) en referencia a la Conciencia Única incondicionada, se asemeja al Ser Único o Atman del pensamiento vedántico.
17. Iccha predominante, en sánscrito.
18. Ayurveda aborda la importancia de la memoria veraz en detalle en el CHARAKA SAMHITA, SARIRASTHANA I.147-151, como un medio tanto para la salud como para la liberación.
19. Para más información diríjase a la sección de Samadhi en el capítulo sobre Yoga.
20. Ayurveda discute el papel de la utilización inadecuada de la inteligencia bajo el término Prajnaparadha o el fracaso de la sabiduría. Diríjase al CARAKA SAMHITA, SARIRASTHANA I, 102-109.
21. El BHAGAVAD GITA, la gran escritura yóguica del avatar Krishna, hace hincapié en Buddhi Yoga, el Yoga de la Inteligencia, a través del cual podemos mantener la ecuanimidad en todos los altibajos de la vida.
22. Esto se llama Viveka en sánscrito.

Apéndice 2

23. Esta Inteligencia Cósmica se llama Mahat en sánscrito. Es el equivalente cósmico de Buddhi.
24. Estos son llamados Brahma, Vishnu y Shiva en el pensamiento hindú.
25. Este es el aspecto más elevado de Agni o el Fuego Cósmico.
26. Antarayami en sánscrito.
27. En comparación con la conciencia (Chitta) en su forma original, incluso el aspecto superior de la inteligencia aparenta ser Rajásico. Por esta razón, algunos yoguis asocian el Chitta con Sattva y el Buddhi con Rajas. Otras veces, sin embargo, Chitta y Buddhi se identifican porque ambos son predominantemente sáttvicos, que es el punto de vista clásico de Samkhya. De la misma manera, la Inteligencia Cósmica y la Conciencia Cósmica se consideran a menudo como lo mismo.
28. Por esta razón, a veces también se encuentra en la garganta, o entre la cabeza y el corazón.
29. Jnana predominante, en sánscrito.
30. Esto se llama Prajnaparadha en sánscrito y es uno de los principales factores causales en el proceso de la enfermedad según el Ayurveda.
31. Esta voluntad hacia la verdad se llama Kratu en los Vedas, lo que implica el sacrificio o la auto-negación. Esto sólo viene a través de la inteligencia que niega nuestros deseos exteriores. Requiere la alineación de la inteligencia y la mente, en la que los deseos de la mente se dirigen hacia el interior a través de la renuncia. Más tarde Vedanta lo llama Samkalpa Shakti o la verdadera fuerza de voluntad, cuando hacemos lo que decimos y decimos lo que hacemos.
32. También es relevante aquí, la sección de Samadhi en el capítulo sobre la conciencia.
33. Esta inmersión de la inteligencia (Buddhi) en el corazón (Chitta) se denomina Bodhichita o conciencia iluminada en el pensamiento budista.
34. Manas se presenta como un término general para la mente en la literatura vedántica, en cuyo caso es sinónimo de Chitta e incluye todas las demás funciones de la mente bajo su alcance. En la literatura budista, Manas puede hacer referencia a todas las funciones de la mente. El Manas incondicionado puede hacer referencia a la naturaleza de Buda o la conciencia iluminada, como el Atman de Vedanta. Como la mayoría de la actividad mental se produce en el ámbito de Manas, se puede considerar como la parte más característica de lo que normalmente llamamos la mente.
35. Los actores aprenden a jugar con estos sentimientos o emociones centrales. Se les llaman rasas o esencias en sánscrito. También se les

conoce como bhavas, o estados de sentimiento, que a su vez reflejan diferentes relaciones. El sentimiento es orientado a las relaciones. Para trabajar con estos sentimientos y relaciones de manera consciente está el camino de la devoción o Bhakti Yoga.

36. Algunos yoguis asocian Manas con Tamas y el Buddhi con Sattva ya que el Manas tiene una energía dirigida hacia el exterior y Buddhi una energía hacia el interior. Manas tiene un componente de Tamas, y Rajas generalmente conduce a Tamas. El Samkhya clásico considera a Manas un producto de Ahamkara o ego, derivándolo de su cualidades sáttvicas y rajásicas. Esto refleja la relación entre Manas y los órganos sensoriales y motores, que están relacionados con Sattva y Rajas, respectivamente. Todas las funciones de la mente necesitan de un poco de Sattva para poder funcionar con claridad.
37. Kriya en sánscrito.
38. Las personas Vata, por lo general, tienen las mentes más activas y más perturbadas. Esto se debe a que son más sensibles y porque que su conciencia (Chitta) está más expuesta a través de las acciones del cuerpo y la mente.
39. Samkalpa y Vikalpa en sánscrito. Sin embargo, aquí nos referimos al Samkalpa ordinario, o la intención a la acción, con el cuerpo y los sentidos, y no la voluntad superior o Samkalpa, la voluntad a la verdad, la cual requiere la alineación del Buddhi con el propio Ser.
40. Esto se llama Samkalpa Shakti en sánscrito, la fuerza de voluntad o la intención. Cultivarlo significa que nos fijemos metas espirituales para nosotros mismos, como controlar nuestra ira, y luego cumplir con estas, sin importar el esfuerzo que requiera.
41. Esto se llama Aham-dhi o Aham-buddhi en sánscrito, demostrando que es un error o malentendido de la inteligencia o Buddhi.
42. Esta ha sido una crítica vedanta de ciertos sistemas budistas.
43. Estos son los llamados Ahamtva y Mamatva en sánscrito.
44. Estos dos factores son abordados en el capítulo sobre los métodos de tratamiento espiritual.
45. La literatura ayurvédica contiene extensas discusiones sobre alma individual y el Alma Suprema y su relación. Diríjase al CARAKA SAMHITA, SARIRASTHANA I.
46. Nótese particularmente todas las enseñanzas del maestro moderno Ramana Maharshi y el antiguo maestro Shankara para las enseñanzas del Advaita o Vedanta no-dualista. Existen también otros enfoques vedánticos, como el integral no dualista (Purnadvaita) de Sri

Apéndice 2

Aurobindo, el no-dualismo cualificado (Visishtadvaita) de Ramanuja, y el Vedanta dualista de Madhva.
47. Chitta-Shuddhi en sánscrito.
48. En la terminología ayurvédica ordinaria, cuando los doshas Vata, Pitta y Kapha están en exceso dañan los tejidos o dhatus del cuerpo, los cuales son el Dushti o el factor dañado. En la psicología ayurvédica, el Buddhi-dosha causa el Chitta-Dushti. En otras palabras, el mal funcionamiento de la inteligencia daña la sustancia de nuestra conciencia.
49. Para un examen exhaustivo de estas diferentes funciones de la mente y sus estados de acuerdo con los tres Gunas diríjase a SCIENCE OF THE SOUL (La Ciencia del Alma) por Swami Saraswati Yogeshwaranand, páginas 96-115.
50. Diríjase a YOGA SUTRAS II. 33-34.
51. Por favor, examine la sección de inteligencia para obtener más información sobre la función correcta del Buddhi.
52. Estos tres estados se refieren a Vaishvanara, Taijasa y Prajna en el pensamiento vedántico. Vaishvanara es el fuego digestivo en el cuerpo físico. Taijasa es el fuego digestivo en el cuerpo sutil. Prajna es el fuego digestivo en el cuerpo causal. Taijasa, el poder de Tejas, siendo el fuego digestivo en el cuerpo sutil o la mente, es el más importante para la digestión de las impresiones o la digestión mental.
53. Diríjase a la sección de Pancha Karma más adelante en el libro, páginas 202-203.
54. Diríjase al CARAKA SAMHITA, SARIRASTHANA I.118-132 para un examen del papel de los sentidos en el proceso de la enfermedad.
55. Para un ejemplo con relación a esto, diríjase a mi libro SANACIÓN AYURVÉDICA[2], páginas 51-87.
56. Por desgracia, hay muchos aditivos animales en nuestros alimentos, como el aceite de hígado de pescado como suplemento vitamínico, cuajo en el queso, o los huesos de vaca que se utilizan para blanquear el azúcar. Uno debe tratar de evitar estos también.
57. Esto ha sido descrito en SANACIÓN AYURVÉDICA, páginas 83-85.
58. Vea YOGA DE HIERBAS[3] para más detalles.
59. Para la materia médica de las hierbas mencionadas en este libro, por favor consulte YOGA DE HIERBAS y PLANETARY HERBOLOGY (Herbología planetaria)

---

[2] Título original en inglés: AYURVEDIC HEALING
[3] Título original en inglés: YOGA OF HERBS

60. Diríjase al YOGA DE HIERBAS, páginas 23-25, para leer la discusión de los seis sabores.
61. Son llamados Medhya Rasayanas en sánscrito.
62. Estas cinco prácticas se denominan Vamana, Virechana, Basti, Nasya y Raktamoksha en sánscrito.
63. Vea el CARAKA SAMHITA, SUTRASTHANA XI.54 donde se mencionan las gemas entre las terapias espirituales del Ayurveda.
64. Más información sobre la astrología védica, incluidos sus aspectos de curación, vea ASTROLOGY OF THE SEERS (Astrología de los visionarios), en particular las páginas 235-261.
65. Para más información sobre el uso de ayurvédico de las gemas, vea SANACIÓN AYURVÉDICA, páginas 308-312.
66. Diríjase al CARAKA SAMHITA SUTRASTHANA XI.54, donde el mantra se menciona entre las terapias espirituales del Ayurveda.
67. Este proceso se llama Purascharana o Anusthana en sánscrito.
68. Este tema se examina en TANTRA YOGA Y LA DIOSA DE LA SABIDURÍA. Busque también en el libro de Haresh Johari TOOLS FOR TANTRA (Herramientas para el Tantra).
69. Vea TANTRA YOGA Y LA DIOSA DE LA SABIDURÍA, páginas 197-219, para aprender métodos para aumentar Prana, Tejas y Ojas, incluyendo mantra.
70. Esta forma elegida de Dios se llama Ishta Devata en sánscrito. Hay muchos trabajos sobre Bhakti Yoga o Yoga de la devoción, como los BHAKTI SUTRAS de Narada, SRIMAD BHAGAVATAM, el RAMAYANA, y las canciones de grandes santos como Mira Bai.
71. Estos se llaman homa, havana y agnihotra en sánscrito.
72. En TANTRA YOGA Y LA DIOSA DE LA SABIDURÍA, he examinado el papel de diez importantes Diosas en este respecto.
73. Vagbhatta, el gran maestro budista ayurvédico, recomendaba el uso del Bodhisattva Avalokitesvara o los dioses Shiva y Vishnu (ASTANGAHRDAYA UTTARASTHANA V.50-52). El consorte de Avalokiteshvara es la Diosa Tara, también llamada Kwan Yin en la tradición china.
74. El autoconocimiento es el objetivo de Advaita o el Vedanta no-dualista. El principal autor de la propuesta clásica es Shankaracharya. Su autor moderno más conocido es Ramana Maharshi, el gran sabio de Tiruvannamalai del sur de la India.
75. Sobre la importancia del yoga en Ayurveda tradicional, tenga en cuenta CARAKA SAMHITA, SARIRASTHANA 1,137-155.
76. YOGA SUTRAS de Patanjali, Libro I, Sutra 2.

Apéndice 2

77. Lo que se conoce como Varna y Ashrama en el pensamiento Védico. Los Varnas son nuestra ética social, que se divide en cuatro, y se basa en el conocimiento, el honor, la riqueza o el trabajo. Los Ashramas son las etapas de la vida como la juventud, la familia, la jubilación y la renuncia.
78. El verdadero propósito del Yoga es la integración interna. Esto se hace para un propósito espiritual, y requiere la renuncia y la abnegación. El placer o bhoga en sánscrito, no es el objetivo del Yoga, ya que se mueve en otra dirección. Sin embargo, muchas personas hacen yoga con el fin de sentirse mejor, lo cual es una búsqueda por Bhoga. Esto a menudo distorsiona el significado de Yoga e impide que nos beneficiemos de sus prácticas más profundas.
79. Para una explicación de Chitta-Nadi, diríjase a YOGA SUTRAS I.12. comentados por Vyasa. El flujo externo de la mente a través de los sentidos conduce a la esclavitud y la pena. El flujo interno a través de la discriminación lleva a la paz y la liberación. Este flujo interno pone en marcha el Kundalini, que es el Chitta-Nadi despierto.
80. Esto se llama Shambahvi mudra en el pensamiento yóguico. También se utiliza en varios sistemas de meditación budista.
81. Ya hemos hablado de Samadhi en las secciones del libro sobre Chitta y Buddhi y no vamos a repetir aquí esa información. Por favor, téngalos en mente.
82. Vyasa, el comentarista principal de los YOGA SUTRAS, define el Yoga como Samadhi. La primera sección del libro es el Samadhi Pada o sección relativa a Samadhi. La mayoría de los versos en el libro se refieren a Samadhi o Samyama.
83. Sánscrito: Diríjase al comentario de Vyasa del primer versículo del YOGA SUTRAS.
84. Estos Samadhis (Samyamas) se explican en gran detalle en YOGA SUTRAS, en particular la tercera sección.
85. Estos tipos de posesión se explican en la psicología ayurvédica. He examinado algunos de ellos en SANACIÓN AYURVÉDICA, páginas 254-257.

Glosario de sánscrito

Agni: fuego digestivo.
Ahamkara: ego o sentido de separación del ser.
Antahkarana: instrumento interno, mente en todos los niveles.
Apana: Prana que se mueve hacia abajo.
Asanas: posturas yóguicas.
Astral (plano): mundo sutil de impresiones puras, plano de los sueños.
Atman: verdadero Ser, sentido puro de Yo Soy.
Ayurveda: ciencia yóguica de sanación.
Bhakti Yoga: Yoga de la devoción.
Bija Mantra: mantras de una sola sílaba como OM.
Brahman: realidad absoluta.
Buddhi: inteligencia.
Causal (plano): mundo del mundo original, reino de lo ideal o de los o arquetipos, plano de sueño profundo.
Chakras: centros de energía del cuerpo sutil, los cuales gobiernan el cuerpo físico por medio de los plexos nerviosos.
Chitta: conciencia, mente interna, mente, particularmente el subconsciente.
Devi: La Diosa.
Dharana: concentración.
Dharma: ley de nuestra naturaleza.
Dhyana: meditación.
Gunas: las tres cualidades básicas de la naturaleza de Sattva, Rajas y Tamas.
Guru: guía espiritual.
Homa: ritual védico de fuego.
Ishvara: Dios o el Creador.
Ishvari: Madre divina, aspecto femenino de Dios.
Jiva: alma individual.
Jnana Yoga: Yoga del auto-conocimiento.

Apéndice 2

Karma: efecto de nuestras acciones pasadas, incluyendo aquellas de nacimientos anteriores.
Karma Yoga: Yoga de ritual, trabajo y servicio.
Kundalini: energía latente de desarrollo espiritual.
Mahat: Mente divina, o inteligencia cósmica.
Manas: aspecto externo o sensorial de la mente.
Mantra: sonidos de semilla utilizados para la sanación o para propósitos yóguicos.
Marmas: puntos sensitivos en el cuerpo.
Niyamas: disciplinas yóguicas.
Ojas: agua, en el nivel vital.
Pitta: humor biológico de fuego.
Prakriti: naturaleza.
Prana: fuerza vital, respiración.
Pranayama: control o expansión de la fuerza vital.
Pratyahara: control o introversión de la mente y los sentidos.
Puja: rituales hindúes.
Purusha: espíritu interior, Ser.
Raja Yoga: sistema integral de Yoga sistema descrito por Patanjali en los Yoga Sutras.
Rajas: cualidad de acción y agitación.
Rajásico: de la naturaleza de Rajas.
Samadhi: absorción.
Samana: balance de la fuerza vital.
Sattva: cualidad de armonía.
Sáttvico: de la naturaleza de Sattva.
Shakti: poder, energía particularmente aquella del nivel más profundo.
Shiva: poder divino de paz y trascendencia.
Tamas: cualidad de oscuridad e inercia.
Tamásico: de la naturaleza de Tamas.
Tanmatras: potenciales sensoriales, basados en los elementos sutiles (sonido, tacto, vista, sabor, olor).

Tantra: sistema energético que trabaja con nuestros potenciales más altos.
Tejas: fuego en un nivel vital.
Udana: Prana que se mueve hacia arriba.
Vata: humor biológico de Aire.
Vayu: otro nombre para Prana o fuerza vital.
Vedas: sistema espiritual antiguo Hindú para el conocimiento del Ser y del Cosmos.
Vishnu: poder divino de amor y protección.
Vyana: fuerza vital expansiva.
Yama: valores yóguicos.
Yantras: meditación en formas geométricas.
Yoga: ciencia de reintegración con la realidad universal.

Apéndice 2

Glosario herbal

Ajo	Allium sativa
Albahaca	Ocinum spp.
Alcanfor	Cinnamomum camphor
Alheña	Lawsonia alba
Aloe en gel	Aloe vera
Amalaki	Emblica officinalis
Asafétida	Ferula asafetida
Ashwagandha	Withania somnifera
Azafrán	Crocus sativa
Bala	Sida cordifolia
Betónica	Stachys betonica
Cálamo	Acorus calamus
Canela	Cinnamomum zeylonica
Cardamomo	Elettaria cardamomum
Casquete	Scutellaria spp.
Cedro	Cedrus spp.
Champak	Michelia champaka
Clavos de olor	Syzgium aromaticum
Crisantemo	Chrysanthemum indicum
Damiana	Turnera aphrodisiaca
Elecampane	Inula spp.
Efedra	Ephedra spp.
Eucalipto	Eucalyptus sp.
Gardenia	Gardenia floribunda
Gaulteria	Gaultheria procumbens
Gokshura	Tribulis terrestres
Gotu kola	Hydrocotyle asiática
Gran zapatilla de dama amarilla	Cyripidium pubescens
Guggul	Commiphora mukul
Haritaki	Terminalia chebula
Hierbabuena	Mentha spictata
Hisopo	Hyssop officinalis
Incienso	Boswellia carteri
Iris	Iris sp.

Jazmín	Jasminum grandiflorum
Jatamansi	Nardostachys jatamansi
Jengibre	Zingiberis officinalis
Kapikacchu	Mucuna pruriens
Lavanda	Lavendula stoechas
Limonaria	Cymbopogon citratus
Lirio	Lilum spp.
Lúpulo	Humulus lupulus
Ma huang	Ephedra sinense
Madreselva	Lonicera japonica
Manduka parni	zacopa monnieri
Manzanilla	Anthemum nobilis
Menta	Mentha piperita
Mirra	Commiphora myrrha
Myrica	Myrica spp.
Nuez moscada	Myristica fragrans
Pasiflora	Passiflora incarnata
Pippali	Piper nigrum
Plumaria	Plumeria rubra
Regaliz	Glycyrrhizzra glabra
Romero	Rosmarinus officinalis
Rosa	Rosa spp.
Salvia	Salvia officinalis
Sándalo	Santalum alba
Semillas de ajonjolí	Sesamum indica
Semillas de loto	Nelumbo nocifera
Semillas de zizyphus	Zizyphus spinosa
Shankha pushpi	Canscora decussata
Shatavari	Asparagus racemosus
Shilajit	Asphaltum
Tamarindo	Tamarindus indicus
Tomillo	Thymus vulgaris
Valeriana	Valeriana spp.
Vetiver	Andropogon muriaticus

Apéndice 2

Vidari……………………………………. Ipomoea digitata
Yohimbe……………………………........ Caryanthe yohimbe

Bibliografía

Inglés

Anirvan, Sri, *Antaryoga*, Voice of India, New Delhi, India, 1994.

Anirvan, Sri,. *Buddhiyoga of the Gita and other Essays,* Samata Press, Madras, India, 1990.

Aurobindo, Sri, *Letters on Yoga*, Sri Aurobindo Ashram, Pondicherry, India. Dist. By Lotus Press, Twin Lakes, WI.

Frawley, David, *Astrology of the Seers: A Guide to Hindu/Vedic Astrology*, Lotus Press, Twin Lakes, WI, 1990.

Frawley, David, *Ayurvedic Healing, A Comprehensive Guide*, Lotus Press, Twin Lakes, WI. 1989.

Frawley, David, *Beyond The Mind*, Passage Press, Salt Lake City, Utah, 1992.

Frawley, David, *From the River of Heaven: Hindu and Vedic Knowledge for the Modern Age*, Lotus Press, Twin Lakes, WI. 1990.

Frawley, David, *Tantric Yoga and the Wisdom Goddesses: Spiritual Secrets of Ayurveda*, Lotus Press, Twin Lakes, WI. 1994.

Frawley, David and Dr. Vasant Lad, *The Yoga of Herbs*. Lotus Press, Twin Lakes, WI. 1986.

Lad, Vasant, Dr,. *Ayurveda*: *La ciencia de curarse uno mismo*, Lotus Press, Twin Lakes, WI. 1984.

Lad, Vasant, Dr. *Ayurvedic Cooking for Self-Healing*. Ayurvedic Institute, Albuquerque, New México, 1994.

Ranade, Dr. Subhash and Frawley, David *Ayurveda: Nature's Medicine*, Lotus Press, Twin Lakes, WI. 1993.

Yogeshwarananda, Swami, Science of the Soul, Yoga Niketan Trust, New Delhi, India, 1992.

Yogeshwarananda, Swami, *Science of Prana*, Yoga Niketan Trust, New Delhi, India, 1992.

Yukteswar, Sri, *The Holy Science*, Self-Realization Fellowship, Los Angeles, California, 1978.

Textos en sánscrito

Astanga Hridaya de Vagbhatta.

Bhagavad Gita de Sri Krishna.

Caraka Samhita (tres volúmenes). Varanasi, Chowkhamba Sanskrit Series, India.

Daivarata Vaisvamitra, *Chandodarshana*.

Daivarata Vaisvamitra, *Yak Sudha*.

Ganapati Muni, Uma Sahasram con los comentarios de Kapali Sastri.

Mahabharata, Sanskrit, Gita Press, Gorakpur.

Patanjali, *Yoga Sutras* con los comentarios de Vacaspati

Misra and Vijnana Bhiksu.

Sankhya Karika of Ishvara Krishna con los comentarios de Matharacarya y Samkaracarya.

Satapatha Brahmana

Susruta Samhita

188 Upanishads

Vedantasara

Recursos

AMERICAN INSTITUTE OF VEDIC STUDIES

El American Institute of Vedic Studies (Instituto americano de estudios védicos) ofrece libros y cursos de Ayurveda, astrología védica y disciplinas védicas relacionadas, bajo la dirección del Dr. Frawley. Está afiliada con diversas asociaciones e instituciones de enseñanza como el California College of Ayurveda (Escuela de Ayurveda de California) y el New England Institute of Ayurvedic Medicine. Su sitio web también ofrece información sobre estos temas.

Cursos de sanación ayurvédica por correspondencia

Ayurveda es el sistema tradicional de curación natural de la India y la forma medicinal de Yoga. Ahora se reconoce como uno de los sistemas más importantes de medicina mente-cuerpo y su popularidad se está extendiendo en todo el mundo. Ayurveda considera todos los aspectos de la curación: desde dieta y hierbas hasta mantra y la meditación como un sistema verdadero e integral de medicina. Este programa práctico e integral abarca todos los aspectos principales de la teoría de diagnóstico y práctica ayurvédica, con especial énfasis en la medicina herbal. Entra con detalle en la filosofía del yoga y la psicología ayurvédica, mostrando un enfoque unificado de la medicina mente-cuerpo. El curso está diseñado para profesionales de la salud, así como estudiantes serios que deseen sentar las bases para convertirse en un profesional de Ayurveda.

La certificación para el curso se imparte a los estudiantes que contesten todas las preguntas de manera satisfactoria. Existen opciones para estudios posteriores.

Se está desarrollando un curso especial de psicología ayurvédica para estudiantes avanzados.

Apéndice 2

Astrología de los visionarios
Curso por correspondencia en Astrología Védica

La astrología védica, también llamada "Jyotish", es la astrología tradicional de la India y parte del sistema mayor de los conocimientos de Yoga. La astrología védica es una herramienta completa y útil, tanto de interpretación como de predicción astrológica, y contiene métodos para examinar todos los aspectos de la vida, desde la salud hasta la iluminación.

Este curso completo explica la astrología védica en términos claros y modernos, también ofrece una visión práctica sobre cómo utilizar y adaptar el sistema. Para aquellos que tienen dificultad para abordar el sistema védico, el curso proporciona muchas claves para que el estudiante occidental tenga acceso al idioma y metodología. El curso, que consiste en más de quinientas páginas, explica la astrología védica en términos modernos y los relaciona con la astrología occidental, ofreciendo un fácil acceso a este sistema a menudo arcaico.

El objetivo del curso es proporcionar las bases para que el estudiante se convierta en un astrólogo védico profesional. La orientación del curso es doble: enseñar el idioma y el modo de pensar la astrología Védica y exponer la Astrología de la Curación del sistema védico. La certificación para el curso se imparte a los estudiantes que contesten todas las preguntas de manera satisfactoria. Existen opciones para estudios posteriores.

Para mayor información contactar al
Instituto Americano de Estudios Védicos
P.O. Box 8357 Santa Fe, NM 87504-8357
Tel: 1-505-983-9385

Dr. David Frawley (Pandit Vamadeva Shastri), Director
info@vedanet.com   www.vedanet.com

CENTROS Y PROGRAMAS DE AYURVEDA

American Institute of Vedic Studies
P.O. Box 8357 Santa Fe, NM 87504-8357
1-505-983-9385
Dr. David Frawley (Pandit Vamadeva Shastri), Director
info@vedanet.com
www.vedanet.com

The Ayurvedic Institute and Wellness Center
11311 Menaul, NE Albuquerque, NM 87112
1-505-291-9698
www.ayurveda.com

California College of Ayurveda
Escuela de Ayurveda de California
700 Zion St
Nevada City, CA 95959
+1 530 478 9100
www.AyurvedaCollege.com
www.EscuelaAyurveda.com

The Chopra Center At La Costa Resort and Spa
2013 Costa Del Mar Road Carlsbad, CA 92009-6801
1-888-424-6772
www.chopra.com

Institute for Wholistic Education
3425 Patzke Lane Racine, WI 53405
1-262-619-1798
institute@infobuddhism.com
www.wholisticinstitute.org

Apéndice 2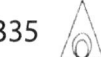

New England Institute of Ayurvedic Medicine
111 N. Elm St. Suites 103-105 Worcester, MA 01609
1-508-755-3744

Vinayak Ayurveda Center
2509 Virginia NE, Suite D
Albuquerque, NM 87110
1-505-296-6522
www.vinayakayurveda.com

PROVEEDORES DE HIERBAS AYURVÉDICAS

The Ayurvedic Institute and Wellness Center
11311 Menaul, NE Albuquerque, NM 87112
1-505-291-9698
www.ayurveda.com

Bazaar of India Imports, Inc.
1810 University Avenue Berkeley, CA, 94703
1-800-261-7662
www.bazaarofindia.com

BioVeda
215 North Route 303
Congers, NY 10920-1726
1-800-292-6002

Internatural
P.O. Box 489
Twin Lakes, WI 53181 USA
1-800-643-4221
Retail Mail Order
www.internatural.com

Lotus Brands, Inc.
P.O. Box 325-AM
Twin Lakes, WI 53181 USA
1-262-889-8561
1-262-889-2461 (Fax)
 www.lotusbrands.com

Lotus Light Natural Body Care
P.O. Box 1008, Dept. AM
Silver Lake, WI 53170 USA
1-262-889-8501 or 1-800-548-3824

Apéndice 2

1-262-889-8591 (Fax)
www.lotuslight.com

Lotus Press
P.O. Box 325
Twin Lakes, WI 53181 USA
1-262-889-8561 1-262-889-2461 (Fax)
www.lotuspress.com

Vinayak Ayurveda Center
2509 Virginia NE, Suite D
Albuquerque, NM 87110
1-505-296-6522
1-505-298-2932 (Fax)

ÍNDICE

Abhyanga, 203
Aceite de ajonjolí, 203
Aceite de coco, 203
Aceite de mostaza, 203
Afirmaciones, 286-287
Agni, 172-173, 233, 309
Agrio, 199
Ahamkara, 126, 141-142, 316
Alma, 65, 132-137
Amor, 90
Ananda, 309
Anandamaya Kosha, 84, 99-100, 308-309
Annamaya Kosha, 308-309
Aromas, 215-221
Aromaterapia, 215-221
Ashtanga Yoga, 263
Asociación, (correcta), 151-152
Astrología, 211
Astrología védica, 211
Atman, 98, 126
Auto-disciplina, 122
Auto-estima, 213
Bhakti Yoga, 142
Brahmacharya, 265-267
Brahman, 244, 309
Buda, 93
Buddhi, 93, 113-116
Budismo, 4, 253
Budismo Tibetano, 253

Causal, 171, 176, 305-309
Chakras, 310-311
Chit, 76, 81, 98, 136
Chitta, 76-79, 81-87, 97-100
Cinco sentidos, 110, 172, 250
Comida, 187, 192-194
Compasión, 247, 254
Conciencia, 8-10, 49, 76, 96-97
Conciencia (ver Chitta)
    Pura, (ver Chit)
Conciencia Cósmica, 80-81, 88, 98, 286
    Vida, 182, 231, 259, 287
    Mente, 39, 117, 252
    Persona, 309
Consejería, 149
Corazón, 67, 82-83, 90-91
Cristo, 250,296
Deidades, 252-253
Demencia, 155, 295
Deseo, 122
Desintoxicación, 174-176, 193, 234
Devoción, 244-245, 248, 250
Dharana, 281-282
Dharma, 263-264
Dhyana, 287-288
Dicha, 60, 309
Dios, 248-251
Diosa, 234, 244, 249, 252-253
Dioses, 32, 117, 250-252
Dieta, 150, 170, 186-192, 194-195, 268
    Vegetariana, 39, 192, 268

Sáttvica, 191-194
  Prana, 100, 297
  Samskara, 299
Divino(a)
  Conciencia, 90, 251
  Padre, 81
  Madre, 6
  Nombre, 250-251
  Ser, 82
  Palabra, 98
ESP, 121
Ego, 125-132
Elemento, 170-171, 191
  Agua, 13-14, 63-64
  Aire, 12-13, 62, 191
  Fuego, 13, 191
  Tierra, 64, 191
Emoción, 113-114
Emociones negativas, 89
Entrega, 247
Fe, 90
Gemas, 147, 182, 205, 211-216, 322
Ghee, 201-202, 209, 250, 282-284
Gunas, 29-35, 42, 171
Guru, 98, 104, 154, 250, 288
Habla, 104, 223-224
Hamsa, 272-273
Hanuman, 253
Hessonita, 214
Hierbas, 175, 182-186, 196-199
Hinduismo, 251-253

Homa, 210
Ida, 274-276
Incienso, 182-201, 215-218
Instinto, 89
Intelecto, 94-96
Inteligencia, 62-63, 69, 93-99
Ishvara, 133, 244, 267
Ishvara Pranidhana, 134, 267
Jiva, 132-136
Jivatman, 132, 315
Júpiter, 212-214
Kali, 186, 250, 253
Kapha, 11-15, 20-25
Karma, 6-7
Ketu, 213
Krishna, 184, 250, 253
Kundalini, 273, 311
Kwan Yin, 250
Lakshmi, 185, 253
Logos, 98
Luna, 184, 212-214
Mahadeva, 252
Manas, 109-110, 116-117, 119-120, 137-142
Mandalas, 210, 286
Manomaya Kosha, 117, 307
Mantra, 176, 224-226, 229-236, 251
Marmas, 219
Marte, 212-214
Masaje con aceite, 165, 203-204
Materia, 309
Medicina Cuerpo-Mente, 1, 4, 6

Meditación, 229-230, 283-285, 287-290
Memoria, 87
Mente (ver Manas)
Mente sensorial, 66-69, 109, 112, 119
Mercurio, 212-213
Metales, 215
Miel, 201
Muerte, 102, 252, 289, 306
Nadis, 231, 273-276
Nasya, 202
Naturaleza individual, 86
Niyamas, 267, 273, 300, 323
No posesividad, 265-266
No violencia, 265
Nueva era, 310
Ojas, 25-28
OM, 225, 231-233
Oración, 251
Órganos (Motores), 110-111
Pancha Karma, 204
Paramatman, 135
Percepción, 67-68
Pingala, 274-276
Pitta, 11-15, 18-20, 22-25
Planetas, 211-213, 244
Plano astral, 295
Prakriti, 128, 171
Prana, 25-28, 100-101, 111-112, 296-298, 312
   Vayus
      Apana, 131, 312, 312
      Prana, 312, 313

Samana 312-314
Udana, 312-314
Vyana, 312-314
  Despiertos, 100-101
Pranamaya Kosha, 307
Pratipaksha-Bhavana, 165
Pratyahara, 176, 272, 280-283
Psicoanálisis, 5, 298
Puja, 250
Rahu, 213
Rajas, 30-36, 38-41
Rama, 184, 253
Razón, 63, 67
Realización de Dios, 134
Rejuvenecedores, 198
Relaciones, 245-246
Respiración
  Respiración, 25, 101, 270-273
  Fosas nasales alternadas, 276
Rituales, 250-251
Rudra, 186, 252
Sabor, 193-194, 195-198
  Amargo, 193, 196
  Astringente, 193, 199
  Picante, 197
  Salado, 198
Samadhi, 88-89
Samskaras, 86
Samyama, 264
Sarasvati, 233
Satsanga, 153

Sattva, 30-36, 38-42
Saturno, 212-214
Sedantes, 200
Ser, 309
    Superior, 66, 136-137
    Búsqueda del, 142, 257
    Realización del, 5
    Sentido del, 131
    Estudio del, 268
Ser-Conciencia-Dicha, 309
Sexo, 264-265
Shakti, 244, 273
Shiva, 6, 185, 233
Sonido, 227-228, 286
Sudoración, 175, 198
Sueño profundo, 87, 174
Sueños, 87-88, 174
Sushumna, 273
Tai Chi, 183
Tamas, 30-36, 38-41
Tantra, 4-6
Tara, 184, 250
Tejas, 25-28, 85, 100
Terapia
    Para el balance, 71, 150, 165
    Espiritual, 243-263, 289-303
    Sutil, 205-221
Terapia de gemas, 205, 211
Terapia del color, 205-206, 209-210, 213, 285
Terapeutas, 149-168
Tinturas, 199, 201, 212, 219

Tipos constitucionales, 15-24, 154-165
 Agua, 20-22
 Aire, 25, 154-155
 Fuego, 13, 18-19, 59-66, 110
Tónicos, 198-199
Tres doshas, 175, 182, 204
Tres esencias vitales, 25-27, 85, 216
Tres humores, 22, 194, 214, 216
Vata, 11-18, 22-25 (ver Prana)
Vata-Kapha, 22, 163
Vata-Pitta, 22, 162
Vedanta, 4, 135-136
Venus, 212, 214
Vida Dhármica, 259
Vijnanamaya Kosha, 99, 307
Vishnu, 185, 319, 322, 326
Visión, 121-122
Voluntad, 85, 101-103, 122, 247
Vrittis, 307-38
Yamas, 264-267, 273, 300
Yantras, 238, 251, 282, 286
Yoga, 259-303
 Ocho pasos de, 263, 300
 Hatha, 183
 Jnana, 142
 Raja, 325
 Sutras, 260, 264, 290

www.ingramcontent.com/pod-product-compliance
Lightning Source LLC
Chambersburg PA
CBHW072003150426
43194CB00008B/978